H. von Studer

SECTES RELIGIEUSES EN GRÈCE ET À ROME

dans l'Antiquité païenne

Collection

dirigée par François Hinard
et
Xavier de Fouchécour

Déjà parus :

— L. DURET, J.-P. NÉRAUDAU. Urbanisme et métamorphoses de la Rome antique.

— J.-N. ROBERT. Les plaisirs à Rome (Nlle éd. février 1986).

— D. GOUREVITCH. Le mal d'être femme. La femme et la médecine dans la Rome antique.

— J.-P. NÉRAUDAU. Être enfant à Rome.

— M.-F. BASLEZ. L'étranger dans la Grèce antique.

— J.-N. ROBERT. La vie à la campagne dans l'Antiquité romaine.

— F. DUPONT. L'acteur-roi ou le théâtre dans la Rome antique.

A paraître :

— J. ANDRÉ. Être médecin à Rome.

R E A L I A

SECTES RELIGIEUSES EN GRÈCE ET À ROME
dans l'Antiquité païenne

par

Marie-Laure FREYBURGER-GALLAND
Agrégée détachée à l'Université de Haute Alsace
Gérard FREYBURGER
Maître de Conférences à l'Université de Haute Alsace
Jean-Christian TAUTIL
Maître de Conférences à l'Université de Haute Alsace

SOCIÉTÉ D'ÉDITION « *LES BELLES LETTRES* »
95, boulevard Raspail
75006 PARIS
1986

ISBN : 2-251-33809-8
ISSN : 0245-8829

TABLE DES MATIÈRES

Table des matières 7

Avant-propos 11

PREMIÈRE PARTIE : SECTES RELIGIEUSES EN GRÈCE

INTRODUCTION : LA RELIGION OFFICIELLE 19

Comment les Grecs se représentaient-ils les dieux ? 20
Peut-on parler de métaphysique et de spiritualité ? 20
Le culte : conformisme et formalisme 21

CITÉ ET RELIGION 25

Le clergé 25
Le culte 26

CHAPITRE I : LE MYSTICISME 29

Le Mysticisme apollinien : la divination 29
Le Mysticisme éleusinien 31
Le Mysticisme dionysiaque : succès et assagissement 38

CHAPITRE II : CULTES DISSIDENTS DIONYSIAQUES 53

Les mystères dionysiaques 53
Les associations religieuses : définition ; légalité, vie et culte ; spiritualité 61
Quelques sectes : Zagreus, Sabazios, Isodaitès 75

CHAPITRE III : AUTRES CULTES MARGINAUX........................ 87

Les adorateurs de Cotys.. 87
Les adeptes d'Adonis... 92
Les sectateurs de Cybèle et d'Attis............................ 97
Un culte « récupéré » : celui de Bendis........................ 101
Une croyance superstitieuse : celle des Cabires................ 104

CHAPITRE IV : DEUX SECTES PHILOSOPHICO-RELIGIEUSES..... 111

L'Orphisme... 111
Le Pythagorisme.. 134

DEUXIÈME PARTIE :
SECTES RELIGIEUSES DANS LA ROME RÉPUBLICAINE ET AU DÉBUT DE L'ÉPOQUE IMPÉRIALE

INTRODUCTION

Conservatisme de la religion romaine........................... 165
Devoirs civiques et religion à Rome............................ 167

CHAPITRE I : LES BACCHANTS DE ROME.............................. 171

L'affaire des bacchanales : le récit de Tite-Live ; le texte du sénatus-consulte.. 171
Valeur de ces documents. Vérité et rhétorique dans le récit de Tite-Live.. 186
Les Bacchanales romaines : le thiase, l'initiation, le culte.. 189
Rejet de la secte par la société romaine : la classe dirigeante ; les classes populaires............................. 201

CHAPITRE II : LES PYTHAGORICIENS DE ROME.................. 207

Le mouvement et les hommes : pénétration du Pythagorisme dans la Ville ; les grandes loges pythagoriciennes..... 208
La basilique de la Porte Majeure : le monument ; sa destination.. 222
La « liturgie pythagoricienne » : l'antre souterrain, les étapes du culte.. 226
Hostilité du pouvoir et de l'opinion publique.................. 230

TROISIÈME PARTIE :
DES SECTES BIEN INSTALLÉES À L'ÉPOQUE IMPÉRIALE : LES ISIAQUES ET LES MITHRIASTES

CHAPITRE I : LES ISIAQUES 241

Le cycle osirien ; un détour par Alexandrie ; Isis en Occident ; de la Campanie à Rome ; une singulière affaire 242
Y a-t-il une théologie isiaque ? ; l'épiphanie d'Isis ; l'organisation isiaque ; chapelles et temples ; les « heures » d'Isis ; la fête d'Isis 249
L'initiation ; la communauté ; le charme d'Isis 269

CHAPITRE II : LES MITHRIASTES 285

Les origines ; « la carrière du dieu » ; les étapes 287
Les « fidèles de l'invincible dieu-soleil Mithra » ; croyances et espérances 295
Une stricte hiérarchie ; les antres persiques ; l'initiation ; la liturgie 308
Essor et déclin d'une secte ; le crépuscule de Mithra 324

CONCLUSION 331

La lecture de ce livre peut se compléter par celle du livret annexe (en fin de volume) qui comprend :

- un tableau de repères chronologiques
- un lexique
- un index des principaux auteurs anciens cités
- un index des principales notions et des principaux noms cités
- une bibliographie
- une carte du Bassin Méditerranéen

AVANT-PROPOS

Parler de « sectes » en 1986, c'est aborder un problème de société dont l'actualité, étant donné l'ampleur prise par ce phénomène depuis quelques années, est évidente.

Les médias y ont désormais rendu le grand public attentif : depuis le suicide collectif à Guyana des disciples de Jim Jones, prophète du *Temple du Peuple*, en 1978, les toutes récentes affaires de « déprogrammation » de moonistes (Claire Chateau par exemple) ou encore les ouvrages de Roger Ikor (*Je Porte plainte* (1981) et *La tête du poisson* (1983)) qui invitent à la lutte contre ce « *mal de civilisation* », le phénomène « sectaire », jusque-là toléré, a alerté l'opinion et les pouvoirs publics des pays occidentaux. Non seulement on a vu se constituer des associations de défense comme l'ADFI[1] ou la CCMM[2], mais le gouvernement français a jugé utile de demander une enquête sur « *les problèmes posés par le développement des sectes religieuses et pseudo-religieuses* ». Le rapport, rédigé par A. Vivien et rendu public en avril 1985, veut cerner le phénomène et « *faire le tri entre les sectes réputées nocives et toutes les autres associations de recherches religieuses ou mentales qui n'ont rien à faire dans ce débat* »[3]. Les « *sectes nocives* » sont celles qui « *portent atteinte aux libertés individuelles* » et qui « *outrepassent la législation française* ».

---

1. Union des Associations de Défense de la Famille et de l'Individu.
2. Centre de documentation, d'éducation et d'action Contre les Manipulations Mentales.
3. Interview de A. Vivien dans *La Vie*, avril 1985.

Les sectes apparaissent donc actuellement comme dangereuses à bien des égards pour notre société et comme le signe d'un pourrissement qui la rongerait de l'intérieur. Quoi qu'il en soit, nombre de spécialistes de ces questions disent que les sectes ont toujours existé, à toutes les époques et dans toutes les civilisations. La question mérite donc d'être examinée avec un soin tout particulier pour l'époque dont notre civilisation est issue, à savoir l'Antiquité.

Mais un tel examen exige qu'on s'entende sur le terme même de « secte ». Le dictionnaire de Littré en donne deux acceptions :

1) « *Ensemble de personnes qui font profession d'une même doctrine* ».

2) « *Ensemble de ceux qui suivent une opinion accusée d'hérésie ou d'erreur* ».

En fait, ces deux sens se trouvent déjà dans le mot latin *secta* et la première acception y est, comme en français, plus générale et utilisée surtout pour désigner les écoles philosophiques. La deuxième acception, qui nous intéresse surtout ici, puisqu'elle est religieuse, apparaît aussi en latin : chez Sénèque, pour la première fois, à propos du Pythagorisme[4] (mais il peut y avoir ambiguïté, cette religion étant aussi une philosophie) ; chez Tertullien, plusieurs fois à propos des chrétiens[5]. Le terme ne semble pas comporter de valeur péjorative en soi, mais peut la présenter : un édit de Dioclétien fulmine contre « *ces gens* (les Manichéens) *qui dressent contre des religions plus anciennes des sectes* (sectae) *nouvelles et inconnues...* »[6].

Comme sa valeur, l'étymologie du terme latin est incertaine. Si la plupart des philologues pensent qu'il convient de le rattacher au verbe *sequor*, « suivre » — ce qui explique en effet la première acception et une partie de la deuxième —, les Anciens eux-mêmes et certains modernes rapprochent d'une manière suggestive *secta* de *seco*, « couper » (cf. section). Le mot français en tout cas com-

---

4. *Nat. quaest.* VII, 32, 2-3 ; cf. *infra* p. 220.
5. *Ad. Nat.* I, 5, 4 ; 10, 19.
6. *Recueil des lois mosaïques et romaines*, XV, 3, édit. P.F. Girard-F. Senn, Paris 1967.

porte cette connotation. Le dictionnaire Larousse en donne, comme deuxième signification, celle de « *ensemble de ceux qui se sont détachés d'une communauté religieuse* ». En ce sens, comme le dit R. Ikor, « *toute religion a commencé par être une secte, à savoir un petit groupe d'hommes qui se coupent de la communauté en raison d'une divergence d'opinion. Secte juive aux origines que le Christianisme, secte chrétienne que le Mahométisme, secte catholique que le Protestantisme...* »[7]. Corneille fait effectivement dire des premiers chrétiens dans *Polyeucte* :

« *Leur secte est insensée, impie et sacrilège*[8]. »

Même si l'étymologie « suivre » est linguistiquement plus satisfaisante, c'est bien souvent l'idée de « séparation », de « rupture » qui prévaut : « *Faire secte à part* — écrit Bossuet — *c'est rompre les liens extérieurs de l'unité de l'Église*[9]. »

Ainsi, dans nos mentalités actuelles, il est clair que, pour qu'il y ait « secte », il faut qu'il y ait eu préalablement communauté orthodoxe de croyances, de laquelle certains membres ont fait sécession, souvent à l'instigation d'un « gourou », en tout cas autour de croyances différentes.

Pour l'Antiquité, la question se pose en des termes un peu particuliers. En effet, la religion grecque comme la religion romaine étaient moins fondées sur des croyances que sur des rites. L'important était que le citoyen exécutât ceux-ci avec exactitude : c'était même là une condition nécessaire pour son intégration dans la communauté civique. Il n'empêche que l'étude de ces religions révèle très tôt dans l'histoire de chacun des deux peuples des phénomènes marginaux, des courants parallèles, souvent « exotiques ».

Si le public de 1986 s'amuse à voir défiler des « krishnas » en robe safran et le crâne rasé, s'indigne des agissements de Moon, s'étonne des prétentions « charismatiques » de nombreuses églises parallèles, le public athé-

7. *Je porte plainte*, p. 109.
8. I, 3, v. 257.
9. *Variations*, XV.

nien et le public romain des siècles qui ont précédé et suivi la naissance du Christ rencontraient avec autant d'étonnement des cortèges de bacchants et des processions isiaques, et apprenaient avec autant d'indignation les turpitudes dont on accusait leurs exécutants. En quoi consistaient donc ces groupes marginaux d'importance variable ? C'est-ce que nous allons étudier pour un certain nombre d'entre eux, en essayant le plus possible de rester dans le concret, de voir les questions pratiques, comme le veut la collection *Realia*.

Fixer le domaine et les limites d'une telle étude n'était pas une entreprise aisée. Le mot « *secta* », nous l'avons dit, apparaît assez tard en latin pour désigner une association religieuse marginale. Les Romains utilisent plus anciennement le terme de « conjuration » ou encore ceux de « sodalité » ou de « faction », mots à connotation politique, ce qui s'explique du fait que la religion est d'État. Les Grecs se servent de mots tels que « thiase », « orgie », « mystères », dont nous préciserons la signification mais qui tous comportent une valeur religieuse : les disciples du Christ pouvaient encore être appelés ses « *thiasotes* »[10]. Quant au mot *hairesis* (qui a donné le français « hérésie »), il ne s'emploie avec le sens de « secte religieuse » que dans la littérature chrétienne.

Nous entendons donc dans cette enquête le mot « secte » au sens large de « association cultuelle marginale ». Nous considérerons un certain nombre de cas précis en Grèce et à Rome, du VIe siècle avant J.-C. au IVe siècle de notre ère, en nous restreignant au domaine religieux païen (nous excluons donc la magie et la philosophie — la Gnose par exemple — en tant que telles). Bien entendu, nous ne prétendons nullement à l'exhaustivité. Les cultes que nous avons choisis sont ceux sur lesquels la littérature et les documents épigraphiques et archéologiques ont donné suffisamment de renseignements concrets et dont l'aspect marginal, souvent dangereux pour l'État, nous est apparu clairement : pratiques secrètes et initiatiques, divinités souvent « exotiques », accès aux fidèles de toute origine sociale et géographique, contrairement aux principes de la religion officielle. Bien que nous y fassions allusion par comparaison, nous ne prenons en

10. Origène, *Contre Celse* II, 22.

compte, afin de rester dans les limites que nous nous sommes imposées, aucune forme du Christianisme, même naissant.

Après avoir défini dans ses grandes lignes la religion officielle, nous exposerons le développement progressif de différentes « sectes » en Grèce, puis les prolongements que deux d'entre elles eurent à Rome, le Dionysisme et le Pythagorisme, enfin nous étudierons deux « religions » d'origine étrangère, deux sectes bien installées à l'époque impériale, l'Isisme et le Mithriacisme.

PREMIÈRE PARTIE

SECTES RELIGIEUSES EN GRÈCE

par Marie-Laure FREYBURGER-GALLAND

INTRODUCTION

La religion officielle

Pour les peuples anciens, plus encore que pour les modernes, la religion fait partie intégrante de la « civilisation ». Or, lorsque l'on étudie le monde grec, on s'aperçoit que, s'il n'a jamais réalisé son unité politique, il a toujours connu une unité culturelle et surtout religieuse, ressentie aussi bien par les Achéens de l'époque mycénienne, par les colons de Marseille ou de Cyrénaïque que par les Alexandrins du IIIe siècle avant J.-C. et par les Grecs du bassin méditerranéen oriental à l'époque romaine : « *Même sang et même langue, sanctuaires et sacrifices communs, semblables mœurs et coutumes* », affirme à juste titre Hérodote[1].

La religion grecque peut donc être étudiée comme un phénomène de civilisation panhellénique, au-delà des spécificités locales.

Même si « *la distinction entre culte public et culte privé n'a pas eu, surtout quand on remonte dans l'Antiquité, la netteté qu'elle a prise ailleurs, surtout à Rome* »[2], nous pourrons mieux percevoir l'apparition de cultes marginaux et apprécier leur place dans la société en rappelant préalablement les caractéristiques de la religion officielle.

1. VIII, 144.
2. H. Jeanmaire, *Dionysos*, Paris, 1951, p. 91.

Comment les Grecs se représentaient-ils les dieux ?

Une première caractéristique de la religion en Grèce semble bien être son **anthropomorphisme**. Il reste quelques traces d'un animisme et d'un fétichisme primitifs dans certains cultes[3]. Mais, très tôt, le monde des dieux a été représenté à l'image de celui des hommes. Les témoignages d'Homère et d'Hésiode sont significatifs à cet égard. De manière éparse dans l'*Iliade* et l'*Odyssée*, de façon systématique dans la *Théogonie*, il s'agit d'expliquer les attributions des puissances surnaturelles et leur « vie quotidienne »[4].

Au fur et à mesure que la pensée religieuse progresse, les dieux perdent leur valeur proprement cosmique pour devenir les héros de mythes à rebondissements multiples, dans lesquels ils se conduisent avec les sentiments, les passions, les défauts et les vices des hommes[5].

Peut-on parler de métaphysique et de spiritualité ?

Sur de telles bases, il n'y a pas à proprement parler de **dogme** — c'est là une deuxième caractéristique importante de la religion grecque —. Les Grecs croyaient-ils vraiment

---

3. La chouette d'Athéna a peut-être été à l'origine adorée comme une divinité, de même que lors de la fête des Brauronies (qui avaient lieu au sanctuaire de Brauron, en Attique), de petites filles étaient vouées à Artémis sous le nom d'« ourses », sans doute des animaux fétiches d'une tribu locale. Apollon est probablement un dieu solaire avant de devenir le dieu de la divination, de la musique, dieu-archer porteur de maladie et de mort, tel qu'il entre dans de nombreux récits. Artémis, déesse de la nuit, ne préside plus guère à des cultes lunaires à date historique, où elle est devenue la vierge guerrière et chasseresse.

4. A l'imitation de la société humaine, le Chaos a été ordonné, et l'empire du monde appartient à des générations successives : Au règne d'Ouranos, le « Ciel », et de Gaia, la « Terre », succèdent celui des Titans, parmi lesquels Cronos supplante son père comme maître de l'univers, puis celui de Zeus et des Olympiens, dieux personnifiés et bien individualisés.

5. Ainsi Zeus, dieu de la lumière et du ciel lumineux, ne se confond pas avec ces éléments, mais préside aux phénomènes atmosphériques (foudre, éclairs, pluie) et surtout règne sur les autres dieux et sur les hommes, garant de l'ordre et de la hiérarchie. Toute une série de légendes, souvent contradictoires, rapportent les innombrables aventures familiales, amoureuses ou guerrières de ces divinités.

au fatras héroï-comique de leur religion ? Les âmes simples admettaient probablement sans discussion que la pluie était produite par Zeus « *qui pisse à travers un crible* », comme le pense le vieux Strepsiade de la comédie d'Aristophane[6]. Mais les esprits plus réfléchis accordent aux mythes une valeur symbolique. Dès l'aube de la science grecque, c'est-à-dire dès le VIe siècle avant J.-C., les savants se sont efforcés de démythifier et de démystifier la nature en expliquant le plus rationnellement possible les phénomènes naturels. Le cours du soleil ne peut être, selon eux, celui d'Apollon sur son char, les tremblements de terre et les tempêtes ne résultent pas des coups de trident de Poséidon « ébranleur de sol ». Les Milésiens, les premiers, ont établi une distinction ferme entre le naturel et le surnaturel[7]. Dès la même époque, les écoles de médecine enseignent moins à guérir qu'à faire comprendre aux gens que la maladie n'est pas un effet de la colère des dieux, les épidémies le résultat des flèches empoisonnées d'Apollon[8].

Les penseurs grecs optent souvent pour une théologie beaucoup plus raisonnée, très proche du monothéisme. Si les Stoïciens appellent Zeus leur dieu unique, maître du cosmos, les Pythagoriciens vénèrent Apollon, et Socrate parle volontiers de son « démon », sorte de voix intérieure émanant de la Divinité. Parallèlement à la philosophie, la spiritualité grecque s'épanouit dans certains cultes à mystères et surtout dans certaines sectes qui apportent, nous le verrons, des réponses autrement satisfaisantes aux exigences spirituelles des fidèles.

Le culte : conformisme et formalisme

La recherche de contacts avec la divinité est inhérente à toute religion. En Grèce, s'il n'y a pas de dogme ni de théologie stricte, il y a **culte**, c'est-à-dire une tentative pour les

6. *Nuées*, v. 373.
7. Ils ne sont pas pour autant athées. Aristote dit en effet que pour Thalès « *tout est plein de dieux* » (*De l'Ame*, 411 a 8).
8. Chez Homère en effet, lorsque l'armée grecque est décimée par la peste devant Troie, le devin consulté révèle la colère d'Apollon irrité par l'insulte faite à son prêtre Chrysès (*Iliade*, I, v. 43-52).

hommes d'entrer en relation avec les dieux. Ils le font sur le modèle de leurs propres relations entre mortels, selon les règles du don et du contre-don. Comme les échanges humains, ces contacts sont réglés par un protocole, un cérémonial. En accomplissant scrupuleusement les rites fixés, le fidèle espère obtenir du dieu ce qu'il lui demande. De la modeste offrande d'un gâteau à l'hécatombe (sacrifice de cent bœufs) solennelle, de l'invocation à la représentation dramatique, selon les circonstances, leur caractère privé ou public, les rites sont précis et contraignants.

La **prière** fait partie de ces rites et consiste à prononcer des formules consacrées et à invoquer en le glorifiant le dieu auquel on veut s'adresser[9]. On y ajoute souvent sacrifices, offrandes ou libations. Les **sacrifices** sanglants sont particulièrement appréciés des dieux. Sans doute a-t-on immolé, à l'époque préhistorique, des victimes humaines, comme en témoigne par exemple la version la plus cruelle — mais aussi la plus ancienne — de la légende d'Iphigénie[10]. On égorge la victime sur l'autel et on examine ses entrailles pour voir si le sacrifice est agréé par le dieu. Puis on brûle une partie de l'animal, le reste étant, une fois cuit, partagé entre les assistants[11], à moins qu'à titre expiatoire la victime ne soit brûlée complètement. Il s'agit alors d'un holocauste.

Moins spectaculaires et beaucoup plus intégrées dans les gestes de la vie quotidienne sont les **libations**, offrandes faites aux dieux de la boisson que l'on va prendre, accompagnées le plus souvent d'une formule de prière[12].

---

9. Ainsi Chrysès, prêtre d'Apollon injurié par Agamemnon au début de l'*Iliade*, parle à son dieu en ces termes : « *Entends-moi, dieu à l'arc d'argent, qui protège Chrysè et Cilia la divine et sur Ténédos règne souverain ! O Sminthée, si jamais j'ai élevé pour toi un temple qui t'ait plu, si jamais j'ai pour toi brûlé de gras cuisseaux de taureaux et de chèvres, accomplis mon désir : fassent tes traits payer mes pleurs aux Danaens !* » *Il dit et Phébos Apollon entend sa prière...* (v. 37-45). On notera le marché explicitement rappelé au dieu par son prêtre.

10. Pour apaiser Artémis, Agamemnon doit, s'il veut que la flotte grecque puisse s'embarquer, sacrifier sa fille. Dans la légende plus tardive, une biche est substituée à la jeune fille au dernier moment.

11. Cf. *La cuisine du sacrifice en pays grec* (Paris, 1979), de M. Détienne et J.-P. Vernant.

12. Est-elle ironique ou empreinte de piété, l'attitude de Socrate sur le point de boire la ciguë et s'apprêtant à en offrir une « *libation à un dieu* » (*Phédon*, 117 b-c) ?

Une autre manifestation de la piété grecque collective est le **procession** solennelle en l'honneur d'une divinité à l'occasion d'une de ses fêtes. Prenons l'exemple des Grandes Panathénées : il s'agit d'une célébration d'Athéna, protectrice privilégiée d'Athènes. Ces fêtes durent six jours et ont lieu tous les quatre ans. Elles comportent des concerts à l'Odéon, des concours d'athlètes et des courses, mais surtout une procession au cours de laquelle on porte du Céramique à l'Acropole un voile tissé et brodé par les jeunes filles de la ville ainsi que diverses offrandes. La frise du Parthénon illustre parfaitement cette manifestation et l'on y distingue le cortège avec les magistrats, les prêtres, les sacrificateurs et leurs génisses, des vieillards tenant un brin d'olivier, des canéphores[13] et des musiciens, des jeunes filles portant le voile de la déesse, des Athéniens et leurs épouses et enfin des cavaliers en tenue de voyage. Sur la face est du temple, assez endommagée, on peut reconstituer la fin de la procession et son accueil auprès d'Athéna et des autres dieux du panthéon grec, avec notamment l'archonte-roi et sa femme sous les traits de Dionysos et de Déméter. Par cette procession, la cité espère obtenir d'Athéna qu'elle maintienne sa bienveillante protection.

Le **pèlerinage** est encore une façon d'honorer collectivement une divinité. Lorsque le lieu du pèlerinage est relativement proche (Eleusis ou Brauron par exemple), une grande partie de la population peut y participer. Lorsqu'il s'agit d'un sanctuaire plus lointain, une délégation officielle représente la cité[14].

Une dernière forme de contact, beaucoup plus personnelle celle-là, est la **divination** sous tous ses aspects. Oracles et devins sont consultés très fréquemment, aussi bien par les magistrats que par les particuliers. Tout est signe : la volonté divine s'exprime par tous les moyens et l'homme

---

13. Porteuses de corbeilles.
14. Le *Phédon* de Platon nous renseigne par exemple sur le pèlerinage annuel organisé par les Athéniens à Délos, en souvenir de Thésée parti pour la Crète avec sept jeunes gens et sept jeunes filles destinés à être dévorés par le Minotaure, et revenu sain et sauf : « *Depuis ce temps et aujourd'hui encore, ils envoient chaque année une théorie* (députation solennelle) *au dieu... L'ouverture du pèlerinage est marquée par l'instant où les prêtres d'Apollon couronnent la poupe du vaisseau* (58 a-c).

doit, seul ou à l'aide de spécialistes, déchiffrer ces manifestations. Rêves, rencontres fortuites, présages tirés du vol des oiseaux, examen des entrailles des victimes, oracles, prédictions, tout peut être interprété comme un signe favorable ou funeste[15].

Tandis qu'à Dodone par exemple, Zeus manifeste sa volonté par le bruissement des chênes, à Delphes, le plus grand centre oraculaire de l'Antiquité, Apollon exprime la sienne par l'intermédiaire d'une Pythie, prêtresse qui, peut être sous l'effet de vapeurs[16] et en mâchant des feuilles de laurier, entre en transes et prononce des paroles incohérentes que les prêtres expliquent soigneusement aux consultants. Simples particuliers ou représentants des cités, princes et grands personnages, Grecs et étrangers, Romains même consultent régulièrement cet oracle qui fait la célébrité du sanctuaire de Delphes[17].

Il ressort de cette rapide étude du culte que celui-ci est plus souvent collectif qu'individuel, même si prière, sacri-

---

15. Pour reprendre encore l'exemple de Socrate, son défenseur Xénophon assure que, comme tous les Grecs pieux, le philosophe, loin d'être impie, *« était au contraire souvent vu offrir des sacrifices dans sa maison et sur les autels publics et ne se cachait pas pour recourir à la divination »* (*Mémorables*, I, 1).

16. L'origine des transes de la Pythie est très controversée, comme l'est l'ouvrage de P. Amandry, *La mantique Apollinienne à Delphes* (Paris, 1950), dont nous reparlerons.

17. Ainsi Xénophon raconte comment, sur les conseils de Socrate, il est allé à Delphes demander aux dieux s'il devait partir pour la fameuse expédition des Dix-Mille. Cet épisode est très révélateur car il montre d'une part, encore une fois, la piété de Socrate pourtant mise en doute dans son procès, et d'autre part la rouerie du jeune Xénophon qui n'hésite pas à tromper le dieu. En effet *« Socrate conseilla à Xénophon d'aller à Delphes pour consulter le dieu sur ce voyage. Il demanda à Apollon à quel dieu il devait offrir des sacrifices et des prières pour parcourir dans les meilleures conditions la route à laquelle il songeait et pour revenir sain et sauf, après un plein succès. Apollon lui indiqua les dieux auxquels il fallait qu'il sacrifiât. A son retour, Xénophon raconta à Socrate la réponse du dieu. Celui-ci, après ce récit, le blâma de n'avoir pas d'abord demandé s'il lui était plus avantageux de partir que de rester et, ayant décidé tout seul qu'il devait faire ce voyage, d'avoir seulement consulté le dieu sur le meilleur moyen de l'accomplir. Pourtant, ajouta-t-il, "puisque tu as posé la question de la sorte, il faut faire ce que le dieu a prescrit". Xénophon donc, ayant ainsi sacrifié aux divinités indiquées, s'embarqua... »* (*Anabase*, III, 4-8).

fices et divination peuvent être accomplis par de simples particuliers. En effet la recherche de contacts avec le dieu se fond généralement dans une piété collective. L'autel domestique est en fin de compte identique à l'autel public. De la part du fidèle participant à la procession ou consultant l'oracle, aucune foi n'est exigée. L'exécution formelle des rites prescrits par le clergé spécialisé suffit.

Naturellement, les mêmes pratiques cultuelles se retrouveront dans les sectes, mais l'adhésion volontaire du fidèle va modifier considérablement son état d'esprit et même son accomplissement des rites.

CITE ET RELIGION

Sacrifices, pèlerinages et processions se font publiquement et au nom de la cité tout entière et il n'y a pas en Grèce de séparation entre l'Église et l'État[18].

Le clergé

Il est tout à fait notable que, dans la religion grecque, les officiants ne sont pas, comme dans nos religions modernes et dans certaines religions anciennes, auréolés de sainteté, motivés par ce qu'on appelle une « vocation » et investis d'une mission. Ce sont des *« laïcs, des fonctionnaires de l'État, chargés d'accomplir les rites... au même titre que les généraux, les trésoriers ou les surveillants de marché, avec le même arrière-plan de famille, de richesse, d'expérience, les mêmes principes de possessions et de rotation de fonctions que les autres »*[19].

Même lorsque les prêtres doivent être choisis dans certaines familles, comme les Eumolpides ou les Kéryces pour le clergé d'Eleusis ou les Lamides et les Clytiades pour les

---

18. Cf. J.-P. Vernant, *Mythe et pensée chez les Grecs*, Paris, 1965, p. 268 : « L'impiété faite envers les dieux est aussi bien atteinte au groupe social, délit contre la cité. »
19. M.I. Finley, *Les Anciens Grecs*, Paris, 1977 (réédit.), p. 43.

devins d'Olympie, cela n'a rien à voir avec des castes sacerdotales comme en Inde celle des Brahmanes. Le clergé est, en Grèce, formé de membres choisis, élus, tirés au sort ou même parfois ayant accédé à leur fonction en l'achetant. C'est dire si l'aspect spirituel, moral et dogmatique compte peu.

La cité et le culte

Ce corps de fonctionnaires dépend étroitement des magistrats de la cité qui président et organisent les manifestations religieuses. A Olympie par exemple, magistrats laïcs et prêtres étaient recrutés dans les vieilles familles d'Elis et nommés pour une olympiade[20] seulement.

En outre, l'organisation d'une représentation dramatique aux Lénéennes, aux Petites ou aux Grandes Dionysies (trois fêtes annuelles en l'honneur de Dionysos), par exemple, fait l'objet d'une « liturgie » (appelée en ce cas chorégie), c'est-à-dire d'une participation financière de riches citoyens assumant les frais de la fête, comme ils le font en cas de guerre pour une triérarchie (équipement d'une trière). Cet « impôt sur les grandes fortunes » ne distingue nullement les charges religieuses des profanes.

Les prêtres sont les exécutants du culte mais l'Etat en est le commanditaire. Il s'agit d'un service public et tous les citoyens sont invités à prendre part à la fête, de sorte qu'il existe même un fonds de solidarité (appelé *theoricon*) qui permet de verser aux plus pauvres une indemnité compensant leur manque à gagner, comme pour l'assistance aux assemblées du peuple.

Le temple

Le temple ne sert pas à grand chose du point de vue religieux. Ce n'est pas un « *lieu d'adoration... Les rites par lesquels on remerciait les dieux olympiens..., on les apaisait, n'exigeaient pas de temple, mais un autel et les autels exis-*

20. Période de quatre ans séparant deux célébrations des Jeux Olympiques.

taient partout, dans les maisons et dans les champs, dans les lieux d'assemblée, en dehors des temples... rien ne se passait à l'intérieur du temple même... car le temple était un monument en l'honneur de la communauté »[21]. Chaque cité, chaque homme important manifeste sa puissance par l'éclat des monuments religieux qu'il fait construire.

Nous verrons que, pour les sectes, le lieu de culte est beaucoup plus un lieu de réunion qu'un bâtiment de prestige et que le clergé est parfois inexistant et en général bénévole, du moins en apparence.

Cultes locaux ou panhelléniques[22] font partie intégrante de la vie sociale des Grecs. Il n'y a pas de fête qui ne soit religieuse — même dramatique ou sportive[23]. Rien ne se fait sans consultation préalable des dieux, tant sur le plan privé que public et politique. Il faut encore remarquer que les plus anciennes alliances ont un caractère religieux. L'amphictyonie[24] delphique regroupe autour du sanctuaire d'Apollon douze peuples de Grèce centrale qui administrent le temple par l'intermédiaire de leurs représentants. Ceux-ci s'occupent notamment de l'organisation des jeux pythiques, de la proclamation de la trêve sacrée et de la déclaration d'une guerre, elle aussi « sacrée », contre quiconque transgresse leurs lois.

La ligue de Délos reflète au départ le même esprit. C'est une confédération maritime créée pour lutter contre les Perses et dont le trésor est confié à Apollon. Forts de leur hégémonie, les Athéniens s'emparent ensuite de l'administration du sanctuaire, transfèrent le trésor sur l'Acropole et assurent seuls les pèlerinages déliens.

La religion est présente partout et à tout moment de la vie publique et privée de l'homme grec. Elle garantit l'exis-

---

21. M.I. Finley, *op. cit.*, p. 42.

22. Les grands sanctuaires comme Delphes, Olympie, Epidaure, Délos, Eleusis sont devenus des centres de piété pour tous les Grecs et même les étrangers. Parallèlement, chaque cité continue de vénérer ses héros et sa divinité tutélaire, comme Thésée et Athéna pour Athènes.

23. Cf. les concours dramatiques aux fêtes de Dionysos (cf. p. 48-51) ; les grands jeux panhelléniques (Olympiques, Néméens, Pythiques, Isthmiques).

24. Confédération de peuples grecs qui envoient des députés pour délibérer des affaires religieuses.

tence même de la Cité et celle-ci honore en retour ses dieux tutélaires.

Cependant l'État ne détient jamais le monopole de la religion et n'empêche pas d'autres relations entre les hommes et les dieux. Comme nous l'avons vu, la divination par exemple peut se passer d'intermédiaires autorisés et la nature même de tels contacts peut échapper aux normes rationnelles sans pour autant tomber dans la marginalité, voire l'illégalité.

CHAPITRE I

Le Mysticisme

Il existe, depuis la plus haute Antiquité, à côté de la tendance « apollinienne » et, pourrait-on dire, olympienne de la religion comme fondement de la société, une tendance irrationnelle et mystique, c'est-à-dire reposant sur l'extase émotionnelle et la possession de la personne par la divinité. Cette tendance « dionysiaque » se manifeste surtout avec les très anciens cultes chthoniens (des divinités de la terre, souterraines ou de la végétation Déméter et Dionysos essentiellement, en Grèce).

Échappant à la distinction nietzchéenne, Apollon lui-même offre une forme de mysticisme qui — réservé, il faut le préciser, à ses interprètes — rejoint l'irrationnel dionysiaque.

Le Mysticisme apollinien : la divination

Bien que reconnue pleinement par la religion officielle, la divination présente un aspect irrationnel qui échappe à la mainmise de l'État. Les songes, les présages peuvent être interprétés par tout un chacun, sans recours aux intermédiaires patentés. En outre, les devins eux-mêmes sont le plus souvent des particuliers que l'État ne saurait réduire. Que penser, par exemple, de Calchas qui, chez Homère, tient tête à Agamemnon et l'humilie publiquement ? Dans la légende d'Iphigénie, c'est lui qui révèle la colère d'Artémis exigeant le sacrifice de la fille du roi « *sans quoi, la flotte resterait bloquée à Aulis* »[1]. C'est encore lui qui, devant Troie, alors que l'armée est décimée par la peste, annonce la colère d'Apollon et réclame le renvoi de Chryséis, la captive d'Agamemnon. Le devin présente donc une autre forme de religion, celle d'un contact personnel avec le ou les dieux. C'est aussi le cas de la Pythie, qui vaticine, possédée par Apollon. Elle se livre à son art après avoir fait brûler dans la « *cella* »[2] des feuilles de laurier et descend dans le « *manteion* » (appelé aussi « *adyton* », sorte de caveau, sous le temple d'Apollon). Elle prend place sur le trépied sacré et se penche sur l'« *omphalos* », pierre circulaire, percée d'un trou, posée sur une crevasse, d'où s'échappent, dit-on, des vapeurs. Elle entre alors en délire et prononce dans son extase des paroles incompréhensibles, pieusement recueillies et interprétées par le clergé spécialisé. Les pythies — il y en a eu jusqu'à trois en même temps — sont choisies parmi les femmes de Delphes. L'*omphalos*, le lieu souterrain, la crevasse rattachent sans aucun doute la mantique delphique à de très anciens cultes chthoniens. La spiritualité delphique est un « *enthousiasme* »[3] plus proche de « *l'état de grâce* »[4] que de la frénésie orgiastique décrite par les auteurs tardifs. Lucain, auteur latin du Ier siècle de notre ère, dépeint ainsi une scène de délire pythique :

> « *Elle délire, folle, secouant à travers l'antre un cou éperdu, agite avec ses cheveux dressés les bandelettes du dieu et les festons de Phoibos ; sa nuque vacille et se tord ; elle disperse les trépieds qui s'opposent à sa marche désordonnée, un feu terrible l'embrase et elle te porte, Phoibos, plein de fureur*[5]. »

On a cherché en vain, en fouillant le sanctuaire, des traces d'émanations sulfureuses qui auraient pu expliquer ces transes. Le témoignage de Plutarque, écrivain grec de la fin du Ier siècle après J.-C. dont nous savons qu'il a été

1. Euripide, *Iphigénie à Aulis*, v. 89.
2. Partie retirée, à l'intérieur d'un temple, inaccessible aux fidèles.
3. Cf. P. Amandry, *La mantique apollinienne à Delphes, passim*.
4. P. Levêque, *La Grèce*, Paris, 1979 (6e édit.), p. 122.
5. *Guerre civile*, V. v. 169 et suiv.

prêtre à Delphes, est bien différent. Il parle, lui, d'une « *odeur agréable... des souffles comparables aux plus suaves et aux plus précieux des parfums...* »[6]. Cet « enthousiasme » est une possession de la prêtresse par la divinité qui manifeste ainsi sa volonté. C'est là une première forme de mysticisme. Elle a contribué au succès incontestable du sanctuaire, mais ne relie que le devin à son dieu, et non le fidèle venu le consulter.

Le Mysticisme éleusinien : l'initiation

On se presse en foule à Éleusis, où les candidats à l'initiation espèrent rencontrer directement la divinité et connaître la Vérité.

Nous avons déjà mentionné le centre cultuel d'Éleusis. Bien différent de Delphes, il n'en représente pas moins un pôle d'attraction très important dans la vie religieuse grecque, surtout pour les habitants de l'Attique[7].

Dès l'époque mycénienne — peut-être faut-il même remonter à une période préhellénique — un culte important célèbre en cet endroit la déesse-mère, Dè-mèter (selon certains linguistes, Dè pourrait être une forme dialectale de Gè, la terre) et la tradition lie son mythe à la ville d'Éleusis et à l'instauration de ses mystères. Le témoignage le plus ancien que nous possédions est l'hymne à Déméter, œuvre d'un auteur inconnu de la fin du VIIe siècle ou du début du VIe siècle. Longtemps attribué à Homère, le poème décrit en fait le mythe des deux déesses et la fondation du sanctuaire et des mystères.

Origine du culte

Ce culte ésotérique pourrait être fort ancien et remonter à la civilisation égéenne préhellénique. Les rites agraires, honorant deux déesses, d'abord anonymes, sont essentielle-

6. *Sur la disparition des oracles*, § 50.
7. La prépondérance d'Athènes sur l'Attique lui fit s'approprier le centre cultuel dont les grandes fêtes sont marquées par un pèlerinage d'Athènes à Éleusis. Cependant très vite le sanctuaire acquit une notoriété panhellénique et même universelle.

ment organisés par des femmes et semblent avoir des correspondants en Crète et en Thessalie.

Au couple identifié comme celui de Déméter-Corè (Perséphone) se superpose ensuite un autre, celui du « dieu et de la déesse », interprété tardivement comme Zeus-Déméter ou Hadès-Perséphone. Le culte est à la fois agraire et funéraire, « *chthonien et épichthonien à la fois* »[8].

Hérodote, historien du ve siècle, en atteste l'ancienneté : « *Ce sont les filles de Danaos qui ont apporté ces rites d'Égypte et les ont enseignés aux femmes des Pélasges*[9]. » Notons que, pour Hérodote, tout ou presque vient d'Égypte en matière de religion.

Le mythe

Le texte de l'hymne précise le mythe qui sert de base aux rites des mystères.

Il s'agit d'abord du rapt de Corè, la fille de Déméter, enlevée par Hadès alors qu'elle cueillait des fleurs, « *des roses, des crocus et de belles violettes... des iris, des jacinthes et aussi le narcisse* »[10]. La déesse, alertée par les cris de sa fille, s'élance à sa recherche. Ni Hécate, ni le Soleil ne peuvent la renseigner. Elle arrive alors à Éleusis et, désespérée, s'arrête auprès du « Puits des Vierges » et prend les traits d'une vieille femme. Elle est consolée par les filles du roi et accepte d'être recueillie au palais où elle ne prend pour nourriture que la « *Mixture* », « *mélange de farine, d'eau et de tendre pouliot* » (sorte de menthe)[11]. On lui confie le jeune Démophon, fils du roi, et elle exerce sur lui toutes sortes de pratiques magiques pour le rendre immortel. L'effroi de la mère empêche la déesse d'aboutir et, révélant sa divinité, Déméter demande la construction d'un sanctuaire où elle se réfugie, toujours désespérée, menaçant de priver l'humanité de ses productions.

Zeus intervient alors et obtient d'Hadès qu'il laisse

---

8. J. Humbert, *Hymnes homériques*, p. 31.
9. II, 171.
10. *Hymne homérique*, v. 6-7.
11. *Hymne*, v. 208-209.

I — Grand relief d'Eleusis

Il ornait sans doute le « Telesterion », lieu où avaient lieu les initiations. On y voit le jeune Triptolème recevant de Déméter des grains de blé — comme l'initié en recevait sans doute de la prêtresse — tandis qu'à côté de lui se tient Perséphone, portant une torche et une couronne — objets rituels que portait sans doute la prêtresse accompagnant le myste —. *(Musée National d'Athènes, Photo Roger-Viollet)* (cf. p. 36).

II — Ménades

On voit bien les danseuses, frappant des tambourins, à demi nues, la tête anormalement rejetée en arrière dans les transes de la possession dionysiaque tandis qu'entre elles un danseur-silène bat la mesure et les accompagne à la flûte. *(Sarcophage. Photo de l'Institut Allemand de Rome)* (cf. pp. 54 et 56).

repartir Perséphone. Celui-ci accepte mais lui fait manger un pépin de grenade. Déméter retrouve donc sa fille et c'est la joie des retrouvailles, ternie cependant par l'idée qu'ayant mangé une nourriture du monde souterrain, Perséphone devra y retourner un tiers de l'année. « *La vaste terre se chargea de feuilles et de fleurs* » et la déesse va enseigner « *les beaux rites qu'il est impossible de transgresser, de pénétrer ni de divulguer* »[12].

Les mystères

Comme l'indique l'auteur du poème — sans doute adepte du sanctuaire éleusinien —, les mystères sont si secrets qu'il est difficile de les connaître. Il est sacrilège d'en révéler les rites. Hérodote déclare :

> « *De même, sur les fêtes d'initiation de Déméter... sur ces fêtes aussi, gardons le silence, sinon pour en dire ce que permet la piété*[13]. »

Pausanias, géographe du IIe siècle de notre ère, se garde d'indiquer quoi que ce soit dans sa description d'Éleusis :

> « *Pour ce qui se trouve à l'intérieur du sanctuaire, un songe m'a détourné d'en rien écrire et les non-initiés n'ont évidemment pas à avoir la moindre connaissance des choses dont la vue leur est interdite*[14]. »

Les renseignements que nous pouvons avoir proviennent d'auteurs chrétiens qui, après leur conversion, ne se sentent plus liés par aucune obligation de secret et qui, au contraire, vont décrire ces rites pour en montrer la naïveté, la stupidité, la cruauté ou la grossièreté. C'est le cas notamment de Clément d'Alexandrie, père de l'Église, du IIIe siècle.

Le sens de la légende apparaît clairement : le rythme naturel des saisons est expliqué par le séjour de Perséphone-Corè au royaume des morts et le désespoir de Déméter. La

---

12. *Hymne*, v. 473 et 478-479.
13. II, 171.
14. I, 38, 7.

renaissance de la nature exprime la joie des retrouvailles. Fertilité et fécondité sont liées.

Un autre symbole de la légende éleusinienne comporte l'union de Zeus et de Déméter, considérée comme source de toute vie. C'est d'elle que naît « *l'héroïne centrale des légendes éleusiniennes, Corè... Le myste*[15] *est sans doute conçu lui-même comme issu des embrassements des maîtres divins de l'univers et comme régénéré en tant que devenant aussi enfant des dieux* »[16].

Il faut noter ici l'aspect original des mystères d'Éleusis par rapport à l'ensemble de la religion officielle et qui lui assure la plus haute spiritualité : pour la première fois, il est question d'une croyance en l'au-delà et d'une assurance pour l'initié d'une vie éternelle bienheureuse. Comme le dit l'hymne,

> « *Heureux qui possède, parmi les hommes de la terre, la vision de ces mystères ! Au contraire, celui qui n'est pas initié aux saints rites et celui qui n'y participe point n'ont pas le semblable destin, même lorsqu'ils sont morts dans les moites ténèbres*[17]. »

L'initiation

Au départ réservée aux seuls Grecs, ouverte dès le IVe siècle avant J.-C. aux esclaves d'État, aux barbares et à tous à l'époque hellénistique[18], l'initiation se pratique au moment des fêtes appelées Éleusinies, qui durent dix jours, et comporte divers degrés.

Pour les mystes, candidats à l'initiation, après purification, retraite et jeûne, il s'agit de gagner Éleusis en procession et d'y prononcer dans le sanctuaire une formule rituelle qui nous a été rapportée par Clément d'Alexandrie :

---

15. Initié ou candidat à l'initiation.
16. P. Levêque, *op. cit.*, p. 104.
17. *Hymne*, v. 480-482.
18. On raconte même qu'un Indien, Zarmaros de Barygaza, ambassadeur auprès de l'empereur Auguste, se fit initier. Les Romains les plus célèbres le firent aussi : Sylla, Cicéron, Antoine, Auguste, Hadrien par exemple (cf. P. Levêque, *La Grèce*, p. 110).

« J'ai jeûné, j'ai bu la mixture, j'ai pris dans le panier et, après avoir manié, j'ai remis dans la corbeille, j'ai repris dans la corbeille et mis dans le panier[19]. »

Les objets manipulés tout autant que leurs manipulations nous sont fort mystérieux. Il s'agit sans doute de symboles de fertilité, peut-être de représentations d'organes sexuels. Il est même possible qu'il y ait eu simulacre d'union sexuelle et renaissance symbolique du myste, devenant fruit de cette union[20].

Plutarque rapporte ses propres impressions d'initiation :

Au début, dit-il, « *les initiés s'avancent en se poussant les uns contre les autres, et c'est un tumulte et des cris, mais lorsque c'est l'action et qu'on leur montre les objets sacrés, ils font attention alors et c'est la crainte et le silence... Lorsqu'on a pénétré à l'intérieur et qu'on a vu la grande lumière... on prend une autre attitude d'esprit, c'est le silence et une crainte religieuse* »[21].

Lors d'une deuxième étape, on montre au myste, ainsi intronisé, le voyage de l'âme dans le monde souterrain et on lui enseigne les moyens de le mener à bonne fin. C'est ainsi que le même Plutarque parle de « *la frayeur, le frisson, le tremblement, la sueur froide, l'épouvante* »[22] qui saisissent les mystes lorsqu'ils doivent progresser soit en imagination, soit dans un parcours souterrain réel, rempli de « *pénibles détours, de marches inquiétantes à travers les ténèbres...* ». La révélation ne s'arrête pas là et donne des clés non seulement pour triompher des obstacles infernaux, mais aussi pour accéder aux Champs-Élysées :

« Ensuite, une lumière merveilleuse s'offre aux yeux, on passe dans des lieux purs et des prairies où retentissent les

---

19. *Protreptique*, 2, 21.
20. P. Foucart, *Les mystères d'Éleusis*, Paris, 1914, p. 376 et suiv. et pp. 496-497 ; V. Magnien, *Les mystères d'Éleusis*, Paris, 1929, p. 151.
21. *Quomodo quis...* 81 E, passage traduit par G. Méautis, dans *Les dieux de la Grèce*, Paris, 1959, qui note bien que c'est pratiquement le seul texte antique qui révèle cette partie secrète de l'initiation.
22. Rapporté par Stobée, 4, 52, b. (auteur de morceaux choisis du VIe siècle de notre ère).

voix et les danses ; des paroles sacrées, des apparitions divines inspirent un respect religieux. »

Suit — et c'est la troisième étape — l'exhibition par l'hiérophante (prêtre chargé de montrer les objets sacrés) de « *hiéra* » parmi lesquels une très ancienne statue en bois de la déesse richement décorée. Puis le myste assiste à un drame sacré représentant le rapt de Perséphone et les souffrances de sa mère.

La plupart des Athéniens subissent ce premier degré d'initiation mais, au bout d'un an, peuvent accéder au deuxième degré. Ils portent alors le nom d'« époptes », c'est-à-dire de « visionnaires ». Il s'agit pour eux d'assister à un second drame sacré, représentant, celui-là, l'union de Zeus et de Déméter, sous les traits de l'hiérophante et de la prêtresse. Réelle à l'origine, cette union n'est plus que symbolique à l'époque classique. L'initié s'identifie davantage à l'enfant divin, en même temps qu'à Triptolème, jeune frère de Démophon qui, selon la légende, reçut de la déesse le premier épi de blé et qui fut chargé d'en répandre la culture[23]. Car l'hiérophante, pour finir, procédait à la « *monstrance de l'épi* », symbole à la fois de fertilité et de vie éternelle.

Incontestablement, les mystères d'Éleusis puisent dans leurs origines égéennes et leurs aspects chthoniens une dimension que nous ne trouvons pas dans les cultes helléniques traditionnels. Cette croyance, très ancienne et pourtant originale, au salut et à la vie éternelle, est largement attestée par les auteurs classiques. Outre le texte de l'hymne homérique déjà cité, nous trouvons chez Sophocle la célébration du bonheur de l'initié :

« *Ô trois fois heureux ceux des mortels qui, après avoir contemplé ces mystères, iront dans la demeure d'Hadès, car ceux-là seuls y posséderont la vie ; pour les autres, il n'y aura que souffrance*[24]. »

---

23. Cf. planche I.
24. Frag. 348 d'une pièce intitulée précisément *Triptolème*, cf. Pindare, *2ᵉ Olympique*, vers 107.

Platon, dans le *Phédon*, déclare de même :

> « *Celui qui arrivera chez Hadès sans avoir pris part à l'initiation et aux mystères, sera plongé dans le bourbier ; au contraire, celui qui aura été purifié et initié vivra avec les dieux*[25]. »

Les Mystères d'Éleusis font, à l'époque classique, partie tellement intégrante de la religion officielle qu'une dîme a été instituée à la suite d'un oracle de Delphes. Tous les citoyens sont obligés d'y contribuer ainsi que les membres de la Confédération de Délos. Quant aux pays alliés, ils sont instamment invités à le faire. Athènes choisit ce culte à mystères déjà panhellénique afin de satisfaire des tendances mystiques de plus en plus répandues tout en se ménageant une suprématie religieuse propre à soutenir ses visées politiques.

Cependant on ne peut guère parler d'influence morale de ces mystères qui, riches sur le plan du mythe, ne sont pas plus que les autres cultes porteurs de moralité. Sitôt la fête terminée, que reste-t-il dans le cœur de l'initié ? Certes ce dernier a plus de chances que les autres de connaître dans l'au-delà un sort heureux. Mais il n'y a guère l'idée d'un châtiment ou d'une récompense, sinon peut-être dans le texte de Platon et dans cette allusion des *Grenouilles* d'Aristophane, où le chœur déclare « *pour nous seuls le soleil brille, répandant une gaie lumière, pour nous tous qui sommes initiés et avons mené une vie pieuse envers les étrangers et les citoyens* »[26]. On peut y voir une influence nette de l'Orphisme[27]. Il semble bien que le clergé d'Éleusis initie n'importe qui sans se soucier de la valeur morale du candidat. En outre l'initiation ne paraît pas comporter d'invitation explicite à changer de conduite en vue de l'au-delà. Or c'est cette motivation qui donne efficacité et puissances aux sectes religieuses et qui assoira réellement la croyance en l'immortalité de l'âme.

Nous avons insisté sur les mystères d'Éleusis car ils ser-

---

25. 69c.
26. V. 454-459.
27. Cf. G. Méautis *Les dieux de la Grèce*, p. 113.

vent, sinon de modèles, du moins de bases de comparaison pour l'étude des autres cultes à mystères, dont la plupart sont marginaux.

Les préoccupations eschatologiques sont bien présentes aussi dans les mystères dionysiaques, surtout, comme nous le verrons, dans leurs prolongements sectaires.

Le Mysticisme dionysiaque : succès et assagissement

Origines du culte de Dionysos

Les aspects de la légende dionysiaque sont très divers et souvent même contradictoires. Cette divinité syncrétique superpose des caractéristiques égéennes et thraco-phrygiennes. Elle symbolise l'ensemble des forces vives de la nature, l'élan vital de la végétation — alors que Déméter représente l'agriculture —, notamment la vigne, et de là l'exubérance, l'ivresse, l'inspiration prophétique, voire les transes mystiques. Dionysos semble déjà connu à l'époque mycénienne sous le nom de *Di-wo-nu-so-jo*, inscrit sur les tablettes de Pylos[28] et certains croient voir dans « les prêtresses aux serpents » des fresques minoennes les premières bacchantes d'un Dionysos crétois.

Pourtant, chez Homère, « *Dionysos le délirant* » n'apparaît guère que comme une divinité secondaire et, selon certains commentateurs, n'est même attesté que dans des passages tardifs. Ainsi Ulysse aux Enfers voit Phèdre et Ariane et évoque la légende de Thésée qui « *emmena Ariane aux coteaux d'Athènes* »[29]. Laissée endormie dans l'île de Dia (c'est-à-dire Naxos), elle est alors tuée par Artémis sur l'ordre de Dionysos. Cette version « athénienne » de l'*Odyssée* est bien postérieure au texte primitif, qui ne comporte aucune référence au dieu Dionysos[30].

Tout au plus apparaît-il dans une énumération de héros, parmi d'autres demi-dieux issus des amours de Zeus, tels

28. Xa 102 — Xb 1419.
29. *Odyssée*, XI, v. 325.
30. Cf. V. Bérard, *Odyssée XI*, (Note sur les vers 321-326, éd. Les Belles Lettres), p. 96.

que Pirithoos, Persée, Minos, Rhadamante et Héraclès[31]. S'il est encore mentionné dans l'*Odyssée*, au chant XXIV, c'est dans un long passage extrapolé et tardif. Il s'agit de l'amphore offerte à Thétis par Dionysos[32], amphore qui lui sert à recueillir les cendres d'Achille. Or toute cette deuxième descente aux enfers, celle des âmes des prétendants, a été contestée par les anciens et condamnée par les modernes. Le plus long texte homérique consacré à ce dieu est la légende de Lycurgue[33]. Une scholie attribue la source de ce récit au poète Eumélos de Corinthe et, grâce à quelques recoupements, on peut fixer l'apparition de Dionysos dans la poésie homérique récente vers 700 avant J.-C.

Quelle est donc cette légende de Lycurgue ? Il s'agit d'un roi de Thrace qui chassa de son pays Dionysos petit enfant, ainsi que ses nourrices, « *les poursuivant sur le Nyséion sacré* ». Il causa une telle peur au jeune dieu que celui-ci « *plongea dans le flot marin, où Thétis le reçut, épouvanté, dans ses bras* ». Pour le venger, « *le fils de Cronos fit un aveugle de Lycurgue* ». Telle est la leçon donnée à ceux qui osent s'attaquer aux dieux.

Cette légende sera par la suite utilisée avec des variantes par les Tragiques et les auteurs postérieurs.

La patrie thrace du dieu, évoquée par le texte d'Homère, est attestée par une étymologie possible de Dionysos, « dieu de Nysa » ou « Zeus de Nysa » (ce serait le « Nyséion sacré » du poète). Mais « *-nysos* » pourrait aussi être l'équivalent thrace de « *kouros* » et Dionysos serait le « jeune garçon de Zeus » (comme les Dioscures).

Dionysos est peut-être aussi originaire de Phrygie, au nord de l'Asie Mineure, si l'on en croit une interprétation possible de la légende de Lycurgue. Celui-ci aurait chassé le jeune dieu venu se réfugier chez lui avec ses nourrices. La Lydie, au centre de l'Asie Mineure, revendique également d'être sa patrie d'origine et Euripide ne tranche pas vraiment lorsqu'il fait dire au dieu : « *J'ai quitté la Lydie aux*

31. *Iliade*, XIV, 325.
32. V. 74.
33. *Iliade*, VI, v. 132-149.

champs féconds en or, les plaines de Phrygie... »[34]. Plus loin, Dionysos déclare : « *Connais-tu le Tmôlos, la montagne fleurie ?... Je viens de là, mon sol natal est la Lydie*[35]. » Euripide parle aussi de la Piérie (région de Thrace), des fleuves Axios et Lydias, qui arrosent la Macédoine, du Cithéron, du Parnasse, de l'Olympe, de la Béotie, de sorte qu'on imagine volontiers que le culte de ce dieu a pu, de proche en proche, à partir de l'Asie Mineure, être introduit en Grèce à une époque relativement récente. En Asie Mineure en tout cas, Dionysos n'apparaît jamais comme un dieu « étranger » et c'est très naturellement qu'il devient à Pergame, par exemple, à l'époque hellénistique une divinité dynastique avec sans doute un syncrétisme qui l'assimile à Sabazios, dieu thrace de la végétation, dont nous reparlerons. Les points communs entre ces deux dieux sont en effet frappants : Sabazios, dieu agraire et de la fureur divine, est lui aussi honoré par un culte orgiastique.

Hérodote éclaire d'autres aspects de la légende dionysiaque. Pour lui aussi, Dionysos fait partie des divinités les plus récentes du panthéon hellénique[36]. L'historien grec fait un rapprochement intéressant entre Dionysos et le dieu égyptien Osiris[37]. Il ne fait aucun doute pour lui que Nysa se trouve « *au-delà de l'Égypte, en Éthiopie* » et que les ressemblances sont étroites entre les deux cultes d'Osiris et de Dionysos.

De fait, Osiris est, lui aussi, un dieu de la végétation et subit, tout comme Dionysos dans certaines légendes, une « passion » et une « résurrection ». Hérodote a remarqué en outre que les fêtes en l'honneur du Dionysos égyptien sont « *célébrées tout à fait, ou peu s'en faut, de la même façon que chez les Grecs, à cela près qu'il n'y a pas de chœur* »[38]. Pour le reste — et notamment la procession du phallus, un cortège précédé d'un joueur de flûte — les ressemblances sont frappantes.

Certes, pour les modernes, l'hypothèse d'Hérodote est

34. *Bacchantes*, v. 13-14.
35. *Id.*, v. 55-56.
36. II, 145.
37. II, 144.
38. II, 48.

quelque peu fantaisiste ; mais le mythe d'Osiris, tel qu'il est rapporté par Plutarque, par exemple[39], montre qu'il s'agit d'une interprétation élaborée du cycle des saisons, du destin des plantes et des graines.

Des analogies ont assurément été notées par les spécialistes modernes de religion comparée, entre Dionysos et la divinité védique Soma. Soma désigne à l'origine une plante qui, fermentée, donne un breuvage sacré enivrant, utilisé au cours des sacrifices. Cette boisson, divinisée comme l'a été Agni, le Feu, est l'objet d'hymnes dans le *Rigvéda* et est saluée comme l'élément liquide fécondant, à l'origine de tous les végétaux. L'animal symbolique consacré à cette divinité est le taureau et son emblème, le phallus. Or, curieusement, la légende grecque attribue à Dionysos, après son séjour en Thrace, une expédition en Inde dont il devient le maître avant de revenir en Béotie. Ovide fait dire aux femmes d'Orchomène célèbrant le dieu : « *L'Orient t'est soumis jusqu'aux lieux où le Gange au terme de sa course baigne le pays des Indiens basanés*[40].

On peut se demander si tous ces pays visités par Dionysos dans ses voyages mythiques et les ressemblances remarquées entre ses attributions et celles d'autres dieux indo-européens ou non (Soma, Sabazios, Osiris) ne viendraient pas simplement de l'origine de la culture de la vigne. Pour tous ces peuples, méditerranéens et orientaux, la vigne représente avec les céréales une richesse importante. D'abord sauvage, puis cultivée, elle a entraîné la découverte de la fermentation et l'usage des boissons alcoolisées semble s'être répandu parallèlement dans les civilisations égyptienne et indienne. Pour ce qui est de la Grèce, la vigne et le vin y ont sans doute été introduits par l'Asie Mineure — où leur existence est ancienne — et le nord de la péninsule.

Il n'y a donc rien d'étonnant à ce qu'un culte du dieu de la vigne et de l'ivresse se retrouve dans toutes ces régions et que les Grecs continentaux gardent, à l'époque historique, le souvenir confus que la vigne et son dieu leur sont venus relativement tard par la Lydie, la Phrygie, la Thrace,

39. Cf. Plutarque, *Isis et Osiris*, 365 A, et Pindare, *frag.* 153.
40. *Métamorphoses*, IV, 20-21.

la Macédoine et la Béotie, cependant que les insulaires les ont reçus plus directement (Naxos, par exemple). Ce dieu, ressenti comme « étranger » en Grèce, a pu se superposer à une divinité agreste beaucoup plus ancienne.

Le mythe

Presque aussi complexe que l'origine du culte, la légende dionysiaque comporte des épisodes disparates, souvent difficiles à rattacher en un ensemble cohérent.

Dionysos est fils de Zeus et de Sémélé, qui serait elle-même fille de Cadmos, roi de Thèbes, et de la déesse Harmonie. Aimée de Zeus, Sémélé conçoit Dionysos mais, sur les conseils perfides d'Héra jalouse, demande à son amant de lui apparaître dans toute sa splendeur. Zeus s'exécute, mais Sémélé est aussitôt foudroyée. Zeus prend alors l'enfant des entrailles de sa mère et le place dans sa cuisse où il le porte jusqu'au terme normal de la gestation. Après sa naissance, il faut soustraire Dionysos à la jalousie d'Héra et son père le confie aux nymphes de Nysa (en Asie Mineure ou en Afrique ?) et, selon certaines anecdotes, le transforme même en chevreau. En tout cas le dieu passe une enfance insouciante dans les montagnes, accompagné d'un cortège de nymphes, de satyres et de silènes. C'est ainsi que l'hymne homérique à Dionysos (poème longtemps attribué à Homère comme l'hymne à Déméter, mais certainement beaucoup plus tardif encore) chante :

> « *Celui que les Nymphes à la belle chevelure reçurent en leur giron des mains du Seigneur son père, puis nourrirent et élevèrent avec soin dans les grottes de Nysa... Quand les Déesses eurent élevé celui qui devait être tant chanté, il ne cessa depuis lors de parcourir les vallons boisés, tout couronné de lierre et de laurier ; les Nymphes le suivaient et il était à leur tête ; une rumeur possédait la forêt immense*[41]. »

Sur son passage, l'eau, le vin, les fleurs, le lait et le miel se répandent miraculeusement, si l'on en croit Euripide qui décrit ainsi la course des compagnes du dieu :

41. *Hymne à Dionysos*, II, v. 1-10.

« Toutes parent leur front de couronnes de lierre ou de feuilles de chênes ou des fleurs du smilax[42]*. Et l'une, de son thyrse*[43] *ayant frappé la roche, un flot frais d'eau limpide en jaillit à l'instant ; l'autre de son narthex*[44] *ayant fouillé la terre, le dieu en fit sortir une source de vin. Celles qui ressentaient la soif du blanc breuvage, grattant du bout des doigts le sol, en recueillaient du lait en abondance. Du thyrse orné de lierre s'égouttait un doux miel*[45]*. »*

Parvenu à l'âge adulte, Dionysos est retrouvé par Héra qui le frappe de folie. Il part alors en voyage et, après bien des errances en Égypte et en Asie, la légende lui fait rencontrer Cybèle en Phrygie (où leurs deux cultes sont très souvent associés)[46]. La déesse le guérit et Dionysos gagne la Thrace où son culte est repoussé par Lycurgue. Nous avons vu la plus ancienne attestation de cet épisode auquel Eschyle consacre une tétralogie malheureusement perdue. Sans doute Lycurgue représente-t-il la réaction de bon sens d'un homme d'État attaché à l'ordre et horrifié par les effets du jus de la vigne et le caractère orgiastique du culte dionysiaque. De fait, les fragments d'Eschyle nous permettent de le supposer, Dionysos est censé se réfugier auprès de Thétis et Lycurgue est frappé de folie par les autres dieux. Voulant en effet couper tous les ceps de vigne, il tue son propre fils Dryas, qu'il prend pour un cep. Il est ensuite écartelé par ses sujets sur le Mont Pangée en expiation de ses crimes.

Après avoir conquis l'Inde, Dionysos revient en Béotie et c'est à Thèbes qu'il veut introduire son culte, dans le royaume de Penthée, successeur de Cadmos. Comme Lycurgue, celui-ci s'y oppose et en est puni. C'est le sujet de la pièce d'Euripide, *Les Bacchantes*[47]. Les filles de Cadmos, donc les propres sœurs de Sémélé, s'élèvent contre le culte nouveau propagé par leur neveu. Pour expliquer cet

42. Sorte de liseron.
43. Bâton surmonté d'une pomme de pin et entouré de lierre.
44. Baguette de bois.
45. *Bacchantes*, v. 702 et suiv.
46. *Ibid.*, v. 72 et 80.
47. Pausanias (VIII, 18, 8) rapporte des épisodes très voisins, plaçant à Orchomène ou à Argos la vengeance du dieu dont le culte est repoussé par les filles du roi local ; cf. Elien, *Histoires diverses*, III, 42 et Apollodore, II, 26-29.

épisode, l'auteur tragique adopte une variante de la légende que nous avons évoquée. Les sœurs de Sémélé refusent d'admettre la divinité de Dionysos, c'est-à-dire la paternité de Zeus. Selon elles, le sort de Sémélé foudroyée est une punition :

> « *Séduite par un mortel... elle avait attribué sa propre faute à Zeus... si Zeus la foudroya, c'était pour la punir de s'être ainsi targuée d'amours divines...*[48]. »

Pour châtier ses tantes, Dionysos leur inspire un délire bachique :

> « *C'est pourquoi je leur ai fait quitter en foule leurs foyers sous l'aiguillon de mon délire. Et les voici qui, l'esprit égaré, habitent les montagnes, contraintes de porter ma livrée orgiaque. De plus, toute la gent féminine de Thèbes, tout ce qu'elle comptait de femmes, je l'ai chassée de ses demeures... Il faut que, malgré elle, cette ville comprenne combien lui manquent les danses et mes mystères, que je venge l'honneur de Sémélé ma mère...*[49]. »

Penthée, fils d'Agavé (sœur de Sémélé) veut s'opposer par les armes à ces manifestations violentes et se rend sur le Cithéron pour espionner les Bacchantes. Quand les femmes l'aperçoivent, Agavé la première, elles se précipitent sur lui et déchiquètent son corps qu'elles croient être celui d'un lion. Agavé, de retour à Thèbes s'aperçoit avec horreur qu'elle tient la tête de son propre fils.

Ensuite Dionysos veut aller à Naxos et un autre hymne homérique rapporte son aventure sur un navire de pirates qui décident de le vendre comme esclave. Le dieu paralyse l'embarcation et terrifie les marins par des prodiges :

> « *Tout d'abord, ce fut du vin, doux breuvage parfumé, qui se répandit sur le vaisseau noir... Aussitôt un pampre se déploya de chaque côté jusqu'au haut de la voile... puis un sombre lierre chargé de fleurs vint s'enrouler autour du*

48. V. 28-31.
49. *Bacchantes*, V. 32-41.

mât ; des fruits charmants y poussaient, et les chevilles des rames avaient toutes des couronnes...[50]. »

Le dieu lui-même se transforme en lion et les pirates épouvantés sautent dans la mer où ils sont métamorphosés en dauphins. Si depuis les dauphins sont les amis des hommes, c'est que ce sont les pirates repentis qui essaient de racheter leur conduite à l'égard du dieu.

A Naxos se place l'épisode d'Ariane et c'est là que selon une autre légende rapportée par l'*Odyssée*[51], Dionysos l'épouse[52]. On pense qu'Ariane est une très ancienne divinité crétoise de la végétation et cet épisode accréditerait une influence égéenne sur le culte dionysiaque, comme la rencontre avec Cybèle accrédite une influence phrygienne.

Après avoir établi son culte envers et contre tous, Dionysos gagne l'Olympe non sans être auparavant descendu aux Enfers rechercher sa mère Sémélé. En échange de celle-ci, il offre à Hadès le myrte.

Ce séjour aux Enfers a sans doute contribué à associer Dionysos au culte de Déméter à Éleusis. Il n'est jusqu'à la légende delphique qui n'intègre Dionysos en célébrant l'entente entre Apollon et son demi-frère qui le remplace lorsque celui-ci est absent du sanctuaire. C'est d'ailleurs à Delphes qu'à partir du IVᵉ siècle au moins on honore le tombeau de Dionysos dans l'*adyton* du temple[53].

La richesse du mythe dionysiaque fait d'un dieu, secondaire au départ, l'un des plus importants du panthéon grec. Mais la résistance a été grande, surtout de la part de l'aristocratie, devant l'introduction de la vigne, le culte de l'ivresse et la frénésie des thiases[54] bachiques. La popularité du dieu est telle cependant qu'il s'introduit dans la religion officielle est y est célébré par de nombreuses fêtes, car « *A nul d'entre les dieux, le dieu Dionysos ne le cède, crois-moi*[55]. »

50. *Hymne à Dionysos* I (fin Vᵉ ou début IVᵉ) v. 35-42.
51. Voir plus haut p. 38.
52. Pausanias, 2, 23, 7-8.
53. Plutarque, *Isis et Osiris* 365 a 35 et *E de Delphes* 389 c.
54. Cortège joyeux.
55. *Bacchantes*, v. 777.

Les rites officiels

A un dieu agreste de la vigne et du vin, de la fécondité parfois, de l'inspiration, toute la Grèce rend un culte. Il est peut-être plus anciennement honoré en Asie Mineure, si l'on se fonde sur une de ses origines supposées, et les grands centres religieux comme Éphèse le célèbrent presque à l'égal d'Artémis. Hérodote mentionne par exemple une fête en son honneur à Smyrne[56]. En Grèce péninsulaire, il est adoré partout, même à Sparte — où son culte est assuré par des prêtresses spéciales appelées *dusmainai*[57] :

> *« Bondis avec légèreté pour que nous célébrions Sparte qui aime les chœurs des dieux et le battement des pieds lorsque, pareilles à des pouliches, les jeunes filles le long de l'Eurotas bondissent à pas pressés, soulevant la poussière, et les chevelures s'agitent comme celles des Bacchantes brandissant le thyrse et s'ébattant. »*

Après Orchomène en Béotie, au VIe siècle, c'est Thèbes qui paraît être au Ve siècle le centre cultuel dionysiaque le plus important, et c'est de Béotie, plus exactement d'Éleuthères, à la frontière de la Béotie et de l'Attique, que vient à Athènes dès le VIe siècle le « *xoanon* » (c'est-à-dire une statue en bois de la divinité) installé dans le sanctuaire du flanc sud de l'Acropole.

A Athènes, l'année liturgique est ponctuée de grandes fêtes en l'honneur de Dionysos, en hiver et au printemps : en décembre, les Dionysies agraires, célébrées dans chaque dème[58] ; en janvier-février, les Lénéennes ; en février-mars, les Anthestéries ; en mars-avril, les Grandes Dionysies à dimension panhellénique.

Les petites Dionysies (ou Dionysies agraires) témoignent de l'existence d'un très ancien culte agraire à une époque de l'année où les craintes concernant le retour de la végétation sont les plus grandes. On offre à Dionysos un bouc, animal

---

56. I, 150.
57. Aristophane, *Lysistrata*, v. 1309 et suiv.
58. Canton de l'Attique, subdivision de la « tribu ». Il y en avait 100 à l'époque d'Hérodote.

favori de cette divinité et symbole de fécondité et de la lubricité du dieu.

Parmi les cérémonies, on notera un jeu réservé aux jeunes gens : il s'agit pour eux d'essayer de tenir en équilibre sur la peau d'un bouc rembourrée et enduite de graisse (pour ne donner aucune prise). Il y a aussi une procession phallique et les participants sont souvent masqués de façon grotesque. Un exemple de telles festivités est donné par les *Acharniens* d'Aristophane. Dicéopolis organise une petite procession familiale avec sa femme, sa fille tenant une corbeille et deux esclaves portant un phallus. Au moment de sortir de sa maison, il dit :

> « *Recueillez-vous, recueillez-vous. Allons, quelques pas en avant, la canéphore*[59]. *Que Xanthias porte le phallus bien droit. Dépose la corbeille, ma fille, et offrons les prémices*[60]. »

Dicéopolis poursuit, s'adressant au dieu :

> « *Ô Dionysos, ô maître, puisse t'être agréable la procession que je conduis et le sacrifice que je t'offre avec toute ma maison ; accorde-moi de célébrer heureusement les Dionysies des champs... Allons, ma fille, fais en sorte de porter la corbeille gentiment... Xanthias, ayez soin tous deux de tenir droit le phallus derrière la canéphore. Moi, je marcherai après vous en chantant l'hymne phallique*[61]. »

De fait, il entonne :

> « *Phalès* (personnification du phallus), *compagnon de Bacchos* (autre nom de Dionysos), *joyeux convive, coureur de nuit, adultère, amant de jeunes garçons... Phalès, si tu veux boire avec nous, au sortir de l'ivresse, à l'aurore, tu avaleras un bon plat...*[62]. »

Malgré la part de dérision que comporte ce passage, nous pouvons grâce à lui nous faire une idée de la façon

---

59. Porteuse de corbeille contenant les objets du sacrifice.
60. *Acharniens*, v. 241-244.
61. *Id.*, v. 247-261.
62. *Id.*, v. 263-278.

dont on célèbre les petites Dionysies dans la campagne attique à l'époque d'Aristophane.

Les Lénéennes sont plus solennelles et durent deux ou trois jours. On a cru longtemps qu'il s'agissait d'une fête marquant le pressurage des raisins, puisque « *lènos* » signifie « pressoir ». Mais la date (janvier-février) rend cette hypothèse peu probable. On pense qu'il s'agit en réalité d'une fête en l'honneur de Dionysos Lénaios (c'est-à-dire du dieu des Bacchantes, Lénai étant un autre nom des Bacchantes), dont le temple, le Lénaion, a été localisé au sud-ouest de l'Acropole.

Un cortège mène une foule joyeuse et souvent masquée jusqu'à ce sanctuaire. Un banquet public y est offert et l'on déguste le vin de la dernière vendange, après sa première fermentation (peut-être le « Beaujolais nouveau » de l'époque !). La ville d'Athènes fournit les viandes de ces festins populaires. A partir du Ve siècle, des concours dramatiques ont lieu à l'occasion des Lénéennes. Nous savons par exemple que la comédie *Les Acharniens* a été représentée aux fêtes de 425 :

> « *Nous sommes entre nous, c'est le concours du Lénaion, les étrangers ne sont pas encore là... Nous sommes seuls aujourd'hui, rien que le pur froment de la cité*[63]. »

Les Cavaliers furent joués aux Lénéennes de 424, *Les Guêpes* à celles de 422, *Lysistrata* vraisemblablement à celles de 411 et *Les Grenouilles* à celles de 405.

Les Anthestéries (« fêtes des fleurs ») sont une solennité fort curieuse qui célèbre le retour du printemps et honore les morts. Cette fête dure trois jours.

Le premier, « jour de l'ouverture des jarres » fête en quelque sorte la « mise en bouteille » du vin nouveau désormais apte à la consommation ordinaire, après sa deuxième fermentation. Le vin est porté au sanctuaire du Limnaion — temple de Dionysos dans le quartier des Marais *(Limnai)* au sud de l'Acropole — et préparé par les prêtresses pour être offert au dieu. Les petits enfants à partir de quatre ans

---

63. V. 504-506.

peuvent participer à ces festivités. Ils reçoivent de petites cruches peintes. Les écoles sont fermées.

Le lendemain, « jour des cruches », il y a un concours de buveurs, présidé par l'archonte-roi tandis que la « reine », c'est-à-dire la femme de l'archonte-roi, célèbre avec les prêtresses de Dionysos, les *Gerarai*, des rites préparatoires à la cérémonie du soir. Celle-ci comporte un cortège « nuptial », accompagnant la reine et le dieu — ou plutôt sa statue, amenée par la ville dans un bateau monté sur roues — du Limnaion au Boucoléion (ancien palais royal). C'est là qu'a lieu l'hiérogamie (c'est-à-dire l'union sacrée). Dans de nombreuses cités, notamment à Samos[64], on choisit un homme qui doit s'unir, à la place du dieu, à une vierge elle aussi préalablement choisie. Cette union symbolise naturellement le retour du printemps et l'influence de cette saison sur la fertilité de la nature et la fécondité animale. A Athènes les choses ont été normalisées et c'est l'archonte-roi et son épouse qui accomplissent le rite, sans doute devenu théorique.

Cependant le troisième jour, la joie cède la place à la tristesse. Les Athéniens honorent leurs morts. On les invoque, car ils sont censés revenir hanter les vivants ; on leur offre des libations d'eau et de légumes bouillis ainsi que des graines de toutes sortes. Puis on les invite à retourner dans leur royaume et à laisser en paix les vivants. Ce rite est sans doute lié au caractère chthonien de Dionysos et à sa descente aux Enfers.

La dernière fête de Dionysos dans le calendrier liturgique est aussi la plus officielle, la plus solennelle et son renom s'étend dans toute la Grèce. Instituées après les Guerres Médiques, les **Grandes Dionysies** durent six jours. Le premier jour, a lieu une procession du *xoanon* de Dionysos d'Éleuthères[65], dirigée par l'archonte-éponyme[66], à travers la ville. Mille éphèbes tout armés suivent le dieu, ainsi que de très nombreuses canéphores portant les premiers produits du

64. Cf. J.C. Frère, *Pythagore, l'initié de Samos*, Paris, 1974, pp. 19-25, ainsi que W. Otto, *Dionysos*, Francfort, 1933, p. 79.
65. Voir p. 46.
66. Magistrat qui donne son nom à l'année.

printemps. Derrière marchent les chorèges[67] et choreutes[68] des représentations dramatiques, enfin une file de taureaux (autre animal favori de Dionysos avec le bouc) qui sont ensuite sacrifiés. Après de joyeux banquets publics, on reprend la procession aux flambeaux pour installer la statue au théâtre. D'abord en bois, ce théâtre n'a été édifié en pierre qu'au IVe siècle. Cependant, dès l'époque de Pisistrate, des concours dramatiques ont été institués aux Lénéennes puis, dès leur création, aux Grandes Dionysies.

En effet, les deuxième et troisième jours, ont lieu les concours de dithyrambes[69] et, les trois derniers jours, les concours de pièces de théâtre à proprement parler, tragédies, drames satyriques et comédies. Au soir du troisième jour se déroule une autre procession, le cômos, cortège obscène et très bruyant, dont la partie essentielle est une phallophorie[70]. Les colonies d'Athènes se doivent d'être représentées à ces festivités et y envoient chaque année des phallus qui sont solennellement portés — comme cela se fait déjà, nous l'avons vu, aux petites Dionysies — au milieu d'autres objets symboliques, amphores, sarments de vigne, corbeilles de figues. On chante des chansons obscènes, on se moque les uns des autres, on s'invective, on se barbouille de lie de vin. Pendant ces journées de liesse, banquets et beuveries se succèdent et font partie des réjouissances rituelles.

Il ne nous appartient ici d'expliquer ni l'origine de la tragédie dans le dithyrambe ni celle de la comédie dans le cômos. Notons, cependant, que les chanteurs de dithyrambe sont déguisés en satyres, compagnons de Dionysos, que les drames « satyriques » mettent précisément en scène satyres et silènes et qu'ils gardent l'aspect burlesque de la fête dionysiaque. « *La tragédie* dit Aristote *est sortie des premiers dithyrambes et la comédie de ces chants phalliques que la loi autorise encore dans certaines villes*[71]. » Au début du Ve siècle, les Grandes Dionysies sont surtout l'occasion de concours de tragédies, tandis que les comédies sont plutôt

---

67. Voir p. 26.
68. Danseurs d'un chœur de tragédie.
69. Chants en l'honneur de Dionysos.
70. Procession du phallus.
71. *Poétique*, 4.

réservées aux Lénéennes. Ensuite, les deux fêtes se partagent le répertoire. On sait par exemple que *Les Nuées* d'Aristophane ont été présentées aux Dionysies de 423, *La Paix* à celles de 421, *Les Oiseaux* à celles de 414. On sait aussi qu'Euripide fit jouer *Alceste* aux Grandes Dionysies de 438 et *Médée* à celles de 431. Le sujet des dithyrambes était primitivement les avatars et aventures de Dionysos, quelques épisodes de sa légende, puis des récits empruntés aux légendes d'autres héros. Dès le VIe siècle, ce sont tous les grands mythes qui peuvent être chantés et joués en l'honneur de Dionysos, mais sans rapport nécessaire avec ce dieu. Les concours de tragédies exigent de chaque poète (à chaque fête, l'archonte-roi choisit trois candidats) qu'il présente une trilogie — trois tragédies de sujets souvent liés, comme l'*Orestie* d'Eschyle — et un drame satyrique. Un jury de dix citoyens tirés au sort, un par tribu, décerne les prix au meilleur d'entre eux et à son chorège, c'est-à-dire au citoyen riche désigné pour commanditer la représentation, choisir et équiper les choreutes — les acteurs étant à la charge de l'État. Les représentations sont payantes mais tous les citoyens se doivent d'y assister, puisqu'il s'agit d'une forme de culte. Les femmes, tenues à l'écart de la vie publique, y sont admises. On va jusqu'à verser une allocation aux citoyens trop pauvres pour s'acquitter du prix d'entrée[72].

Nous avons insisté sur l'origine du culte dionysiaque et sur ses aspects officiels — ce qui nous écartait apparemment de notre propos — afin de montrer combien il a été canalisé, normalisé, de sorte que seuls les éléments les moins effrayants, les moins mystérieux ont été conservés par une religion d'État soucieuse de préserver l'ordre et l'équilibre de la société[73].

Faute de pouvoir rejeter un tel culte, l'État l'a adopté en le privant de la plupart de ses caractéristiques essentielles. On les retrouve précisément ailleurs que dans la religion officielle, où Dionysos n'est que le dieu de la bombance et de la beuverie, de la « galéjade », en un mot de la joie de vivre, sans plus aucune référence mystique.

---

72. Voir plus haut p. 26.

73. Cf. A.J. Festugière, *Études de religion grecque et hellénistique*, p. 15 et L. Gernet, *Anthropologie de la Grèce antique*, chap. 3 : *Dionysos et la religion dionysiaque*.

CHAPITRE II

Cultes dissidents dionysiaques

Comment les tendances mystiques, qui existent incontestablement dans la mentalité religieuse grecque, auraient-elles pu s'exprimer sinon en dehors du carcan de la religion officielle, donc sous des formes marginales, souvent à la limite de la légalité ?

En marge du culte rendu par l'État à Dionysos ont subsisté des mystères qui — eux — n'ont jamais été intégrés, et Dionysos patronne un certain nombre d'associations religieuses parallèles. En effet, « *le Dionysisme s'adresse de préférence à ceux qui ne peuvent entièrement s'encadrer dans l'organisation institutionnelle de la Polis... (femmes, esclaves)... Il a offert un cadre de regroupement à ceux qui se trouvaient en marge de l'ordre social reconnu* »[1].

LES MYSTÈRES DIONYSIAQUES

Nous avons bien vu que, d'après le mythe du dieu, les forces dionysiaques sont des forces de désordre. Dionysos est la divinité du délire, de l'extase, de la possession, et c'est comme tel qu'il est encore honoré çà et là en Thrace, en Macédoine et probablement même en Béotie, à l'époque

1. J.-P. Vernant, *Mythe et pensée chez les Grecs*, pp. 268-269.

classique. Son culte devait assurément être à la fois plus mystique et plus débridé dans ces régions qu'à Athènes.

A Thèbes, à Argos, à Orchomène, les légendes dont nous avons parlé rendent compte de rites encore en usage. Plutarque rapporte par exemple qu'aux Agriôna d'Orchomène, fêtes qui, encore à son époque, ont lieu tous les deux ans, un prêtre poursuit une femme de la tribu des Oleiai. On l'accuse en effet d'avoir dévoré son enfant, comme les Minyades, rendues folles par Dionysos, avaient dans leur délire mangé l'enfant de l'une d'elles[2]. On célèbre aussi à Delphes des mystères de Dionysos et ses prêtresses, appelées Thyiades, vont réveiller Dionysos enfant dans son berceau d'osier (le *liknon*, d'où le nom de Dionysos-*liknitès*), au moment du solstice d'hiver[3]. Ces mêmes Thyiades de Delphes rejoignent celles du Parnasse, lors des « *triétérides* »[4], danses triennales à travers la montagne. Partout le culte du dieu est assuré par des prêtresses, qu'elles soient appelées Bacchantes, Ménades, Lénai, Bassarides, Thyiades, Dysmainai ou Gérarai, ce sont elles qui sont représentées dans le cortège dionysiaque sur de très nombreux vases. Elles dansent et semblent agitées de mouvements convulsifs, atteintes parfois d'une véritable frénésie, dans un état second extatique[5]. Ces prêtresses sont censées représenter les nymphes des montagnes auxquelles le jeune dieu fut confié après sa naissance miraculeuse et qui parcouraient les sommets dans leur « oribasie »[6] en sa compagnie.

A ce sujet, Plutarque rapporte un épisode significatif sur les femmes de Phocide à l'époque de la troisième guerre sacrée qui opposa en 355 avant J.-C. la Phocide à Thèbes pour la possession de Delphes :

« Les femmes au service de Dionysos, qu'on appelle Thyiades, en transe et errant la nuit ne s'aperçurent pas

2. *Questions grecques*, 299, 38.
3. *Isis et Osiris*, 365 a.
4. Cf. A.J. Festugière, *Études de religion grecque et hellénistique*, p. 31 et suiv. L'auteur montre que de telles fêtes se pratiquaient aussi à Rhodes au IIe siècle de notre ère et sans doute dans d'autres villes d'Asie Mineure.
5. Cf. H. Jeannaire, *Dionysos*, p. 168 et planche II.
6. Course dans la montagne.

qu'elles se trouvaient sur le territoire d'Amphissa... Exténuées et sans avoir repris leurs sens, elles s'abattirent sur le marché et s'endormirent éparpillées là où elles étaient tombées[7]. »

On a parlé de « ménadisme féminin », sorte d'hystérie collective entretenue par l'ivresse, la danse et la course folle, qui n'était d'ailleurs pas le propre des collèges de prêtresses, mais pouvait attirer toutes les femmes de la région — et même des hommes. Lysistrata ne dit-elle pas, au début de la pièce qui porte son nom :

« *Ah ! si on les avait invitées à une fête de Bacchos, il n'y aurait même pas eu moyen de passer à cause de leurs tambourins*[8]. »

Même à Athènes, à l'époque d'Aristophane, les femmes se livrent à des « pannychis », fêtes de nuit où la musique, le chant, le vin et l'excitation collective peuvent donner lieu à des débauches caractérisées. Ceci deviendra un thème fréquent de la comédie nouvelle, chez Ménandre et son imitateur latin, Plaute, qui évoque par exemple le cas d'une jeune fille violentée au cours des Dionysies de Sicyone[9]. Euripide lui-même, dans *Ion*, fait découvrir à Xouthos que, s'étant laissé aller à la douce influence de Bacchos, il a eu des relations avec une fille d'un thiase delphique de sorte qu'il se trouve être le père d'Ion[10].

On peut aussi évoquer le texte des *Grenouilles* d'Aristophane : bien qu'il s'agisse des initiés aux Mystères d'Éleusis que Dionysos, descendant aux Enfers, est censé rencontrer, on peut penser que l'auteur décrit précisément le culte de ce dieu. Héraclès y promet à Dionysos qu'il entendra « *un souffle de flûte* » et qu'il verra « *d'heureux thiases d'hommes et de femmes et de vifs battements de mains. — Qui sont-ils ? — Les initiés. Ils te diront tout ce qu'il faut savoir* »[11].

---

7. *Du mérite des femmes*, 249.
8. V. 1-2.
9. *Cistellaria*, v. 156-159.
10. Cf. v. 548 et suiv.
11. V. 154-158.

Les textes littéraires et l'iconographie s'accordent à montrer les Ménades en action. Naturellement, Euripide offre avec *les Bacchantes* les détails les plus nombreux et les plus précis sur ces processions[12]. Le chœur de la tragédie est composé d'adeptes, conduites par Dionysos lui-même. Ces femmes, vêtues de peaux de faons tigrées (appelées « nébrides »[13]), les cheveux dénoués (« *elles laissèrent le flot de leurs cheveux couler sur leurs épaules* »[14]), mêlés de serpents (« *depuis lors les Ménades, nourricières de fauves, portent aussi des serpents mêlés à leurs boucles* »[15]), couronnés de lierre[16], de smilax (sorte de liseron)[17], brandissant le thyrse[18] (baguette ornée de lierre ou de feuilles de vigne), dansent avec frénésie[19] au son de la flûte phrygienne et du tympanon[20]. Des agapes accompagnent cette danse ou l'interrompent lorsque les participantes sont fatiguées :

> « *Il est doux au sortir de la course bachique de s'abattre sur le sol sous la nébride sacrée, de pourchasser le bouc pour l'égorger, de dévorer avec délice sa chair crue, alors qu'on se rue par les Monts de la Phrygie, dans les montagnes de Lydie, quand c'est Bromios* « *le frémissant* », (surnom de Dionysos) *qui nous mène*[21]. »

S'il est le plus souvent question de lait[22], de miel[23] et naturellement de vin[24], il y a précisément ce rite étrange, appelé « omophagie », qui consiste à dépecer des victimes encore vivantes et à en dévorer la chair crue[25]. Faute en effet de réaliser une communion parfaite avec le dieu en l'absorbant réellement, l'initié boit le vin et mange ainsi des

---

12. Qu'il a pu voir lui-même à Pella, en Macédoine ; cf. A.J. Festugière, *op. cit.*, p. 16 et notre planche II.
13. V. 24 et 111.
14. V. 695.
15. V. 101-103.
16. V. 105.
17. V. 106.
18. V. 25 et 80.
19. V. 135-167.
20. V. 124-129 et 156.
21. V. 134-141.
22. V. 143 et 710.
23. V. 143-144.
24. V. 142, 422, 423, 707.
25. V. 139.

animaux souvent assimilés à la divinité, bouc, faon ou taureau. Dionysos lui-même est appelé « *omadios* » (« qui aime la chair crue ») ou « *omestès* » (« qui mange de la chair crue »). Ce rite, certainement très ancien, remonte à une époque où, de plus, le culte de Dionysos comportait en outre des sacrifices humains, attestés de façon régulière au moins à Chios et à Ténédos[26]. Au cannibalisme magique a dû succéder cette forme plus douce, quoiqu'encore très barbare. On a remplacé les victimes humaines par des taureaux ou des boucs. C'est le cas dans le texte d'Euripide et, chez Aristophane, Dionysos est appelé « taurophage »[27]. Or le dernier sacrifice humain accompli à Athènes l'a été par Thémistocle précisément en l'honneur de Dionysos-Omestes avant Salamine pour obtenir la victoire. C'est avec horreur *(« Thémistocle fut consterné de cette prédiction monstrueuse et terrifiante »)*, raconte Plutarque[28], que le stratège obéit au devin Euphrantidès et à la pression de la foule, étant donné la situation critique des Grecs. On sacrifia donc trois prisonniers perses.

Ces sacrifices, humains puis animaux, offerts à Dionysos et surtout le rite de l'omophagie ne sont pas sans évoquer le mythe de Penthée déchiré par les Ménades, justement décrit dans *Les Bacchantes*. Cruauté et barbarie caractérisent les aspects primitifs du culte dionysiaque.

Sous l'influence du vin et de la frénésie, les bacchants atteignent un état second pouvant leur faire perdre tout contrôle d'eux-mêmes. C'est ce qui arrive aux femmes de Thèbes. Le malheureux Penthée se trouve massacré et déchiqueté par sa propre mère et ses tantes[29]. « *L'écume à la bouche et les yeux révulsés, n'ayant plus sa raison, de Bacchos possédée*[30] », Agavé n'écoute pas les supplications de son fils et lui arrache l'épaule tandis que sa sœur « *lacère les chairs* »[31] et que toutes, « *les mains en sang, se renvoient*

26. Cf. Porphyre, *De l'abstinence*, II, 55 et *Hymnes Orphiques*, 29, 5 ; voir aussi A.J. Festugière, *op. cit.*, p. 17, note 1.
27. *Grenouilles*, v. 357.
28. *Themistocle*, 13.
29. V. 1114-1147.
30. V. 1121-1125.
31. V. 1130.

la chair de Penthée comme une balle »[32]. Car le vin semble non seulement faire perdre la raison mais encore décupler la force des bacchants. On voit ainsi une femme « *de ses deux bras écartés, soulever une vache au pis gonflé* »[33], « *non point avec ses seules forces mais avec celles que le dieu lui communique* »[34]. Ils deviennent invulnérables (« *le feu même ne les consume point* »[35]) et ils ont l'impression d'être possédés par la divinité, « *remplis de frénésie par le souffle du dieu* »[36]. C'est l'enthousiasme, au sens étymologique du terme, de l'initié qui, libéré de toutes les servitudes humaines, est visité par son dieu.

Cet état est-il accompagné de débordements sexuels comme le laisseraient entendre les textes de l'*Ion* et de la *Cistellaria*[37] ? Le même Euripide précise bien dans *Les Bacchantes* que l'indécence et l'obscénité ne sont pas les conséquences obligatoires des transes bachiques. Cet auteur, pourtant réputé misogyne, indique que les femmes chastes le restent (« *la chasteté est une question de nature et même plongée dans le délire bachique une femme foncièrement chaste ne se pervertira point* »[38]) et que, dans le repos, après leur course échevelée, elles dorment « chastement », contrairement à ce que pense Penthée. « *Ce n'étaient point ces femmes dont tu dis, toi, qu'ivres de vin et du son des flûtes, elles pourchassent Cypris dans la solitude des forêts*[39]. »

La question est donc de savoir si, à l'époque d'Euripide, c'est-à-dire au Ve siècle, la cruauté (notamment l'omophagie) et la licence de ce culte ont complètement disparu et ne constituent plus que des souvenirs littéraires d'une situation plus ancienne. L'exemple, rapporté par Plutarque, des femmes de Phocide semble indiquer qu'au IVe siècle il existe encore dans les montagnes de Béotie et de Phocide des thiases de femmes — sans doute prêtresses — se livrant à

32. V. 1136.
33. V. 737-738.
34. V. 1127-1128.
35. V. 757-758.
36. V. 1094.
37. Cf. p. 55.
38. V. 314-318.
39. V. 686-688 Cypris est un autre nom d'Aphrodite.

des oribasies nocturnes échevelées et se réunissant pour cultiver une sorte d'hystérie collective. Aristophane paraît aussi indiquer que les Athéniennes de son époque pratiquent ce genre de cérémonies[40].

Il s'agit en fait d'un culte à mystères dont l'essentiel est exposé par Dionysos lui-même chez Euripide : interrogé par Penthée, l'inconnu prétend introduire en Grèce des « *initiations reçues en Lydie de Dionysos qui lui confia ses mystères* » (appelés « orgies »)[41], qu'il est « *défendu de connaître à moins d'être bacchant* »[42]. « *Le profit en est grand pour les initiés*[43]. » En quoi consiste ce profit ? Le bonheur d'être possédé par le dieu, la béatitude, chantée à plusieurs reprises par le chœur de la tragédie[44] :

> « *Bienheureux celui qui par faveur divine*
> *instruit des mystères des dieux*
> *sanctifie sa vie et se fait*
> *en son âme un membre du thiase,*
> *communiant dans les montagnes avec Bacchos*
> *par des purifications saintes...*[45]. »

C'est la félicité prêchée par les missionnaires lydiennes et leur maître, comme il y en a tant dans l'Athènes de l'époque classique. Héraclite d'Éphèse, philosophe du Ve siècle, critique « *les rôdeurs de nuit, mages, bacchants, ménades et initiés* »[46]. Il existe donc bel et bien à cette époque, à côté d'un culte officiel et passablement édulcoré de Dionysos, une forme mystique et délirante de dévotion dionysiaque. Un dernier témoignage littéraire atteste qu'elle subsiste encore au IVe siècle. Plutarque rapporte en effet une légende suggestive sur la naissance d'Alexandre. Il ne s'agit pas seulement ici, comme dans l'autre texte du même

40. Cf. p. 55.
41. V. 465 et 470.
42. V. 472.
43. V. 474.
44. Cf. v. 863-911.
45. V. 73-77.
46. H. Diels, frag. 17 dans *Fragmente der Vorsokatiker,* Berlin, 1951-1952.

auteur, de prêtresses, mais de toutes les femmes de Macédoine[47] :

> « *On dit que toutes les femmes de la région s'adonnant aux rites orphiques et au culte orgiastique de Dionysos depuis un temps immémorial... imitent en beaucoup de points les pratiques des femmes thraces... Olympias* (l'épouse de Philippe) *elle-même était plus ardente que d'autres à rechercher l'extase et, se laissant emporter de façon plus barbare aux délires inspirés, traînait avec elle dans les cérémonies bachiques de grands serpents apprivoisés qui se glissaient souvent hors du lierre et des vans mystiques pour s'enrouler autour des thyrses et des couronnes des femmes...* »

De fait « *on vit un jour un serpent étendu auprès d'Olympias endormie* » et la conception miraculeuse d'Alexandre aurait été le fait de Zeus lui-même, prenant la même apparence que pour engendrer (selon certaines légendes) Dionysos. Or Alexandre apparaîtra comme un nouveau Dionysos, renouvelant jusqu'en Inde les conquêtes de son modèle, et les Lagides feront de Dionysos leur dieu dynastique. Même en tenant compte de l'influence des croyances orphiques sur ce texte et notamment du syncrétisme de Dionysos et de Zagreus — dont nous reparlerons —, il faut noter la permanence d'attitude entre les bacchantes d'Euripide, les Thyiades de Phocide et ces femmes de Macédoine.

Les mystères dionysiaques, calmés sans doute dans leurs excès les plus monstrueux, restent d'une étrange barbarie par comparaison avec les grandes fêtes officielles athéniennes. Il n'y a plus guère de rapport entre les sacrifices solennels, les représentations dramatiques et les banquets joyeux des Lénéennes ou des Dionysies par exemple, et les « orgies » hystériques des femmes de certaines régions et de certaines associations cultuelles. C'est pourtant le même dieu qui inspire des manifestations aussi diverses. En officialisant son culte, les Athéniens l'ont vidé de la plus grande partie de son contenu théologique, profondément irrationnel. Or le peuple grec, même à l'époque classique,

47. *Alexandre*, 2.

n'est pas pleinement satisfait par la religion d'État et cherche d'autres relations avec la divinité. Dionysos les offre à ses « bacchants ». A l'idéal de maîtrise de soi prôné par le culte civique s'oppose le dionysisme qui admet et cultive le délire, la folie[48] au sein de groupes de structures diverses que les Grecs nommaient souvent « thiases ». Nous pouvons les appeler « sectes » au sens moderne du terme. Parallèlement à son culte officiel ou officialisé, Dionysos est un peu partout dans le monde grec le patron de toute une série d'associations qui se multiplient, semble-t-il, avec le temps à partir du IVe siècle. Leur succès prouve que le dieu apporte à ses sectateurs des satisfactions autrement plus grandes que ne le fait la religion d'État.

LES ASSOCIATIONS RELIGIEUSES (DIONYSIAQUES EN PARTICULIER)

Essai de définition

Nous avons mentionné à plusieurs reprises le terme « thiase ». Ajoutons qu'il faut le replacer dans un contexte associatif assez complexe. A côté de l'hétairie, association purement politique, on trouve, dès l'époque archaïque, des groupements associant les membres d'une même phratrie[49], reflets d'une forme très ancienne de liens familiaux dans la noblesse attique. Les membres de ces associations s'appellent « orgéons » (terme formé sur le substantif « orgie » qui désigne de façon non péjorative les cérémonies religieuses, le plus souvent à mystères). La loi de Solon[50] en atteste l'existence juridique. Par la suite le terme s'appliquera aux habitants d'un même village se regroupant pour le culte de dieux ou de héros locaux. Le terme « thiase » apparaît aussi dans le texte de la loi de Solon, mais il semble rassembler plus largement les habitants d'un même dème et ce plus spécialement pour le culte de Dionysos. Les « thiasotes » sont

48. Cf. J.-P. Vernant, *Mythe et pensée chez les Grecs*, p. 269.
49. Association de citoyens liés par la communauté des sacrifices et des repas religieux et formant une division politique. Selon la répartition de Solon, il y a trois phratries dans une tribu et trente familles dans une phratrie.
50. *Dig.* 47, 22, 4. Cf. P. Foucart, *Des ass. rel.*, p. 48.

à l'origine des citoyens, alors que les orgéons peuvent être des étrangers associés pour célébrer des dieux de leur pays d'origine. En fait dès le IVe siècle, les orgéons admettent des Grecs dans leur association, tandis que les thiases s'ouvrent aux étrangers des deux sexes, de sorte qu'il est difficile à partir de cette époque de les différencier nettement.

Un autre mot, encore employé dans ce même domaine, est celui d'« érane » ou « éraniste »[51]. Il désigne simplement à l'origine « celui qui prend part à un repas en payant sa quote-part », un « cotisant » en quelque sorte. Banquet pour le plaisir ou pour affaires, le repas rassemble souvent en l'honneur d'un dieu des gens de toutes les conditions, beaucoup de femmes et d'esclaves.

De telles associations paraissent avoir une organisation assez souple et comporter un accès relativement facile. Même s'il s'agit au départ de communautés juridiquement limitées (village, dème, phratrie, famille) et officiellement définies, leurs actes religieux ne le sont pas. Ceux-ci sont accomplis à titre privé, le plus souvent en l'honneur de divinités mineures ou étrangères qui ne bénéficient pas d'un culte d'État.

Légalité

Le problème de leur légalité se pose en des termes apparemment simples : la loi de Solon, de la fin du VIe siècle avant J.-C., donne une grande liberté à toutes les associations religieuses ou commerciales, puisque la seule restriction qu'elle comporte est de ne pas enfreindre les lois de la cité.

> « *Si un peuple, des membres d'une même phratrie, des orgéons, des membres d'une famille*[52]*, des compagnons de banquets, des membres d'une association funéraire, des thiasotes, des pirates ou des marchands prennent entre eux des dispositions, celles-ci sont valables si les textes officiels ne les interdisent pas*[53]. »

---

51. Cf. L. Gernet, *Anthropologie de la Grèce antique*, Paris, 1968, chap. II, en partic. pp. 47-49 et P. Foucart, *Des assoc.*, pp. 2-3.
52. Au sens juridique : unité de 30 familles qui forme une subdivision de la phratrie.
53. F 76 a = *Dig.* 47, 22, 4.

On voit qu'y sont mélangés sans souci apparent de morale les pirates et les compagnons de beuveries, les marchands et les associations religieuses ! Une autre restriction, implicite, doit être précisée : il va de soi que l'autorisation de l'État est nécessaire pour la reconnaissance juridique de toutes ces associations. Une inscription du Pirée[54] interdit la création de thiases sans la permission des démotes (membres d'un même dème). En outre à Athènes, l'autorisation du peuple est indispensable pour l'introduction de cultes étrangers[55].

A partir du Ve siècle en effet, après les Guerres Médiques, à cause de l'afflux massif d'étrangers, surtout dans les grands centres commerciaux, on assiste à une floraison d'associations de ce type en l'honneur de Cybèle, d'Aphrodite syrienne, de Zeus carien ou de Bendis[56]. La grande majorité de ces divinités sont originaires de Thrace ou de Phrygie, comme la plupart des esclaves d'Athènes. La position de l'État consiste en général en une attitude extrêmement tolérante qui l'entraîne soit à s'approprier les cultes périphériques en leur donnant une place subalterne dans la religion officielle, soit à les assimiler au culte d'une divinité hellénique[57].

Peut-on dans ces conditions parler de sectes, c'est-à-dire de cultes marginaux, le plus souvent condamnés par l'État ? Oui, car il suffit qu'un accusateur, désintéressé ou non, reproche à un individu ou à un groupe d'introduire des dieux étrangers ou de se réunir sans l'autorisation du peuple. Ainsi en est-il du procès de Socrate. Certes ce

---

54. Michel 14, 3, 4 (fin IVe).

55. Des inscriptions attestent d'ailleurs que cette permission a été souvent sollicitée et octroyée. Une inscription de 333 indique même que l'orateur Lycurgue est intervenu en faveur des Citiens désireux de fonder un temple à Aphrodite. Cependant une autre inscription du Pirée interdit de former de nouveaux thiases. (I.G.II_2 337 et II, 2, 673 b).

56. RIG 975 Aphrodite syrienne (302-299).
RIG 977 Zeus carien (298-7).
RIG 1879 Bendis.
IG I 1328 Cybèle + I.G. II 1273. Cf. P. Foucart, *op. cit.*, p. 199 et W.S. Ferguson, *The attic orgeones*, HTR 37, 1944, pp. 61-140 ainsi que A.J. Festugière, *op. cit.*, pp. 134-136.

57. Cf. R. Pettazoni, *La rel. dans la Grèce antique*, Paris, 1958, p. 177.

procès fut beaucoup plus politique que religieux mais l'acte d'accusation porte bien comme premier grief « *parce qu'il n'honorait pas les dieux de la cité et en introduisait de nouveaux* »[58]. Des prêtresses furent accusées de la même façon d'avoir mené des thiases illégaux ou d'introduire des divinités nouvelles et ont risqué et même subi, comme Socrate, la peine de mort[59]. L'État devient alors intolérant et se défend contre ce qui peut menacer la tradition, l'ordre public, une certaine « morale ».

Il faut reconnaître que, d'après les textes littéraires, beaucoup de ces associations, du fait de leur recrutement libre et du caractère orgiastique de leur culte, rassemblent souvent des gens peu recommandables. Ainsi Plutarque, quoiqu'initié lui-même aux mystères dionysiaques, déconseille formellement dans ses *Préceptes conjugaux*[60] aux maris de laisser leurs femmes s'adonner à ces croyances. Les prêtresses — car les cultes étrangers orientaux sont le plus souvent assurés par des femmes — sont fréquemment aussi des courtisanes et les initiateurs des charlatans sans scrupule. Démosthène, par exemple, adversaire acharné des sectes et initié d'Éleusis, stigmatise durement le frère d'Aristogiton, comparse de Théoris, prêtresse d'une association religieuse étrangère pratiquant le culte d'une de ces divinités thraco-phrygiennes, peut-être Sabazios :

> « *Il compose des sortilèges, il abuse les gens, prétend guérir ceux qui sont atteints d'épilepsie, étant lui-même atteint de toutes les scélératesses*[61]. »

Théoris de Lemnos a été « *condamnée à mort par les Athéniens* » comme « *empoisonneuse* »[62]. Platon, dans sa *République* idéale, préconise l'interdiction pure et simple de tout culte privé au profit de ceux de l'État, eu égard aux superstitions et aux injustices qui les accompagnent : « *Que personne dans une demeure privée ne possède de sanctuaire consacré à un dieu*[63]. » Il requiert même la peine de mort

58. Xénophon, *Mémorables* I, 1.
59. Cf. *infra*, p.80 et 84.
60. 19. Voir *infra*, p. 71.
61. *Contre Aristogiton*, 79-80.
62. Plutarque, *Démosthène*, 14.
63. *Lois* 909 d-910 c.

III — Zagreus et les Titans

On peut l'interpréter comme l'illustration du meurtre de Zagreus par les Titans. On voit le bébé jouant à gauche, entouré de formes effrayantes qui s'apprêtent à le massacrer. Au milieu, un panier d'où s'échappe un serpent, emblème de Zagreus. A gauche un personnage porte un bouclier, à moins que ce ne soient des cymbales destinées à étouffer les cris du bébé afin que Zeus n'intervienne pas à temps. *(Photo du Musée du Vatican)* (cf. p. 75).

IV — Scène d'initiation orphique

Dans la partie supérieure, on peut voir une consultante auprès de la tête d'Orphée rendant des oracles. Dans la partie inférieure, deux jeunes initiés, nus, s'apprêtent sous la conduite d'un autre jeune homme à pénétrer dans l'« antre » initiatique. A l'entrée, on distingue le thyrse et le phallus, symboles dionysiaques et objets rituels. *(Relief du Musée des Thermes. Photo B. Malter)* (cf. p. 127).

pour les cas graves. De plus, il interdit les prêtres charlatans ou mendiants, comme les métragyrtes[64].

Dans le même temps les quolibets des auteurs comiques, Aristophane, Eupolis, Cratinos, s'abattent sur les croyances superstitieuses, les cultes étrangers, les rites orgiastiques et les condamnent comme indignes de l'État. Tout cela n'empêche nullement leur prolifération, plus grande encore à mesure que la religion officielle perd de son prestige, lorsqu'Athènes n'est plus maîtresse de la Grèce, n'est même plus une puissance politique, lorsque la notion même de « *polis* » disparaît. A l'époque hellénistique et romaine, il n'y a plus de religion officielle mais seulement des croyances individuelles fort variées, dont certaines sont le prolongement de ces sectes que nous voyons éclore à l'époque classique.

Vie des associations

Même si Aristote précise dans l'*Éthique à Nicomaque* que les thiasotes se réunissent surtout « *pour le plaisir* »[65], une telle association est liée au culte d'une divinité, quelquefois deux. Il existe des Dionysiastes, des Iobachoi, des Bacchistes, des Adoniastes ou des Sabaziastes...

Une longue inscription du Pirée[66] débute par une invocation au dieu protecteur Dionysos : « *Prince... Dionysos... Bacchos... sauve...* » Le thiase (c'est le nom que porte cette confrérie dionysiaque dans le texte) promet en échange « *un temple... un sanctuaire... une statue...* » et s'engage à « *honorer tes principes* ».

A la manière des orgéons primitifs, la **fondation** d'un thiase est souvent liée à une famille, un village, une corporation. Ainsi une inscription — certes tardive, puisqu'elle date du IIe siècle de notre ère, et romaine quoique rédigée en grec — trouvée à Torre Nova près de Rome, comporte les noms de plus de 420 thiasotes, dont les recherches menées récemment ont prouvé qu'ils appartenaient tous à

---

64. 909 b ; les métragyrtes sont des prêtres de Cybèle. Cf. *Rep*. II, 364 b.
65. VIII, IX, 7.
66. I.G. II, 1336.

deux familles sénatoriales alliées importantes et comprenaient des esclaves et affranchis de ces deux familles[67]. Assurément, les membres nobles y occupaient, semble-t-il, les charges sacerdotales les plus importantes, mais affranchis et esclaves ne sont pas absents de ces dignités. Il s'agit là sans doute d'un culte domestique, d'une dévotion particulière à Dionysos, peut-être héritée de l'une des deux familles (originaire d'Asie Mineure) et transmise à l'autre par le mariage de la prêtresse du thiase. Deux autres inscriptions, plus anciennes[68], indiquent que l'association dont il est question, des Dionysiastes, regroupe des membres d'une même famille désireux d'héroïser leur prêtre défunt en lui offrant une statue qui serait placée à côté de celle du dieu. Les charges semblent en outre y être héréditaires. Une telle dévotion n'empêche pas la participation des fidèles à la religion officielle. Pas plus, assurément, que l'appartenance à un thiase corporatif, par exemple, sous le patronage de Dionysos, celui des « technites dionysiaques » ou artistes de Dionysos. Ce sont des acteurs ou des auteurs rassemblés sous la protection du dieu du théâtre. On en trouve à l'époque hellénistique dans la plupart des grandes villes, notamment à Alexandrie. On a l'attestation d'un thiase de ce genre comprenant des poètes tragiques et comiques, des auteurs de drames satyriques, des citharèdes (chanteurs qui s'accompagnent de la cithare) et des citharistes (joueurs de cithare), des comédiens et des décorateurs de théâtre[69]. Dès la fin du IVe siècle avant J.-C., ces associations deviennent des guildes jouissant de privilèges importants, notamment sur le plan fiscal[70]. Tous ces exemples ne paraissent guère s'écarter de la légalité au sens strict du terme et ne pas mériter à première vue le nom de sectes[71]. Cependant, nous

67. L. Moretti, IGVR I, 160 Torre Nova, inscription dite d'Agrippinilla (160 ap. J.-C.), Rome, 1968. Cette inscription a été publiée et commentée par A. Vogliano et F. Cumont, « La grande iscrizione bacchica del Metropolitan Museum », *Amer. Journal of Archaeol.* 37 1933, p. 215 et suiv. Cf. M.P. Nilsson, *The dionysiac mysteries...*, pp. 46-47.

68. I.G.II$_2$ 1325 (185-184), 1326 (176-175).

69. Cf. Michel, 1014 et P. Ghiron-Bistagne, *Les acteurs dans la Grèce antique*, Paris, 1979, pp. 189-190.

70. Diodore de Sicile, IV, 5, 5.

71. M.F. Baslez insiste sur leur autonomie juridique par rapport à la cité : « *Un peu comme les sectes d'aujourd'hui, elles ne laissent à l'état aucune occasion de les pénétrer* » in *L'étranger dans la Grèce antique*, p. 347.

verrons que pour certains de ces adeptes, Dionysos — ou quelque autre dieu — apparaît comme le seul capable de leur venir en aide (Dionysos — Sauveur) et de leur assurer une survie (Dionysos — Libérateur). De telles croyances impliquent un certain refus, une certaine négation de la religion officielle. Nous pourrons continuer à examiner la vie de ces associations sans dévier de notre propos.

L'accès suppose le paiement d'un droit d'entrée et un examen de moralité, appelé « dokimasie », qui porte sur la piété, la pureté et la bonté de l'impétrant[72]. Femmes, esclaves et étrangers y sont généralement admis[73] et peuvent occuper des fonctions sacerdotales, ce qui différencie bien les cultes privés des cultes publics. Ceux-ci en effet n'admettent à ces charges que des citoyens ou citoyennes de la deuxième génération. Certains thiases comportent un numerus clausus[74] : 15 pour les Dionysiastes et Iobacchoi du Pirée — deux associations vouées au culte de Dionysos.

A l'intérieur même de l'association, la **hiérarchie** varie selon les sectes, mais comporte généralement un certain nombre de charges diverses (culte, temple, cérémonies, trésorerie). A la tête se trouve un prêtre — ou une prêtresse —, souvent secondé par un adjoint (chez les Iobacchoi, par exemple). Les fidèles méritants sont récompensés par des couronnes, des places d'honneur, voire des dispenses de cotisation, tandis que ceux qui ne respectent pas le culte ou sont taxés d'immoralité payent une amende et peuvent même être exclus de l'association[75].

Le **culte**, comme dans la religion officielle, comporte un certain nombre de fêtes (annuelles, mensuelles, anniversaires de la fondation ou extraordinaires) qu'on appelle « Baccheia » en l'honneur de Dionysos. Les rites essentiels sont un sacrifice (offrande de gâteaux, d'encens, de victimes animales) qui a souvent lieu la nuit[76]. Il y a le plus souvent

---

72. I.G. III, 23.

73. Sauf cas particulier des confréries exclusivement masculines ou féminines ; cf. Dittenberger *Syll. inscr. gr.* 1100-1 pour des Dionysiastes et Michel 972 pour des Sabaziastes.

74. I.G. II, 5, 623 d.

75. I.G. II 610 et 630.

76. Euripide *Bacch.* v. 485-486.

un repas pris en commun accompagné de nombreuses libations, de panégyriques du dieu, voire, comme pour les mystères, de la représentation d'un drame mystique, et d'une procession. Les Iobacchoi d'Athènes ont un hiérophante, des chanteurs d'hymnes, des pantomimes. L'inscription d'Agrippinilla mentionne même un « gardien de grotte », ce qui semblerait indiquer la construction dans le Baccheion d'une grotte artificielle représentant celle du Mont Nysa où le dieu a été élevé. On sait d'ailleurs qu'Antoine a fait construire au-dessus du théâtre de Dionysos à Athènes un antre de bois où il s'enivrait avec ses amis[77].

Les processions devaient, outre les banquets, tenir une place fort importante dans les rites de ces associations si l'on en juge par le nombre de porteurs d'objets divers attestés dans les inscriptions : « pyrophore » (porteur de feu), « théophore » (porteur d'une image du dieu), « phallophore » (porteur de phallus), « cistophore » (porteur de corbeille), « liknophore » (porteur du berceau sacré), « porteur de thyrse » ou de « narthex »[78].

L'initiation, assez semblable à celle d'Éleusis, comportait sans doute une abstinence sexuelle de dix jours[79] et une purification par l'eau et par l'air, obtenue en secouant au-dessus du candidat le *liknon* dionysiaque[80]. On découvrait ensuite devant le myste la corbeille contenant entre autres objets sacrés le phallus. Il y avait sans doute, comme à Éleusis, plusieurs grades d'initiation, puisque l'inscription d'Agrippinilla mentionne des « silencieux »[81], sans doute mystes du premier degré, puis les simples « Bacchoi », enfin des « Bacchoi » supérieurs ayant reçu l'imposition de la nébride[82]. Les enfants pouvaient sans nul doute être initiés,

---

77. Athénée IV, 148 b cf. M.P. Nilsson, *The dionysiac mysteries of the hellenistic and roman age*, 1957, p. 61 et A.J. Festugière, *op. cit.*, p. 27.
78. Cf. A.J. Festugière, *op. cit.*, p. 26.
79. Cf. *infra*, à propos des Bacchanales romaines, p.192.
80. Cf. R. Turcan, *Rev. Hist. Rel.*, 1960, pp. 131-144.
81. Voir le silence imposé aux Pythagoriciens, au début de leur initiation, *infra*, p. 140.
82. Cf. F. Cumont, *op. cit.*, pp. 256-257.

même très jeunes, comme c'était certainement le cas de l'enfant de Plutarque dont nous parlerons plus loin[83].

Une très longue inscription de 178 avant J.-C. donne sur les Iobacchoi attiques une foule de renseignements fort instructifs, surtout pour ce qui est de l'**aspect administratif** de ce genre de thiases[84]. Elle commence par l'annonce, avec la date précise, d'un changement de présidence :

> « *Sous l'archontat d'Arrios Epaphroditos, le 8 du mois Elaphébolion, une réunion fut tenue... sous la présidence de Claudius Hérodès* (sans doute Hérode Atticus) *succédant à Aurélios Nicomachos.* »

Ce dernier avait été prêtre-président pendant 23 ans et vice-président pendant 17 ans. Il y eut ensuite lecture des statuts et acclamation du nouveau président, puis vote à main levée à l'unanimité du texte et approbation pour qu'il soit gravé sur une colonne. En voici l'essentiel : Pour être membre, il faut présenter au président une demande de candidature qui doit être approuvée par les autres membres. Le droit d'entrée s'élève à 50 deniers[85] et une libation, 25 deniers seulement pour un fils de membre. Les réunions se tiennent le neuvième jour de chaque mois, à l'anniversaire de la fondation, aux fêtes régulières ou extraordinaires de Bacchos. Chaque membre est tenu d'y participer et de payer une contribution mensuelle pour le vin. En cas de manquement, il y aura exclusion, sauf pour absence du pays ou maladie. Une attestation écrite d'appartenance sera remise au nouveau membre après acquittement du droit d'entrée. Aucun chant, cri ou trouble ne sera autorisé lors des réunions qui devront se dérouler dans le calme et dans l'ordre. Si quelqu'un est surpris en train de se battre, d'insulter un autre membre ou de créer du désordre, il sera passible d'une amende de 25 drachmes. Si le cas est plus grave, cela peut aller jusqu'à l'exclusion (votée en assemblée générale). Au prêtre-président d'organiser les réunions et les fêtes, de faire les libations à chaque réunion pour le retour

83. Cf. *infra*, p. 71.

84. I.G. II_2, 1368. Cf. M.N. Tod, *Sidelights on greek history* p. 85 et suiv. *Sylloge 1109,* inscription des Iobacchoi d'Athènes.

85. C'est-à-dire plus de 600 F de notre époque.

de Bacchos, de prononcer le « sermon ». A l'archi-bacchos[86], d'offrir les sacrifices et de faire les libations le dixième jour d'Elaphébolion[87]. Les portions seront distribuées selon la hiérarchie : prêtre-président, prêtre-vice-président, archi-bacchos, boukolos[88], trésorier, etc. Lors d'événements sociaux, politiques ou familiaux propres à chacun des membres, celui-ci offrira une libation. Celui qui se tient mal sera frappé du thyrse et devra quitter le lieu de réunion. Un trésorier est élu pour deux ans et s'occupe de tous les biens de l'association. Il est en outre chargé d'assurer à ses frais l'éclairage des réunions. A la mort d'un Iobacchos, une couronne lui sera offerte par l'association et une jarre de vin distribuée à ceux qui auront assisté aux funérailles[89].

Tous ces points paraissent bien matériels pour une association religieuse. Il faut cependant préciser que l'inscription a pour but de fixer de manière précise les statuts, le règlement intérieur. Il est donc très naturel que les questions financières semblent au moins aussi importantes que les questions religieuses. Grâce à ces éléments, nous pouvons entrer dans la vie quotidienne d'une secte dionysiaque et constater que son organisation matérielle ressemble davantage à celle d'un « club » qu'à celle d'une congrégation religieuse.

Les mystères dionysiaques et les associations qui les pratiquent semblent avec le temps jouer parfois un rôle quasi officiel. Certaines inscriptions attestent en effet que des « thiases de la cité » fonctionnent à côté de thiases proprement privés, chacun ayant prêtres et prêtresses et assurant le culte du dieu en bonne intelligence[90], ceci un peu partout en Asie Mineure à partir du IIIe siècle avant J.-C., à Milet, à Cos, à Cnide, à Magnésie du Méandre. A Pergame même, les Attalides ont fait de Dionysos leur divinité dynastique, de sorte que c'est le roi qui nomme le prêtre assurant les mystères. En Égypte, à la fin du IIIe siècle avant J.-C., un édit de Ptolémée IV Philopatôr semble montrer que l'État

86. Grand-prêtre de Bacchos.
87. Fin mars-début avril.
88. = « bouvier ».
89. Cf. M.F. Baslez, *op. cit.*, p. 346 et suiv.
90. Cf. A.J. Festugière, *op. cit.*, pp. 18-19.

désirait surveiller particulièrement les mystères dionysiaques, avec peut-être aussi un projet de culte dynastique de la part d'un souverain qui se surnomma lui-même le « nouveau Dionysos ». Cet édit enjoignait aux initiants de se faire connaître, d'indiquer de qui ils tenaient leurs rites — jusqu'à la troisième génération — et de révéler avec la garantie du secret leur « *hieros logos* »[91].

Quelles étaient les motivations profondes qui poussaient un Grec à entrer dans un thiase de ce genre ? Quelques lueurs peuvent être apportées par la courte inscription de Cumes[92], attestant une interdiction formelle de sépulture à cet endroit à « *quiconque ne serait pas bacchant* ». La loi de Solon mentionne les associations funéraires, et beaucoup de groupes ont des concessions privées, car leurs membres préfèrent être enterrés entre eux. Dans l'inscription des Iobacchoi, un honneur funèbre est rendu par les membres de la confrérie. Une croyance à la survie existe dans de telles sectes pour lesquelles une initiation dionysiaque est le moyen d'atteindre cette survie. Les Anciens se représentaient volontiers — c'est le thème de nombreux bas-reliefs funéraires — la vie dans l'au-delà comme un banquet perpétuel. Une inscription de Macédoine semble accueillir le défunt dans les prairies de l'au-delà où dansent les « *mystides de Bromios* »[93]. Plutarque lui-même rappelle à son épouse, désespérée par la mort de leur enfant, que l'immortalité bienheureuse lui est assurée dans l'autre monde par « *les formules mystiques du culte de Dionysos dont nous autres initiés partageons entre nous la connaissance* »[94].

---

91. Cf. *ibid.*, p. 20 et la conférence de F. Dunand, *Dionysos et les Lagides*, au Colloque sur les associations dionysiaques des 24 et 25 mai 1984 à l'École française de Rome.

92. Cf. F. Cumont, *Les Religions orientales dans le paganisme*, Paris 1963 (4e édit.), p. 197, fig. 12 (1re moitié du Ve siècle avant J.-C.).

93. CIL III, 686. Cf. Cumont, *op. cit.*, p. 311.

94. *Consolation à sa femme*, 611 d § 10 : J. Hani, dans son commentaire de l'édition des Belles Lettres justifie sa traduction « *Formules mystiques* » (p. 256) en rapprochant ce texte des lamelles orphiques dont nous parlerons p. 128 et suiv. alors que d'autres traduisent par « *objets sacrés* » (analysés par H. Jeanmaire, *op. cit.*, pp. 388-389) que l'on conservait en souvenir de l'initiation. Ce passage prouve en tout cas que Plutarque était aussi initié à des mystères dionysiaques dont le mysticisme et la doctrine sotériologique devaient être inspirés par l'orphisme.

Un exemple fort curieux est celui d'Antoine. Nous savons que l'adversaire d'Octavien a toujours voulu, à l'image de certains monarques hellénistiques (Alexandre, les Lagides) être un nouveau Dionysos. Plutarque[95] rapporte qu'à son entrée à Éphèse, la ville était :

> « *pleine de lierre et de thyrses, de psaltérions*[96], *de syrinx*[97] *et de flûtes. On le surnommait Dionysos libéral et propice, car il était sans doute tel pour quelques-uns, mais pour la plupart Dionysos — mangeur de chair crue et cruel...* » De fait, la veille de sa mort « *se fit soudain entendre le son harmonieux d'instruments de toutes sortes, mêlé de clameurs, où l'on distinguait le chant Evohé et le trépignement des satyres en folie. On eût dit une foule tumultueuse formée en cortège bachique. Cette cohue traversa la ville pour arriver à la porte... et là le vacarme tomba tout à coup* ». On en conclut qu'Antoine « *était abandonné du dieu même auquel il s'efforça le plus de s'assimiler et de s'apparenter pendant toute sa vie*[98]. »

Or Antoine et Cléopâtre avaient fondé une association « *pour une vie inimitable* », sans doute sous le patronage de Dionysos, qui les incitait à rivaliser en banquets et en festivités de toutes sortes. Et, peu avant la mort d'Antoine,

> « *les deux amants rompirent la fameuse association de la vie inimitable et en fondèrent une autre qui valait bien la première pour la mollesse, la débauche et le luxe. Ils l'appelaient l'*« *association de la mort en commun* » *car eux et leurs amis qui s'y faisaient inscrire s'engageaient à mourir ensemble. En attendant, ils passaient leur temps à faire la fête et s'offraient des banquets à tour de rôle* »[99].

Cette nouvelle association est certainement elle aussi dionysiaque et les circonstances de la mort d'Antoine et de Cléopâtre s'éclairent d'un jour nouveau si l'on pense que, peut-être plus par respect de son engagement que par amour, Antoine se sent obligé de se suicider dès qu'il

95. *Ant.*, 24.
96. Sortes de harpes.
97. Flûtes de Pan.
98. Plutarque, *Ant.*, 75.
99. *Id.*, 71.

apprend la (fausse) nouvelle de la mort de Cléopâtre, de même que celle-ci, après s'être recueillie sur le tombeau de son amant, se suicide effectivement. Faut-il attribuer en outre la même raison à la mort volontaire d'Éros, le « *serviteur de confiance* » d'Antoine qui, lorsque celui-ci lui demanda de le tuer, « *tira son épée* », se tua et « *tomba aux pieds de son maître* »[100] ? Étaient-elles engagées par un serment analogue les deux suivantes de Cléopâtre qui moururent avec elle ou étaient-elles simplement mues par le dévouement à leur maîtresse ?

Bien étrange secte que cette association « suicidaire » qui s'inscrit cependant dans une certaine logique dionysiaque, dont la spiritualité n'est pas évidente mais qui atteste une ferme croyance en une survie réservée aux initiés.

Rencontres amicales autour d'une bonne jarre de vin, association d'entraide commerciale ou politique, tastevin ou club-service, loge maçonnique, cercle spirituel ou confrérie mystique ? On peut se demander ce que cachaient ces associations dionysiaques dont nous avons vu la permanence et la diversité du IVe siècle avant J.-C. jusqu'à l'époque impériale. Était-ce un alibi pour ripailler, comme le laisse entendre Aristote, ou un moyen d'atteindre une vérité supérieure, de communiquer avec le divin, de devenir dieu grâce à la révélation des mystères ? Dionysos paraît être, à l'époque hellénistique, le seul dieu du panthéon grec à offrir, grâce à une interprétation mystique de son mythe, un salut universel. Il accueille dans les confréries qui l'honorent des citoyens et des étrangers, des hommes et des femmes, de condition libre ou servile[101]. Il y eut sous son patronage des associations pour bien vivre, pour bien mourir et sans doute aussi pour bien survivre.

De par sa nature, Dionysos est le dieu tout désigné pour s'adresser à des fidèles en dehors du cadre de la religion traditionelle et de la cité : dieu cosmopolite, il ne protège aucune cité particulière, est même objet d'hostilité, au moins de répugnance de la part des autorités, tandis que

100. *Ant.*, 76.
101. Cf. M.F. Baslez, *op. cit.*, pp. 336-337.

son succès va grandissant auprès des individus. Ses adeptes, regroupés le plus souvent en associations sans contrainte ni préjugé, pratiquaient à date ancienne un dionysisme sauvage dans les solitudes de la montagne et nous avons mentionné le rite barbare de l'omophagie. Plus tard, assagi, le dionysisme a cependant gardé ses aspects irrationnels essentiels. L'initié s'efforce de s'abandonner à la contemplation du divin. On retrouvera cette forme de spiritualité dans la mystique chrétienne. Philon d'Alexandrie écrit :

> « *Les Bacchantes et les Corybantes cultivent leur délire jusqu'à ce qu'ils voient l'objet de leur désir*[102]. »

Mais Dionysos n'est pas le seul à patronner des cultes marginaux.

---

102. *De vita contemplativa*, 12 (Ier siècle de notre ère).

QUELQUES AUTRES SECTES HONORANT DES DIVINITÉS APPARENTÉES A DIONYSOS

Zagreus ou « le premier Dionysos »

Nous avons mentionné cette divinité à propos du mythe et du culte de Dionysos avec lequel elle a été confondue, surtout sous l'influence de l'Orphisme dont nous traiterons plus loin[1].

Origine et mythe

Il semble qu'en Crète notamment et peut-être dans tout le monde égéen préhellénique, Zagreus, appelé aussi « premier Dionysos », soit le fils de Zeus et de Perséphone, à laquelle le maître des dieux se serait uni sous l'aspect d'un serpent[2]. Voulant le soustraire à la jalousie d'Héra, il le confia tout bébé aux Curètes[3] sur le Parnasse, ces Curètes qui l'avaient lui-même élevé lorsque Rhéa voulut éviter que Cronos ne le dévorât. Mais Héra réussit à retrouver Zagreus et le fit déchiqueter par les Titans. Ceux-ci le dévorèrent en partie après l'avoir fait cuire dans une marmite. Le corps du petit enfant fut ensuite reconstitué et enseveli sur le Parnasse ou près du trépied dans l'adyton de Delphes par Apollon. Son cœur demeura intact ou — selon certaines légendes — fut dérobé à la folie des Titans par Athéna (ou

---

1. Cf. A.J. Festugière, *op. cit.*, p. 38 et suiv. : La légende de Zagreus et planche III.
2. Cf. plus haut le rôle du serpent dans le mythe dionysiaque p. 56 et 60.
3. Les Curètes sont les prêtres de Cybèle en Crète, où Rhéa était l'objet d'un culte très ancien avant d'être entièrement assimilée à Cybèle.

Déméter). Celle-ci l'apporta à Zeus qui l'avala ou le fit avaler par Sémélé. Dans certaines versions, Zeus régénéra Zagreus après avoir absorbé son cœur et le jeune dieu prit alors le nom de Iacchos que l'on retrouve dans les mystères éleusiniens. Dans d'autres versions, Zeus, fécondant Sémélé, engendra un « second Dionysos »[4] celui dont nous avons raconté le mythe. Pour les punir, le dieu suprême précipita les Titans dans le Tartare. Aussi les hommes, nés des cendres des Titans, doivent-ils expier cette faute originelle par l'initiation mystique. Telle est la légende — surtout développée par l'Orphisme — que rapporte Clément d'Alexandrie, désireux d'en montrer la monstruosité. Pour lui, comme pour Plutarque, Zagreus et Dionysos ne sont qu'un seul et même dieu. Pour Eschyle au contraire, Zagreus serait un homologue d'Hadès ou un fils de celui-ci.

> « *Les mystères de Dionysos,* dit Clément, *sont absolument inhumains : il était encore enfant quand les Titans s'insinuèrent là par ruse et, l'ayant trompé à l'aide de jouets enfantins, le dépecèrent, tout bambin qu'il était encore, comme le raconte le poète de cette initiation, Orphée le Thrace :*
>
> *"Une pomme de pin, une toupie, des poupées articulées*
> *De belles pommes d'or, apportées du jardin des*
> *Hespérides à la voix claire..."*
>
> *Là-dessus Athéna, pour avoir dérobé le cœur de Dionysos, fut surnommée Pallas, à cause des battements de ce cœur. Les Titans qui l'avaient dépecé, plaçant une marmite sur un trépied, y jetèrent ses membres... Mais voici que Zeus apparaît... Il frappe les Titans de son foudre et confie les membres de Dionysos à son fils Apollon pour les ensevelir. Celui-ci, se gardant bien de désobéir à Zeus, les porte sur le Parnasse où il enterre ce cadavre déchiqueté*[5]. »

Diodore, quant à lui, essaie d'expliquer ce mythe étrange par un rapprochement avec la vigne, dont on déchire et même fait cuire les raisins et qui pourtant renaît chaque année[6] avant de conclure que, pour ce qui est des pratiques

4. Diodore de Sicile, III, 64 et V, 75.
5. *Protreptique*, II, 17, 2-3.
6. III, 62, 7.

rituelles, *« il n'est pas permis de les raconter en détails aux non-initiés »*[7].

Culte et rites

Clément d'Alexandrie insiste bien sur la barbarie du mythe de Dionysos-Zagreus autant que sur la stupidité des mystères célébrés en son honneur, où l'on offre à la contemplation de l'initié les jouets du petit enfant-dieu.

> *« De cette initiation aussi, il n'est pas vain de vous présenter pour leur condamnation les vains symboles : un osselet, une balle, une toupie, des pommes, une roue, un miroir, un flocon de laine*[8]. »

L'initiation semble donc comporter, comme la « monstrance de l'Épi » à Éleusis, l'exhibition d'objets sacrés énumérés par cet auteur qui ne donne pas d'autres renseignements concernant les croyances de cette secte.

Euripide, en revanche, dans une pièce intitulée *Les Crétois*, évoquant un « Zeus de l'Ida » appelé aussi « Zagreus Nyctipole », révèle certains rites de ses adorateurs :

> *« Je passe une vie pure*
> *depuis que du Zeus de l'Ida je fus fait myste*
> *ayant accompli à travers les tonnerres*
> *de Zagreus nocturne les banquets de chair crue*
> *et depuis que, les torches relevées, j'ai été appelé*
> *à la mère-montagne des Curètes, ayant été consacré*
> *bacchant... Sans avoir effleuré les sépulcres,*
> *je me gardai de toute nourriture animale...*
> *vêtu d'un vêtement blanc, j'évite les naissances des hommes*
> *ou le toucher d'un cercueil et me garde*
> *de manger de la nourriture d'être vivant*[9]. »

Ce texte est plus précis, puisqu'il indique que le centre cultuel est l'Ida où se déroulent les initiations, que celles-ci comportent le rite de l'omophagie, généralement massacre et

---

7. *Ibid.*, § 8.
8. *Protr.* III, 17, 3.
9. *Trag. gr. frag.* 475, passage commenté par A.J. Festugière, *op. cit.*, p. 38 et suiv.

dévoration d'un taureau censé rappeler le festin sinistre des Titans. Les détails sur le mode de vie mystique des initiés, n'existant ni pour les mystes d'Éleusis ni pour les adeptes de Dionysos, sont intéressants. L'influence de l'Orphisme est évidente : vêtement blanc, végétarisme et refus de toute souillure se retrouvent dans cette doctrine. Dès que l'on est « consacré bacchant », la vie doit changer, sans doute en fonction de la préparation de l'au-delà. Malheureusement les quelques fragments de cette pièce ne nous en disent pas davantage[10].

Un papyrus du IIIe siècle avant J.-C.[11] semble décrire un rituel du culte de Dionysos-Zagreus : sacrifice d'un bélier et d'un bouc, peut-être omophagie, dépôt dans le « *kalathos* », sorte de corbeille, des objets sacrés : le cône, la toupie, les osselets, le miroir, ce qui confirme le texte de Clément d'Alexandrie beaucoup plus tardif et permet de lever quelque peu le voile laissé par Diodore de Sicile.

Zagreus, lorsqu'il n'est pas complètement assimilé à Dionysos — l'Orphisme et la tendance syncrétique rendent souvent difficile la dissociation — pourrait donc être une très ancienne divinité égéenne chthonienne, dont l'emblème serait le serpent. Cet animal apparaît aussi dans le mythe et le culte de Dionysos (les Bacchantes en mêlent à leurs cheveux, Olympias s'en entoure) ainsi que dans celui de Sabazios qui présente aussi d'étranges analogies avec le Zeus crétois et avec Dionysos.

Isodaitès ou le Dionysos phrygien

Est-ce une divinité particulière ou ce nom n'est-il qu'une épithète de Dionysos ? Plutarque précise l'aspect polymorphe de ce dieu chthonien : « *Ils l'appellent Dionysos, Zagreus, Nyctélios et Isodaitès et imaginent sa destruction et sa renaissance*[12]. » Selon cet auteur, la disparition du dieu est pleurée dans des dithyrambes passionnés et sa résurrec-

---

10. Sur la reprise du mythe de Dionysos-Zagreus par les orphiques, voir *infra*, p. 117 et 118.
11. Cf. A.J. Festugière, *op. cit.*, p. 40 et suiv.
12. *Sur le E de Delphes*, 389 a.

tion donne lieu à d'infâmes débauches[13], sans doute un peu comme cela se fait dans le culte d'Adonis.

Il semble pourtant que ce soit le culte d'un dieu autonome, d'origine phrygienne, vraisemblablement lié à la végétation, qui fut rendu célèbre par le procès non moins célèbre d'une courtisane du Ve siècle, Phrynè de Thespies. Plusieurs anecdotes courent sur cette femme légère. On raconte par exemple qu'elle compta Praxitèle au nombre de ses amants et qu'elle était si belle qu'il la prit comme modèle pour son Aphrodite de Cnide ainsi que pour son « Aphrodite sortant de la mer ». Or Phrynè fut accusée par un de ses anciens amants, Euthias, d'avoir introduit une divinité nouvelle à Athènes et d'avoir fondé des thiases *« ouverts aux deux sexes, célébrant la nuit le culte orgiastique du dieu sans autorisation »*[14]. Elle était sans doute la prêtresse d'Isodaitès et fut défendue par Hypéride, qui jouissait alors des faveurs de l'hétaïre. Le discours de l'orateur, dont il ne reste que quelques misérables fragments[15], était célèbre dans l'Antiquité pour l'habileté de son argumentation. La beauté de l'accusée fut en tout cas au moins aussi efficace que l'art d'Hypéride pour l'issue du procès : on raconte que, afin d'émouvoir les juges, l'avocat alla jusqu'à dénuder la jeune femme et que les héliastes ne purent résister à de tels appas[16].

Le dieu Isodaitès, proche par ses attributions d'Attis et d'Adonis, semble avoir eu d'abord un culte en Béotie (après la Phrygie). C'est là que Phrynè l'aurait trouvé et que, après avoir été initiée, elle serait devenue prêtresse du dieu ; elle l'aurait ensuite fait pénétrer en Attique.

Nous ne savons pas si, après ce procès, Isodaitès eut encore beaucoup d'adorateurs. Mais, bien plus tard, à l'époque romaine, son culte semble subsister et même paraître si monstrueux que, d'après Servius[17], *« les cérémo-*

---

13. *Ibid.*, 391 a.
14. « Accus. contre Phrynè », citée par P. Foucart dans *Revue de Philologie*, XXVI, 1902, p. 216 et *Des ass. rel.*, p. 81.
15. Frag. 214-215.
16. Athénée, 590e.
17. *Comment. Ad Aen.* IV, 302.

nies de Nyctélios ont été interdites » (si ce Nyctélios est bien la même divinité qu'Isodaitès).

Assurément Phrynè échappa de justesse à la peine capitale, châtiment de ceux qui « introduisaient des divinités nouvelles » — nous en avons déjà parlé à propos du procès de Socrate — non reconnues par l'État et tous ceux qui enfreignaient la loi de Solon en ne respectant pas les règlements imposés aux thiases. Il est certain que les cérémonies nocturnes étaient particulièrement mal vues (or la plupart des sectes en pratiquaient) ainsi que leurs corollaires, les pratiques magiques. On pourrait en effet facilement rapprocher le cas de Phrynè de celui de Théoris de Lemnos qui fut accusée par Démosthène[18] « *comme empoisonneuse* » et « *condamnée à mort par les Athéniens* ». Elle était, elle aussi, prêtresse d'une association religieuse étrangère et l'on ne sait s'il s'agissait d'adorateurs de Sabazios, comme Ninos et Glaucothéa, de Cottyto ou d'Isodaitès[19].

Bien que, encore une fois, nous ne sachions pas grand-chose de la vie concrète des membres de cette secte, son cas est intéressant puisque sa marginalité a provoqué son illégalité.

Sabazios ou le Dionysos thrace

Origine et mythe

C'est un dieu thrace, introduit en Grèce au Ve siècle, dont le culte a toujours été considéré comme barbare et grossier. Peut-être divinité de la bière, appelée « *sabaium* » en Thrace, comme Dionysos est le dieu du vin, il porte un nom (Savos, Savadios, Sabazios d'où le verbe *sabazein*) dont l'étymologie a été rapprochée de *euai sabai, euazein, Bacchos* et *Iacchos*. Adopté par la Phrygie comme dieu de la végétation, Sabazios est l'objet d'un culte qui donne lieu à des orgies lors de sa « renaissance » annuelle. On lui attribue aussi la domestication des bœufs et l'invention de l'attelage. Aussi est-il souvent représenté cornu. Il est en

18. Cf. plus haut p. 64.
19. Cf. P. Foucart, *op. cit.*, p. 63, 81, 134, 171.

outre quelquefois assimilé à Zeus puisqu'il prend lui aussi l'apparence d'un serpent. Théophraste décrit ainsi le Superstitieux :

> « *A-t-il aperçu dans sa maison un serpent : si c'est un serpent joufflu, il invoque Sabazios*[20]. »

Diodore de Sicile indique :

> « *On rapporte qu'il y eut un autre Dionysos beaucoup plus ancien que celui-ci. On raconte en effet que Zeus et Perséphone donnèrent naissance au Dionysos que certains appellent Sabazios*[21]. »

Le syncrétisme, surtout à l'époque augustéenne, ne permet guère d'y voir clair et de distinguer nettement les mythes de Dionysos, de Zagreus et de Sabazios.

Culte et rites

En tout cas son culte semble avoir à l'époque classique de nombreux adeptes et faire l'objet de quolibets de la part des écrivains, comme en témoigne Strabon[22]. Aristophane indique ainsi par allusion qu'il s'agit d'un culte surtout prisé par les femmes : « *A-t-elle encore éclaté au grand jour la licence des femmes, avec leurs bruits de tambours, leurs cris répétés de "vive Sabazios"*[23]. » Il précise encore que c'est un dieu de l'ivresse : « *Un sommeil me tient qui me vient de Sabazios* », dit un serviteur des *Guêpes*[24], auquel un autre répond : « *Alors tu sers le même Sabazios que moi. Car moi aussi, tout à l'heure, j'ai senti fondre sur mes paupières un sommeil branlant*[25]. » Diodore, quant à lui, ajoute que pour ce dieu « *des sacrifices et des honneurs sont célébrés la nuit et en secret parce que la pudeur doit toujours voiler le commerce entre les deux sexes* »[26]. Ces quelques références nous renseignent déjà sur le caractère orgiastique

20. *Carac.* 16.
21. IV, 4.
22. X, 3, 18.
23. *Lysistrata*, v. 387-388.
24. V. 9.
25. V. 10-12.
26. IV, 4.

d'un tel culte et ne seront pas démenties par le texte le plus intéressant et le plus vivant que nous possédions, un passage d'un discours de Démosthène contre Eschine[27]. Démosthène est un adversaire acharné des sectes, nous l'avons déjà vu[28]. Initié d'Éleusis, il est très attaché à la religion officielle. Aussi dresse-t-il des activités d'Eschine et surtout de sa mère Glaucothéa, prêtresse de Sabazios, un tableau saisissant, bien que non exempt de caricature. Le discours date de 330, mais les événements remontent naturellement à la jeunesse d'Eschine, c'est-à-dire à vingt ou trente ans auparavant :

> *« Devenu homme, pendant que ta mère pratiquait ses initiations, tu lui lisais les livres et tu collaborais à toutes ses machinations : toute la nuit tu présentais la peau de faon et le cratère, tu purifiais les initiés, tu les barbouillais de boue et de son, tu les faisais lever après l'initiation, tu leur faisais dire : "J'ai échappé au mal, j'ai trouvé le bien" tout fier que personne n'eût jamais poussé de tels hurlements... Pendant le jour, tu conduisais par les rues ces beaux thiases couronnés de fenouil et de peuplier blanc, tu maniais les serpents joufflus et les élevais au-dessus de ta tête, tu criais : "Evohé ! Sabohé !", tu dansais sur l'air : "Hyès ! Attès ! Attès ! Hyès !". Les vieilles femmes t'appelaient coryphée, premier guide, porte-lierre, porte-van ; tu recevais en récompense des miettes de gâteaux, des pâtisseries rondes, des gâteaux frais... »*

Nous trouvons là l'essentiel des rites de cette secte : d'abord de jour, les adeptes de Sabazios forment des processions dans les rues. Ils sont couronnés de « fenouil » et de « peuplier blanc », plantes consacrées aux divinités chthoniennes. Il y a une corbeille sacrée, contenant, entre autres objets, des gâteaux (dont Démosthène n'indique guère la nature). Les instruments de musique qui accompagnent la procession ne sont pas précisés ici, mais ailleurs Démosthène appelle Glaucothéa « *joueuse de tympanon* »[29], sorte de tambour, phrygien comme la flûte à sept tuyaux. Quant aux paroles prononcées, « *Hyès ! Attès !* », il est

27. *Sur la Couronne*, 259-260, cf. Strabon X, 3, 18.
28. Cf. *supra*, p. 64.
29. *Ibid.*, 284.

vraisemblable, comme le pense Strabon, qu'il s'agit de mots phrygiens[30]. Les « *serpents joufflus* » semblent jouer un rôle symbolique important dans le culte de Sabazios, comme en témoigne un texte de Clément d'Alexandrie, dont on peut penser qu'il a été adepte de Sabazios avant de se convertir ou qu'il a du moins bien connu des initiés à ces mystères :

> « *En tout cas, dans les mystères de Sabazios, le mot symbolique pour ceux qu'on initie est "le dieu passe par le sein" : c'est un serpent qu'on fait passer dans leur sein, témoignage de l'inconduite de Zeus*[31]. »

Les cérémonies nocturnes occupent une grande place dans ce culte et comportent d'abord la purification et l'initiation. La prêtresse présidait à ces opérations tandis qu'un lecteur (le jeune Eschine dans le texte de Démosthène) trouvait dans les livres sacrés les formules adéquates et les indiquait à l'initié. Le purificateur, toujours Eschine, portant la « nébride »[32], pratiquait une sorte de baptême en versant l'eau d'un cratère sur l'initié. Un autre rite de purification semble avoir consisté à enduire « de *boue et de son* » le candidat. Aucun culte hellénique ne recourt à ce genre de pratique dont Plutarque souligne bien la provenance barbare[33]. La posture du myste paraît avoir aussi beaucoup d'importance puisque, pour faire bonne figure, un personnage de Théophraste, le « *tard instruit* », « *dans les mystères de Sabazios, s'efforce de provoquer par ses poses l'admiration du prêtre qui l'initie* »[34]. La deuxième partie des cérémonies nocturnes n'est pas mentionnée par Démosthène, sans doute parce que les initiés étaient tenus au secret et peut-être aussi parce qu'Eschine n'y jouait aucun rôle. Il s'agissait vraisemblablement, comme dans tous les mystères, d'une « époptie », c'est-à-dire de la révélation finale, parfois sous forme de drame mystique. On représentait sans doute l'union de Zeus et de Perséphone, éventuellement symbolisée par des pratiques obscènes et certainement par le

30. X, 3, 18.
31. *Protr.* II, 16.
32. Cf. le rôle de la peau de faon dans le culte de Dionysos *supra* p. 56.
33. *De superst.*, 3.
34. *Carac.* 27.

contact avec un serpent. Diodore parle bien de « *commerce entre les deux sexes* »[35].

Le culte de Sabazios ne semble pas avoir été interdit et, malgré les moqueries de Démosthène, Glaucothéa ne s'est pas vu refuser le droit d'initier. Cependant une autre prêtresse, Ninos, a été condamnée puisque le même Démosthène parle de cette affaire en disant : « *Glaucothéa, organisatrice de thiases qui ont causé la mort d'une autre prêtresse*[36]. » Accusée par un certain Ménéclès, Ninos aurait été condamnée à mort, non pour avoir servi Sabazios, il est vrai, mais pour avoir fourni des philtres d'amour[37].

Des adorateurs de ce dieu sont encore attestés par une inscription du Pirée[38] à la fin du IIe siècle avant J.-C. Cette communauté, très proche des associations dionysiaques dont nous avons vu le fonctionnement[39], comporte 53 hommes, dont 36 Athéniens, 13 étrangers et 1 esclave. Le prêtre est un Syrien d'Antioche mais le trésorier-secrétaire est athénien. Cette association de Sabaziastes ne comporte que des hommes mais recrute dans toutes les classes de la société.

La dimension spirituelle de cette secte n'est guère évoquée que par la phrase prêtée par Démosthène aux initiés. Le contenu lui a paru d'autant plus risible qu'elle était accompagnée de « *hurlements* » : « *J'ai échappé au mal, j'ai trouvé le bien.* »

Comme à Éleusis, où une doctrine de salut faisait partie intégrante de l'initiation, il y avait là un espoir de bonheur pour l'au-delà. Toutes ces sectes n'offrent sans doute pas seulement à leurs adeptes un défoulement collectif, mais, au moins pour les plus sérieuses d'entre elles, une réponse à l'attente spirituelle du peuple. La connaissance des mystères, la révélation de la passion et de la résurrection de Dionysos — Zagreus — Isodaitès — Sabazios, la prise de conscience que les forces chthoniennes sont source de toute vie et vic-

---

35. IV, 4 voir plus haut p. 81. Cf. P. Foucart pp. 75-79.
36. *Contre Boétos*, I, 2 et II, 9.
37. Cf. scholiaste de Démosthène, *Ambassade* XIX, 281.
38. Michel, 972 : thiase de Sabaziastes, composé d'esclaves et d'affranchis.
39. P. 65 et suiv.

torieuses de la mort, sont des gages de salut pour l'homme et le purifient de sa faute originelle. Les analogies avec la doctrine chrétienne sont tout à fait nettes et l'on comprend mieux comment le Christianisme a pu s'installer dans un paganisme déjà préparé par de nombreuses sectes.

CHAPITRE III

Autres cultes marginaux

Les adorateurs de Cotys

La déesse

Cotys (ou Cotytto) est une déesse thrace dont le culte est attesté en Grèce à l'époque classique, notamment à Corinthe et à Athènes, où il a sans doute été introduit après les Guerres Médiques.

Des fragments d'Eschyle, cités par Strabon[1], permettent à ce dernier de définir Cotys comme une déesse lunaire, d'abord, semble-t-il, adorée par les Edônes ou Edoniens, peuple de Thrace : « *Adorable Cotys chez les Edoniens qui ont des instruments montagnards.* »

Les rites

Ce sont surtout les instruments de musique propres à la célébration des rites qui ont frappé l'auteur tragique :

> « *L'un tient de ses deux mains la flûte de bourdon*
> *ouvrée sur le tour et fait sous ses doigts prompts*
> *s'épanouir le beau chant, appel des Bacchanales.*
> *Un autre fait vibrer le creux de la cymbale*
> *et son cercle d'airain...*
> *Il retentit enfin le refrain triomphant*

1. X, 3, 16 = frag. 71, *Edones.*

tandis que quelque part est éclose, invisible,
l'inquiétante clameur des instruments terribles
qui miment du taureau le sourd mugissement
et qu'est multiplié l'écho du tambourin,
jetant partout l'effroi de sa note obsédante
comme s'il imitait la rumeur percutante
d'un tonnerre qui gronde en des lieux souterrains. »

Toujours selon Eschyle, Cotys est associée à un dieu indigène qu'il appelle Dionysos, et Strabon souligne l'analogie de ses fêtes avec celles de la Phrygie. Elles sont donc probablement orgiastiques ; c'est bien ce que semble confirmer un auteur comique, contemporain d'Aristophane, Eupolis, dans une pièce intitulée *Les Baptes*. Elle ne nous est parvenue que par fragments[2]. Les Baptes, c'est-à-dire « immergeurs » ou « purificateurs », seraient les prêtres ou les sectateurs de cette divinité et l'un des rites essentiels serait en effet une purification par l'eau, sans doute une immersion. On notera que dans le rituel d'Éleusis on trouve aussi l'immersion purificatrice et des ablutions avant l'entrée dans le sanctuaire. Beaucoup de religions considèrent que la purification de l'âme passe par celle du corps. Le baptême est un symbole.

En outre, selon Eupolis, les autres rites ressemblent à ceux du culte de Sabazios — on retrouve les cris « *Euai, Sabai* » — et de Cybèle — les adeptes jurent par « *l'amandier* » comme les Galles et utilisent le tympanon, tambourin des prêtres de la Grande Mère, ainsi que le « rhombos ». On trouve ce dernier instrument dans la plupart des musiques de danses initiatiques ; il s'agit d'une baguette percée à une extrémité d'un orifice dans lequel passe un nerf tendu qui vibre quand on fait tournoyer la baguette. L'obscénité des danses a bien été relevée par le poète comique : « *Toi, remue des fesses et lève haut la jambe...* ». Le caractère scandaleux du culte de Cottyto s'est d'ailleurs maintenu jusqu'à époque romaine, puisque le poète latin Juvénal déclare :

« *Tels furent les mystères orgiaques que célébraient à la lueur secrète d'une torche des Baptes, accoutumés dans la ville de Cécrops à dégoûter Cottyto elle-même*[3]. »

---

2. *Com. frag.* 2, 450 et suiv. ; 1, 10-15 ; 1, 119.
3. *Sat.* II, 91-92.

Les Baptes

La pièce d'Eupolis est manifestement dirigée contre Alcibiade qu'elle accuse d'avoir appartenu à la secte des Baptes et de s'être livré sous ce prétexte à la débauche la plus scandaleuse en compagnie de la jeunesse dorée d'Athènes. On connaît la réplique furieuse d'Alcibiade à Eupolis : « *Tu me baptises sur la scène, c'est dans les flots de la mer que je te baptiserai, et à mort*[4]. » Il faut replacer l'accusation portée par Eupolis dans le contexte de l'époque. Or, en 415, le jeune stratège voulait entraîner Athènes dans une expédition en Sicile propre à lui assurer la domination de la Méditerranée et la victoire sur Sparte et la ligue péloponnésienne. Au moment où la flotte allait prendre la mer — et sans doute peu après la représentation des *Baptes* — on trouva un matin les bustes d'Hermès mutilés dans toute la ville. L'affaire fit sensation et est rapportée par trois auteurs anciens, Thucydide, Andocide et Plutarque.

> « *Les Hermès de marbre qui se trouvaient dans la ville d'Athènes (on connaît ces blocs taillés quadrangulaires que l'usage du pays a répandus aussi bien devant les maisons privées que devant les sanctuaires) furent pour la plupart une nuit mutilés sur leur face antérieure*[5]. »

Cette mutilation[6] porte non seulement sur le visage, mais au moins autant sur le phallus des Hermès qui, privés de bras et de jambes, étaient cependant pourvus d'un membre viril[7]. Peut-être vestiges d'anciennes croyances fétichistes aux vertus protectrices des bornes de pierre, ces statues symbolisent le respect de la propriété, l'ordre public, et garantissent fécondité et prospérité aux individus et à la cité. Le sacrilège apparut en tout cas comme un sinistre présage pour l'expédition projetée et l'enquête révéla, parmi d'autres actes impies, que les mystères d'Éleusis avaient été scandaleusement parodiés au cours de scènes d'orgies. Un

---

4. *Schol. ad. Arist.* III, p. 444.
5. Thucydide, VI, 27, 1.
6. Cf. J. Hatzfeld, *Alcibiade*, p. 161.
7. *Lysistrata*, v. 1094 : « *Vous mettrez vos manteaux pour n'être pas vus par quelque mutilateur d'Hermès* », car les hommes à qui s'adresse ce vers sont nus et exposent une virilité particulièrement vigoureuse.

certain Pythonicos accusa nommément Alcibiade et quelques-uns de ses amis de « *se livrer en outre dans certaines maisons à des parodies sacrilèges des mystères d'Éleusis* »[8].

> « *L'orateur Androclès produisit des esclaves et des métèques qui accusèrent Alcibiade et ses amis d'avoir après boire parodié les mystères... Ils disaient qu'Alcibiade jouait le rôle d'hiérophante et que les autres membres de la coterie y assistaient comme spectateurs sous le nom de mystes*[9]. »

Nous avons d'ailleurs le texte de l'accusation officielle :

> « *Revêtu d'une robe analogue à celle que porte l'hiérophante quand il fait l'ostension des objets sacrés, il s'est intitulé lui-même hiérophante, a nommé Poulytion porte-flambeau, Théodoros héraut et il a appelé ses autres compagnons mystes et époptes, en violation des règles et dispositions instituées par les Eumolpides, les Kéryces et les prêtres d'Éleusis*[10]. »

Si on ne put prouver la participation d'Alcibiade à la mutilation des Hermès, le stratège fut sérieusement compromis dans la profanation des mystères. Il fut rappelé à Athènes pour répondre des accusations de sacrilège et de haute trahison portées contre lui. Il préféra alors s'enfuir dans le Péloponnèse et fut jugé et condamné à mort par contumace, taxé d'infamie et maudit par le clergé d'Éleusis. Sans doute la collusion, par trop évidente, des accusations religieuses et des griefs politiques pourrait-elle indiquer que les rivaux d'Alcibiade ont mis en avant les premières pour perdre le stratège aux yeux du peuple et des soldats auprès desquels il était populaire.

Pour l'affaire des Hermès, on a tout de suite pensé à un complot contre l'État fomenté par une « hétairie », c'est-à-dire un groupe politique qui, lié par une « pistis » (serment de fidélité réciproque fondé sur « un acte délictueux que les membres s'obligeaient à accomplir en commun pour être liés par le sentiment de leur culpabilité collective »[11]), aurait

---

8. Andocide, *Mystères*, 1, 11-12 et Thucydide VI, 28, 1.
9. Plutarque, *Alcibiade*, 19.
10. Plutarque, *Alcibiade*, 22, 4.
11. J. Hatzfeld, *op. cit.*, p. 186.

trouvé dans cette mutilation un moyen de s'affirmer intérieurement et extérieurement, étant donné le symbole représenté par ces Hermès. Les auteurs anciens ne semblent en tout cas soit n'avoir pas pris au sérieux les moqueries d'Eupolis, soit n'avoir pas fait le lien entre l'appartenance — présumée — d'Alcibiade à la secte des Baptes et les deux affaires en question.

Pour la deuxième, pourtant, l'hypothèse moderne est séduisante : les dénonciateurs avaient pu assister effectivement à des cérémonies très proches des mystères d'Éleusis, qui n'auraient été que le culte de Cottyto[12].

Dans cette perspective, même l'affaire des Hermès s'éclaire d'un jour nouveau[13]. Le caractère orgiastique des cultes thraces avait de quoi séduire les jeunes Athéniens, non seulement puisqu'il autorisait la débauche, mais encore parce qu'il s'accompagnait d'un refus de la religion officielle et aurait donc pu les entraîner à manifester contre elle. La mutilation des Hermès et d'autres statues serait peut-être de ce point de vue la marque d'une révolte ouverte, non point politique mais, plus profondément, religieuse.

Les inquiétudes du public athénien, attestées par les différentes comédies, seraient alors pleinement justifiées : les cultes d'État aux grands dieux helléniques étaient bel et bien menacés par toutes sortes de croyances d'origine étrangère et de groupes marginaux qui les avaient adoptées. Or, comme nous l'avons vu, les religions marginales ne peuvent être tolérées que lorsqu'elles demeurent inoffensives pour les

12. « Assister aux cérémonies d'un culte étranger, ou même y officier, n'était pas un crime, même si ces cérémonies étaient secrètes... Le geste d'Alcibiade n'aurait peut-être pas eu d'autre sanction que le rire des spectateurs des *Baptes* et n'aurait pas été interprété comme un sacrilège vis-à-vis des plus respectables divinités de l'État athénien si cette confusion n'avait pas été rendue possible par l'état d'esprit qui régnait alors à Athènes et dont l'attentat contre les Hermès était l'origine. » (J. Hatzfeld, *op. cit.*, p. 180, contredit par O. Aurenche dans *Alcibiade, Leogoras, Teucros*, Paris, 1974, qui affirme que les parodies, fort nombreuses en 415, ne sont que des manifestations de fin de banquet pour des groupes politiques désireux de s'affirmer « en bravant impunément un interdit dont ils ne comprenaient pas la nécessité ».)

13. Cf. P. Foucart, *Des associations rel. chez les Grecs*, pp. 60-66.

cultes officiels, garants de l'équilibre moral et politique de la cité. La mutilation des Hermès comme l'« impiété » de Socrate apparaissent à la même époque comme des crimes contre l'État et, à ce titre, punis de mort.

Les adeptes d'Adonis

Encore une divinité qui fit fureur parmi les Athéniens — plus précisément parmi les Athéniennes du Ve siècle — : dieu oriental, originaire de Syrie et de Phénicie, plus particulièrement de Byblos, port phénicien à l'embouchure du fleuve Adonis, ce héros, dont le nom babylonien est Tammuz et le nom phénicien, Adon, signifiant « seigneur », est l'objet de légendes fort embrouillées dont nous ne retiendrons qu'une version très simplifiée[14].

La légende

Myrrha, fille d'un roi de Syrie, s'éprit de son père et désira s'unir à lui par ruse. Lorsque celui-ci s'en aperçut, il voulut la tuer mais Aphrodite la transforma en arbre (à myrrhe). Neuf mois plus tard, l'écorce de l'arbre s'entrouvrit et le petit Adonis naquit. Il fut recueilli par Aphrodite et Perséphone. Devenu adolescent, il fut mortellement blessé par un sanglier, mais la déesse de l'amour, sans doute éprise du jeune homme, intervint encore une fois en sa faveur et obtint de Zeus qu'il le ressuscitât au moins pour une partie de l'année.

Le culte d'Adonis est donc intimement lié à celui d'Aphrodite, c'est-à-dire de la babylonienne Ischtar et de la phénicienne Astarté. Il s'est répandu dans le monde grec, d'abord à Chypre en relation avec le culte d'Aphrodite de Paphos, et les fêtes en son honneur semblent être tolérées à Athènes dès le Ve siècle sans être pour autant officielles, de même d'ailleurs que le culte d'Aphrodite (avec notamment les Aphrodisies) qui n'a pas de sanctuaire à l'intérieur de la cité.

---

14. Voir W. Atallah, *Adonis dans la littérature et l'art grecs*, 1966, chap. I et II.

Les fêtes

Quelle que soit la date — fort controversée[15] — des Adonies, la légende en attribue la fondation à Aphrodite elle-même, en liaison avec le cycle de la végétation.

La coutume voulait en effet que les femmes fissent pousser dans de petits pots appelés « jardins d'Adonis », des plantes éphémères, censées représenter l'existence fragile du héros. Aussitôt sorties de terre, ces plantes, forcées par un arrosage à l'eau tiède, mouraient et les femmes accomplissaient alors des rites funèbres en l'honneur d'Adonis. A la fin de la fête, elles jetaient dans la mer les « jardins » et des images du dieu. Les témoignages littéraires sont assez nombreux.

Ainsi Plutarque rapporte qu'en 415, à la veille de l'expédition de Sicile — déjà évoquée à propos d'Alcibiade — les femmes fêtaient les Adonies et les rites de la cérémonie apparurent comme un mauvais présage :

> « *En maints endroits de la ville, des images d'Adonis étaient exposées, autour desquelles les femmes accomplissaient des rites funèbres et se frappaient le front*[16]. »

Un autre texte est plus explicite :

> « *C'était la fête des Adonies où les femmes exposaient en beaucoup d'endroits des images figurant des morts qu'on emporte en terre et imitaient les rites des funérailles en se frappant la poitrine et en chantant des hymnes funèbres*[17]. »

On peut penser que les paroles de ces chants ressemblaient à celles composées par Sappho pour les femmes de Lesbos dès le VIIe siècle :

> « *Il expire, ô Cythérée, le tendre Adonis, qu'allons-nous faire ? Frappez-vous la poitrine, jeunes filles, et déchirez vos tuniques*[18]. »

---

15. Voir W. Atallah, *op. cit.*, chap. VI.
16. *Nicias*, 13.
17. *Alcibiade*, 18.
18. Frag. 152.

Aux rites funèbres commémorant la mort d'Adonis, devaient succéder — à moins que ce ne fût une tout autre fête à une date différente — des manifestations de joie célébrant la résurrection du jeune dieu. Ce sont sans doute ces cérémonies où la liesse et le deuil étaient mêlés, que décrit Aristophane dans *Lysistrata*[19], évoquant précisément la même expédition de Sicile en 415 :

> « *A-t-elle encore éclaté au grand jour la licence des femmes, avec leurs bruits de tambours... et cette fête d'Adonis célébrée sur les toits ? L'orateur proposait de faire voile pour la Sicile et sa femme en dansant : "Hélas ! Hélas ! Adonis", disait-elle... Il proposait d'enrôler des hoplites... et sa femme, un peu ivre, sur les toits : "Pleurez Adonis", disait-elle ! Voilà comment sont leurs dérèglements".* »

Nous retrouvons dans ce texte les rites de deuil déjà signalés, mais aussi des termes comme « *licence* », « *un peu bue* », « *dérèglement* », qui, pour critiques qu'ils soient, apparentent bien le culte d'Adonis à ceux d'autres divinités agraires comme Dionysos ou Sabazios, qui donnent lieu à des manifestations orgiastiques, voire licencieuses. C'est en tout cas ce que laisse entendre Platon le Comique, contemporain d'Aristophane, d'après les fragments de sa pièce intitulée précisément *Adonis*, dans laquelle il critiquait l'obscénité des « *Chypriotes au derrière velu* ». Clément d'Alexandrie, à propos des mystères d'Aphrodite, dont nous avons vu le lien avec Adonis, parle de « *gâteau en forme de phallus* » que l'on remet aux participantes en souvenir de sa génération, puisqu'« *elle est née de l'écume des bourses tranchées d'Ouranos* »[20]. Les Adonies sont aussi l'occasion de banquets entre femmes. Diphile, auteur de la comédie nouvelle, fait dire à un personnage du *Peintre* :

> « *Là où je t'emmène... une hétaïre est en train d'y célébrer les Adonies, à grands frais, en compagnie d'autres hétaïres. Tu pourras t'y bourrer en abondance et même en emporter dans les plis de ta tunique*[21]. »

---

19. V. 388-398.
20. *Protreptique*, II, 14, 1. Cf. P. Foucart pp. 62-63.
21. Cité par Athénée, VII, 292 d.

Beaucoup plus tard, un sophiste du IIe siècle de notre ère fait écrire par une courtisane à une autre :

> « *Nous allons faire un banquet pour les Adonies chez l'amant de Thessala ; cette dernière va orner l'amant d'Aphrodite. Apporte avec toi un jardinet et une statuette...*[22]. »

Tous ces textes nous prouvent le succès que de telles fêtes remportaient auprès des femmes, des Athéniennes notamment. Nulle part il n'est fait mention d'une quelconque organisation officielle. De fait, le scoliaste d'Aristophane[23] précise bien que l'État n'intervient ni pour organiser ni pour financer les Adonies. Remarquons aussi que nous n'avons aucun renseignement sur le clergé chargé d'un tel culte. Sans doute y avait-il des thiases spontanés dans lesquels les femmes se retrouvaient et auxquels elles payaient leur écot pour assurer l'organisation matérielle des cérémonies (processions, banquets). Une dernière remarque s'impose enfin après la lecture des textes comiques : le public féminin s'adonnant au culte d'Adonis n'était pas des plus huppés ni de la moralité la plus stricte ! Il n'est guère étonnant que le protégé d'Aphrodite ait été particulièrement honoré par des femmes vouées à cette déesse par leur profession. Aphrodite patronnait, rappelons-le, à Corinthe et au Mont Eryx une prostitution sacrée.

A Alexandrie

Il n'en est pas de même à Alexandrie, à la cour de Ptolémée Philadelphe au IIIe siècle avant J.-C. D'après le témoignage du poète Théocrite[24], la cérémonie est organisée par la reine elle-même, dans le palais royal où elle convie les femmes de la ville. Tout est décrit, le cortège, la salle d'apparat tendue de tapisseries, la couche d'Adonis, l'hymne de la chanteuse, le spectacle sacré. Voici comment le poète présente les offrandes apportées à la divinité :

> « *Auprès de lui sont déposés tous les fruits de la saison,*

22. Alciphron, *Lettres*, IV, 14.
23. *Lysistrata*, ad loc.
24. *Idylles* XV, Les Syracusaines.

tous les fruits que portent les arbres ; auprès de lui de délicats jardins conservés dans des corbeilles d'argent, des alabastres d'or pleins de parfum de Syrie, et toutes les pâtisseries que les femmes travaillent sur un plateau avec la blanche farine mélangée à mille essences de fleurs, avec le doux miel ou dans l'huile liquide, en formes d'animaux qui volent ou qui marchent, toutes sont ici près de lui...[25]. »

Théocrite rapporte l'invocation finale de la chanteuse :

« *Accorde-nous ta bienveillance maintenant, cher Adonis, et garde-la nous pour une année nouvelle*[26]. »

Peut-être l'influence orientale, plus forte à Alexandrie, explique-t-elle ce caractère officiel et ce déploiement de faste. Peut-être aussi un certain syncrétisme a-t-il entraîné les Grecs d'Égypte à assimiler Adonis à Osiris. On constate en tout cas qu'entré à Alexandrie dans la religion officielle, le culte d'Adonis a toujours été célébré par des femmes.

Or, vers la même époque et plus tard, à l'époque romaine, en Grèce, des inscriptions attestent l'existence de thiases célébrant des Adonies pour leur propre compte. Ainsi, un texte épigraphique daté de 302 avant J.-C. indique qu'un certain Stéphanos est félicité pour avoir bien organisé la procession des Adonies[27].

Une inscription de Pérée Rhodienne mentionne un thiase regroupant des éranistes pour le culte d'Adonis et autorisant l'un des membres à porter une couronne pendant les fêtes du dieu[28]. Il s'agit dans ces deux cas, remarquons-le, d'hommes s'occupant du culte d'Adonis que l'on a vu jusqu'ici réservé aux femmes. Il y avait sans doute deux fêtes d'Adonis, l'une, au printemps, célébrée par les femmes et nettement influencée par le culte chypriote, et l'autre, en été, où les hommes auraient eu leur place[29].

En outre, à l'époque hellénistique et romaine, le contenu théologique du mythe d'Adonis évolue en développant con-

---

25. V. 112-118, les « alabastres » sont des vases à parfum en albâtre.
26. V. 143.
27. I.G. II_2 1261 9-10.
28. BCH X 1886 Burbach et Radet.
29. Cf. W. Atallah, *op. cit.*, p. 256.

sidérablement les thèmes de la passion, de la mort et de la résurrection du dieu, dans un sens mystique. Certains ont même pensé qu'il existait des mystères d'Adonis se déroulant sur trois jours et comportant les différents stades d'initiation habituels. En fait l'hymne orphique à Adonis[30] par exemple, pour mystique qu'il soit, n'offre qu'un exemple de plus du syncrétisme propre à cette époque :

> *« Écoute ma prière, esprit très bon, qui porte beaucoup de noms... Eubouleus aux formes variées... Adonis, tantôt éteint et tantôt lumineux, tu favorises la végétation... tu habites tantôt sous le sombre Tartare et déjà en fruit mûr tu reviens vers l'Olympe. Viens, bienheureux, apportant à tes mystes les fruits de la terre. »*

S'agit-il vraiment d'une secte ? L'important pour notre propos est surtout qu'en dehors d'Alexandrie — cas très particulier — ce culte soit resté privé, spontané ou pris en charge par des groupes divers allant de l'amicale de courtisanes à l'association cultuelle, marginal assurément, toléré par l'État puisque les débordements qu'il suscite ne semblent pas dépasser l'ébriété joyeuse des banquets. Mais, en Grèce, Adonis n'eut jamais de sanctuaire ni de place officielle.

Les sectateurs de Cybèle et d'Attis

Le mythe de la Grande Mère

Divinité majeure de toute l'Asie Mineure, de Phrygie en particulier, la Grande Mère, Cybèle, dispensatrice de toute vie et mère des dieux, est souvent à ce titre identifiée à l'hellénique Rhéa[31]. Son culte phrygien est associé à celui d'Attis, jeune homme dont elle s'éprit et que, selon certaines versions[32], elle rend fou pour se venger de sa froideur. Dans sa folie, il s'émascula et mourut. De son sang

---

30. O. Kern, *Hymnes orphiques* 56.

31. Fille de Gaia et d'Ouranos, épouse de Cronos et mère de nombreux dieux parmi lesquels Zeus.

32. Les variantes phrygiennes sont très nombreuses et assez embrouillées. Voir Pausanias, VII, 17, 9.

naquirent des fleurs, son corps resta incorruptible et sur sa tombe poussa un amandier. Attis est le héros central de rites célébrés par des prêtres appelés Corybantes — ou Galles — qui se livraient, au cours de cérémonies extatiques et orgiastiques, à des danses frénétiques. Imitant la folie d'Attis, ils se lacéraient les chairs et allaient même jusqu'à se couper les parties génitales.

Son culte

Cybèle eut, dès avant les Guerres Médiques, un culte privé à Athènes, qui célébrait ses mystères. Pindare, par exemple, poète du début du Ve siècle, semble avoir fait construire près de chez lui un sanctuaire privé à la Grande Mère, dont le culte était associé à celui du dieu Pan :

> « *La déesse auguste que souvent les jeunes filles viennent chanter avec Pan sur le pas de ma porte pendant la nuit...*[33]. »

Cette déesse fut assez rapidement assimilée à Déméter et son culte perdit son caractère orgiastique qui comportait, selon Pindare, des processions nocturnes au son des cymbales et des castagnettes, à la lueur de torches.

Son introduction dans le culte officiel eut lieu au Ve siècle : alors qu'une épidémie sévissait, la Pythie, consultée, affirma que c'était la vengeance de la Grande Mère dont un prêtre phrygien avait été chassé ou maltraité par les Athéniens. En expiation, ceux-ci construisirent un mètrôon, c'est-à-dire un sanctuaire à Cybèle, sur l'Agora. Mais les rites phrygiens n'ont jamais été admis à Athènes, en particulier la présence des Corybantes, et le mythe d'Attis a été en quelque sorte occulté. Un épisode, rapporté par Plutarque[34], montre la réaction des Athéniens devant les pratiques entraînées par un tel culte : juste avant l'expédition de Sicile, raconte l'historien, il se produisit un présage défavorable. « *Un homme avait soudain sauté sur cet autel* (celui des Olympiens sur l'Agora), *puis s'était émasculé au moyen d'une pierre.* » Cet homme était assurément un adorateur de

---

33. *Pythiques*, III, 77 et fragments ; voir Pausanias, IX, 25, 3.
34. *Nicias*, 13.

Cybèle et l'on notera que, précisément, les Galles ne devaient pas utiliser le fer mais la pierre pour se mutiler. Les Athéniens furent choqués par la monstruosité du geste.

Ce n'est que dans des associations secrètes — le héros de l'épisode rapporté par Plutarque appartenait sans doute à l'une d'entre elles — que sont célébrés les mystères de Cybèle et d'Attis selon le rite phrygien.

Ainsi, à l'époque macédonienne, les orgéons du Pirée[35] possèdent un métrôon, sur la péninsule d'Acté, où ils célèbrent le culte phrygien, directement importé de Pessinonte et réservé d'abord aux ressortissants de Phrygie, avant d'être ouvert au milieu du IIIe siècle aux citoyens athéniens. Les inscriptions[36] mentionnent que leur prêtresse est étrangère et élue chaque année. Certains orgéons associent clairement le culte de Cybèle et celui d'Attis, puisqu'il est question d'Attideia dans des textes épigraphiques de la même époque[37]. La secte du Pirée pratique les rites phrygiens, en particulier la fête du printemps, en représentant la quête de Cybèle à la recherche de son amant, le lit funèbre qui était dressé par la prêtresse[38] et autour duquel les fidèles se lamentaient en poussant des cris lugubres, comme le faisaient encore les Phrygiens à l'époque de Diodore de Sicile :

> « *Les Phrygiens fabriquaient une image du jeune homme ; autour d'elle se lamentant et lui rendant les honneurs appropriés à son malheur, ils apaisèrent le courroux de celui qu'ils avaient outragé. Ils n'ont pas cessé jusqu'à notre temps de célébrer cette cérémonie*[39]. »

La résurrection d'Attis était célébrée avec les manifestations de joie les plus débridées. Il y avait en outre, comme dans les autres cultes à mystères, une initiation par purification et un drame mystique. Nous possédons précisément, grâce à Clément d'Alexandrie, qui a été frappé par le caractère « *inhumain* » et « *monstrueux* » des « *orgies*

---

35. Cf. P. Foucart, *Des ass. rel.*, p. 64 et pp. 86-97.
36. I.G. II_2 1273 et 1327.
37. I.G. II_2 1315 (fin IIIe) et 1316 (milieu IIIe).
38. Inscription rapportée par P. Foucart, *op. cit.*, p. 196, lignes 8 et 9.
39. III, 59.

corybantiques », la formule essentielle des mystères se déroulant en l'honneur de la Grande Mère :

> « *J'ai mangé sur le tambour ; j'ai bu à la cymbale ; j'ai porté les vases sacrés ; j'ai pénétré derrière le rideau du lit nuptial*[40]. »

Cette formule ésotérique ne nous renseigne guère sur le rituel de l'initiation, mais la présence des instruments de musique phrygiens, même détournés de leur usage habituel, ainsi que la révélation sans doute obscène de ce qui se passe « *derrière le rideau* », nous indiquent qu'il s'agit de pratiques orgiastiques. C'est encore Clément qui nous fournit un élément de ce que pouvait être le drame sacré. Il rapporte en effet une légende qui, selon lui, circulait parmi les mystes d'Attis : « *Zeus, après avoir arraché au bélier ses deux testicules, les prit et les jeta au beau milieu du sein de Dèo* (autre nom de Déméter, confondue avec Cybèle)[41]. » Sans doute émasculait-on devant les fidèles un bélier et la prêtresse recevait-elle les parties ensanglantées sur sa poitrine. On représentait peut-être aussi la folie d'Attis et certains adeptes se livraient alors sur eux-mêmes à cette mutilation dans leur frénésie comme l'Athénien de 415.

Les inscriptions du Pirée indiquent aussi que les adorateurs de la Grande Mère croyaient à ses vertus curatrices, à ses guérisons miraculeuses[42], notamment de l'épilepsie et de la folie. De vieilles femmes parcouraient la campagne, encore au Ier siècle de notre ère, en vendant des recettes pour la conservation des troupeaux et la fécondité de la terre sous le patronage de Cybèle[43].

Hérodote, repris par Clément d'Alexandrie, rapporte une anecdote significative à propos d'une répression violente du culte de Cybèle, non point en Grèce, il est vrai, mais chez les Scythes, c'est-à-dire chez un peuple de Russie méridionale connu pour être « *hostile à toute coutume étrangère, surtout à celles des Grecs* »[44]. Rentrant dans son pays, après

40. *Protreptique*, II, 15, 3.
41. *Ibid.*, § 2.
42. Cf. Diodore, III, 58.
43. Cf. Dion de Pruse, *Discours* I, p. 61.
44. IV, 76.

avoir visité la Grèce, le jeune Anarcharsis s'arrêta à Cyzique, au moment d'une fête de Cybèle. Séduit par le culte de cette déesse, il décida d'instituer chez lui des mystères en son honneur. Arrivé en Scythie, il alla dans un endroit reculé pour se livrer à « *ses pieuses pratiques* ». Mais il fut surpris alors que, de nuit, « *tympanon à la main, les images sacrées attachées à sa personne* »[45], c'est-à-dire, précise Clément, « *portant des images de Cybèle et d'Attis sur la poitrine* »[46], il célébrait la Grande Mère. Le roi fut averti et vint en personne le punir en le tuant d'une flèche, avant qu'il ne propageât ce culte étranger, immoral et efféminé.

En Grèce aussi, les rites phrygiens étaient formellement interdits[47]. Seules donc des sectes s'adonnaient à un culte secret en l'honneur de Cybèle et d'Attis, passible d'éventuelles poursuites pour non-conformité à la religion officielle qui avait pourtant adopté Cybèle, mais refusé ses rites et le mythe d'Attis, eu égard à leur monstruosité.

Un culte « récupéré », celui de Bendis

La déesse

C'est encore une déesse lunaire, de la végétation, d'origine thrace, qui a souvent été associée à Artémis, Hécate et Perséphone. Adoptée très tôt par les Grecs d'Asie, de Byzance et de Chersonèse en particulier, elle a été d'abord célébrée en Grèce péninsulaire au Pirée, par les communautés thraces, en liaison avec le culte de Sabazios, par lequel elle aurait, selon certaines légendes, été violentée.

D'après Strabon[48], Bendis aurait aussi des liens avec Cottyto, la première apparaissant dans la panthéon thrace comme la déesse-fille et chasseresse, la deuxième comme la déesse-mère.

45. *Ibid.*
46. *Protreptique*, II, 24, 1.
47. M.F. Baslez, *op. cit.*, p. 251, cite le cas de Rhamnonte où le culte asiatique de la Grande Mère eut des difficultés.
48. X, 470.

Son culte

Au Pirée, son culte paraît ancien, puisqu'un temple existait déjà à Munychie lors de l'expulsion des Trente Tyrans en 404[49]. Les Thraces semblent avoir eu droit à un sanctuaire après un oracle de Dodone dès l'époque de Périclès (431). On suppose qu'il y a été établi à la suite des épidémies de 445. Les Athéniens ne voient cependant pas d'un très bon œil le succès de cette divinité étrangère, si l'on en croit les *Lemniennes* d'Aristophane, pièce dont il ne nous reste malheureusement que quelques fragments[50]. A Lemnos, en effet, Bendis était la « Grande Déesse » et on lui sacrifiait même des jeunes filles. Aristophane la décrit comme portant un flambeau d'une main et une lance de l'autre. Une pièce plus ancienne, puisqu'elle date de 443, *Les Femmes Thraces*, de Cratinos, traitait vraisemblablement aussi du culte de Bendis en le critiquant, mais il ne nous en reste pratiquement rien.

Un culte privé est attesté au Pirée par une inscription du IIIe siècle avant J.-C., mentionnant un orgéon de Bendis réservé aux Thraces et à Salamine on trouve un thiase, ouvert aussi bien aux Athéniens qu'aux métèques, du début du IIIe siècle[51]. Des inscriptions mentionnent scrupuleusement les jours de réunion (2e ou 8e du mois, par exemple)[52]. D'autres montrent que les orgéons organisaient chacun leur procession et que généralement Thraces et citoyens ne se mélangeaient pas[53]. Le sacrifice qui terminait la procession coûtait deux drachmes à chaque membre[54].

Récupération

Cette déesse étrangère aurait pu rester marginale s'il ne s'était produit à son sujet un phénomène intéressant. Son culte, d'abord réservé aux Thraces, est entré dans la religion officielle, comme Cybèle et même davantage, grâce à son

49. Xénophon, *Hell.* II, 4, 11.
50. En part. frag. 7, 14 et 21.
51. CIA II, 620 ; I.G. II_2, 1317 et 1317 b ; R.I.G. 1879.
52. I.G. II_2 1361 et 1283.
53. I.G. II_2 1283 et 1324.
54. I.G. II_2 1361 ; cf. P. Foucart, *Le culte de Bendis en Attique*, Mélanges Perrot, p. 95.

assimilation avec l'Artémis du Brauron[55] et l'interprétation d'une légende déjà mentionnée par Hérodote[56] : des Athéniennes auraient été enlevées par les Pélasges pendant qu'elles célébraient les Brauronies et auraient été transportées avec leur statue cultuelle à Lemnos. Les Pélasges, après avoir épousé leurs captives et engendré des enfants, les tuèrent ainsi que leurs mères. La famine s'étant étendue sur le pays, ils consultèrent la Pythie. Celle-ci exigea que réparation fût faite auprès des Athéniens. Ces derniers n'obtinrent satisfaction que bien plus tard lorsque, sous la conduite de Miltiade[57], ils prirent Lemnos. Artémis, honorée à Lemnos sous le nom de Bendis, put alors réintégrer sa patrie et y recevoir plus tard une fête officielle qui continua de se dérouler au Pirée, puisque le Bendideion s'y trouvait, et qui associa les Thraces d'Athènes.

Platon mentionne la première cérémonie officielle en l'honneur de Bendis, dans le prologue de la *République*[58]. Nous sommes au mois de juin, le 19 Thargelion, 411 ou 410, et Socrate dit :

> « *J'étais descendu hier au Pirée, pour faire ma prière à la déesse et aussi pour voir comment on célébrait la fête qui avait lieu pour la première fois. Or, j'ai trouvé bien belle la procession des habitants et non moins magnifique celle que menaient les Thraces.* »

Un peu plus loin, dans le texte du philosophe, un interlocuteur déclare :

> « *Peut-être ne savez-vous pas qu'il y aura ce soir une course aux flambeaux à cheval en l'honneur de la déesse ?* » et un autre : « *En outre, il y aura une fête de nuit qui vaut la peine d'être vue. Nous sortirons après dîner et nous assisterons à la fête.* »

---

55. Sanctuaire rustique d'Attique, fondé, d'après la légende, par Iphigénie revenue de Tauride après avoir été sauvée par Artémis ; cf. Pausanias, 1, 33 voir p. 20, n. 3.
56. VI, 138.
57. VI, 136 ; Miltiade l'Ancien, fils de Cimon s'empara de Lemnos vers 500 ou 495 avant J.-C., avant les Guerres Médiques.
58. I, 327 a et suiv.

Nul secret n'entoure cette cérémonie, tout le monde peut y aller autant pour la beauté du spectacle que pour y rencontrer des amis :

> « *Nous y rencontrerons une foule de jeunes gens et nous causerons* »,

même si Socrate tient à préciser que la « *prière* » était son premier mobile.

Voilà donc un exemple quasi unique d'introduction dans le calendrier liturgique athénien d'un culte d'abord bien mal famé, si l'on en croit les allusions d'Aristophane, un culte qui aurait pu rester sectaire et qui est devenu au Vᵉ siècle tout ce qu'il y a de plus officiel. Cela n'empêche toutefois pas la permanence d'un culte privé à la même déesse, attesté par les inscriptions du IVᵉ et du IIIᵉ siècles, qui a dû conserver les rites thraces, sans doute plus sauvages et plus débridés. Les documents font défaut mais la comparaison avec des cultes comme celui de Cybèle permet de le supposer.

Les adeptes de Bendis ne sont donc marginaux que s'ils privilégient cette divinité au détriment du panthéon de la religion officielle.

Cybèle et Bendis sont entrées dans la religion d'État à la faveur d'oracles et « récupérées », en quelque sorte, comme l'a été Dionysos, par un adoucissement des mythes et des rites et une identification à une divinité bien hellénique, Déméter ou Artémis par exemple.

Une croyance superstitieuse : Les Cabires

Les divinités

Avec les Cabires, nous trouvons sans doute des divinités préhelléniques dont le culte, originaire de Thrace et de Phrygie, s'est répandu de la Béotie à l'Hellespont en passant par l'Eubée, Imbros, Lemnos et Samothrace. Simples démons chez certains peuples, dieux du feu chez d'autres, ils sont la plupart du temps au nombre de quatre, trois dieux et une déesse et leurs noms n'étaient révélés qu'aux initiés de leurs mystères.

Ils furent souvent identifiés à d'autres dieux, les Dioscures, Héphaïstos, Hermès, Zeus, Dionysos, la divinité féminine étant pour sa part assimilée tantôt à Cybèle, tantôt à Déméter, Hécate ou Aphrodite. Certains mythes les présentent contrefaits et boiteux, comme Héphaïstos, qui serait leur père, si l'on en croit le texte d'Hérodote rapportant les actes sacrilèges de Cambyse à Memphis.

> Ce roi perse « *pénétra dans le temple des Cabires où le prêtre seul a le droit d'entrer ; il fit même brûler leurs statues avec maintes railleries. Ces statues ressemblent à celles d'Héphaïstos dont les Cabires, dit-on, sont les fils* »[59].

Considérés parfois comme des démons, serviteurs de Rhéa, ils auraient assisté à la naissance de Zeus et furent alors confondus avec les Corybantes.

Leur culte

Leur culte fut très longtemps en honneur, surtout à Samothrace. Denys d'Halicarnasse parle d'eux en ces termes :

> « *... grands dieux... dont les noms furent gardés secrets et en l'honneur desquels des mystères sont célébrés jusqu'à nos jours par les habitants de Samothrace* »[60].

Mais Strabon atteste leur culte aussi à Lemnos et à Imbros[61], en liaison sans doute avec le mythe local de Cabiro qui, aimée d'Héphaïstos, y donna naissance aux Cabires. Pausanias, quant à lui, cite un Cabirion à Athédon[62], un autre près de Thèbes, en Béotie[63], associé au culte de la Grande Mère. Il se tait prudemment sur le contenu du culte et déclare :

59. III, 37.
60. I, 68.
61. X, 3, 21.
62. IX, 22, 5.
63. IX, 25, 5-7.

> « *Que le curieux me pardonne de garder le silence sur la nature des Cabires et du rite célébré en leur honneur.* »

Hérodote, dont les paroles montrent qu'il avait probablement été initié, affirme l'origine « pélasgique », c'est-à-dire préhellénique, de ce culte :

> « *Quiconque est initié aux mystères des Cabires que célèbrent les Samothraciens et qu'ils ont reçus des Pélasges sait ce que je veux dire...*[64]. »

L'historien fait ensuite un lien entre les statues ithyphalliques d'Hermès et les mystères de Samothrace en disant :

> « *Les Pélasges ont conté à ce sujet une histoire sacrée qui a été mise en spectacle dans les fêtes des mystères de Samothrace.* »

Nous n'en savons pas plus sur le drame sacré de l'initiation.

A Athènes, le culte des Cabires est bien attesté au Ve siècle par Aristophane qui fait dire à un personnage de la *Paix* s'adressant aux spectateurs :

> « *Si quelqu'un parmi vous se trouve avoir été initié à Samothrace, c'est maintenant qu'il convient de prier, pour éviter le retour de Kudoimos* (le Tumulte)[65]. »

Ce passage prouve que les mystères des Cabires sont bien connus des Athéniens, que l'initiation se passe le plus souvent à Samothrace — apparemment centre cultuel principal à cette époque — et que, pour les initiés, il suffit, en cas de danger, de prononcer leur nom pour être protégés, surtout des dangers de la mer. On comprend donc la popularité de ces divinités chez un peuple de marins comme les Grecs. Le culte semble très florissant après les Guerres Médiques, lorsque les échanges maritimes se sont intensifiés.

En quoi les cérémonies consistaient-elles ? Les auteurs anciens gardent un silence religieux sur le contenu des mys-

64. II, 51.
65. V. 277-278.

tères, comme c'est l'usage. Dans les *Argonautica*[66], poème attribué à Orphée mais rédigé dans les premiers siècles de notre ère, il est question de « *cérémonies mystérieuses, terrifiantes pour les hommes* ».

On sait que les initiés portaient une bandelette pourpre autour de la tête, destinée à les protéger des périls et on a retrouvé des amulettes sur lesquelles étaient inscrites les initiales de quatre noms qui pourraient bien être ceux des Cabires, sans doute d'après la tradition, Axieros, Axiokersos, Axiokersa et Casmilos, noms « barbares », aux sonorités étranges, qu'il était interdit de prononcer. C'est pourquoi on les appelait le plus souvent « Grands Dieux ».

Diodore de Sicile précise qu'à son époque encore les rites ne sont révélés qu'aux initiés et que « *ceux qui ont pris part aux mystères deviennent à la fois plus pieux, plus justes et meilleurs à tout point de vue qu'ils n'étaient auparavant* »[67] de sorte que les héros les plus fameux ont désiré être initiés et il cite « *Jason, les Dioscures, Héraclès et Orphée, qui ont vu le succès de toutes leurs entreprises parce que les dieux leur étaient apparus* ». Sous l'influence de l'Orphisme, il est probable en effet que la simple superstition s'est enrichie au point de justifier ce que dit Diodore, et on peut penser que la protection cabirique pouvait s'étendre, pour les initiés « pieux », au-delà de la mort et donnait l'assurance d'une survie heureuse.

A l'époque hellénistique et romaine, le syncrétisme, la confusion entre Cabires et Corybantes et la superposition du mythe de Dionysos-Zagreus à cette croyance, toujours en liaison avec l'Orphisme, font qu'il ne reste généralement dans l'iconographie et la numismatique que les trois Cabires mâles. Ceux-ci ne sont bientôt plus que deux car deux d'entre eux tuent le troisième : on trouve ce mythe, d'origine tyrrhénienne, représenté sur de nombreux miroirs étrusques. Finalement, un seul Cabire reste offert à l'adoration des fidèles, celui qui a été tué et quelquefois émasculé, puis ressuscité par Hermès. C'est ce que rapporte Clément d'Alexandrie :

66. V. 469-470.
67. V, 49.

« *Ayant mis à mort leur frère, les deux autres Corybantes couvrirent la tête du cadavre d'un lambeau écarlate, le couronnèrent et l'ensevelirent. Leurs prêtres, que les intéressés appellent Anactotélestes, défendent de mettre sur la table du persil avec sa racine car ils croient que c'est le sang écoulé du corps du Corybante qui a donné naissance au persil*[68]. »

Clément souligne encore la monstruosité des rites :

« *En appelant Cabires les Corybantes, on dénonce ainsi l'initiation cabirique car ces deux fratricides emportant la boîte où se trouve la virilité de Dionysos, s'enfuient en Tyrrhénie, colporteurs de cette glorieuse marchandise ; ils y restèrent réfugiés, offrant à vénérer aux Tyrrhéniens, comme une précieuse leçon de religion, la boîte et son contenu. C'est pourquoi certains, non sans vraisemblance, veulent appeler Dionysos Attis pour avoir été châtré*[69]. »

Le syncrétisme est très net chez Clément qui appelle Dionysos la plupart des divinités à culte orgiastique et superpose plusieurs mythes, confusion sans doute partagée par beaucoup de ses contemporains païens.

En Grèce donc, jusqu'à l'époque chrétienne, les Cabires semblent l'objet d'une superstition populaire plutôt que d'une croyance très élaborée bien que, sous certaines influences, leur culte se soit doté d'une dimension mystique. Leurs adorateurs formaient-ils une secte ? Les adeptes, initiés à Samothrace et répandus dans tout le monde grec, n'avaient guère d'autres sanctuaires. Il n'y en avait, semble-t-il, pas en Attique et les fidèles conservaient amulettes et formules de protection par-devers eux sans chercher à créer une association ou un thiase. D'autre part, contrairement aux mystères d'Éleusis, étatisés et officialisés assez tôt, les mystères de Samothrace continuaient très librement une vieille croyance superstitieuse préhellénique, sans qu'aucune tentative de récupération — ou de condamnation, d'ailleurs — n'ait été effectuée.

Il ne nous appartient pas de traiter ici d'un aspect parti-

68. *Protreptique*, II, 19, 1.
69. *Protreptique*, II, 16.

culier de la religion populaire — auquel se rattache la croyance aux Cabires —, la superstition avec ses corollaires, la magie et la sorcellerie, même si à l'occasion nous y avons fait allusion. Dès l'époque archaïque en effet, cet aspect existe bien et se développe de façon notoire à l'époque hellénistique et romaine en même temps que l'astrologie, l'ésotérisme, voire l'occultisme. Mais ceci nous entraînerait trop loin. Il faudrait alors parler de sectes philosophiques ou parascientifiques qui n'ont plus grand rapport avec la religion. Aussi avons-nous choisi de les écarter de notre propos, excepté celles qui nous paraissent rester religieuses, à savoir l'Orphisme et le Pythagorisme.

Nous aurions pu en revanche, sans nous écarter de notre propos, parler de tous ces cultes étrangers qui envahirent la Grèce par le biais des colons, marchands, esclaves originaires d'Orient. Nous aurions pu mentionner par exemple le culte de Zeus Carien ou celui d'Aphrodite Syrienne, souvent confondu ou associé avec celui de la Grande Mère[70]. Le plus souvent pourtant ces cultes restèrent limités aux associations d'étrangers et n'attirèrent pas de fidèles grecs. Leur absence de prosélytisme pourrait donc les empêcher d'être des « sectes » à proprement parler.

Citons cependant l'étrange culte du dieu Mên Tyrannos, dieu-lune d'Asie Mineure, représenté comme un jeune homme coiffé d'un bonnet phrygien et portant souvent un croissant. Ce culte est attesté en Attique par une inscription du IIe siècle de notre ère[71] qui réglemente par le menu une nouvelle association et laisse deviner les espoirs du fondateur sur le développement ultérieur de sa secte. En effet l'inscription, de la main même — et malhabile — du fondateur, un certain Xanthos, lycien d'origine, invite les membres futurs à cotiser (pour participation à l'huile et au bois notamment). Les rites de purification sont précisés ainsi que le partage de la victime. Parmi les impuretés signalées se trouvent les rapports avec une femme, le contact avec un porc (animal impur aussi chez les adorateurs de la déesse syrienne) et la consommation d'ail. Les adorateurs de cette modeste secte n'ont sans doute pas été très nombreux et n'ont pas dû dépasser la famille du fondateur, malgré ses espérances.

70. Au Pirée, cf. P. Foucart, *op. cit.*, p. 99 et suiv.
71. P. Foucart, p. 119 et suiv.

CHAPITRE IV

Deux sectes philosophico-religieuses

L'ORPHISME

A plusieurs reprises déjà — et notamment à propos du culte de Zagreus[1], nous avons mentionné l'orphisme comme un mouvement religieux ayant eu un grand rayonnement. En effet, alors qu'on assiste à l'intégration d'un certain dionysisme dans la religion d'État et tandis que le mysticisme dionysiaque orgiastique reste marginal, on voit naître dès avant les Guerres Médiques un mouvement qui se réfère au même dieu, Dionysos, mais réagit contre les aspects les plus vulgaires et les plus débridés des autres cultes à la même divinité[2].

Le mysticisme individuel et ascétique trouve son plein épanouissement dans un courant qui modifia sensiblement et aurait même pu révolutionner la vie religieuse grecque, sous le patronage de son prophète légendaire, Orphée.

---

1. Cf. *supra*, p. 75 et suiv.
2. On notera ainsi que, sur la planche IV, les symboles dionysiaques (thyrse et phallus) s'opposent à la gravité hiératique des initiés qui, malgré leur nudité, ne se livrent pas aux danses orgiastiques habituelles aux adeptes de Dionysos.

Qui est Orphée ?

Ce nom apparaît pour la première fois chez un poète lyrique de la deuxième moitié du VIe siècle, Ibycos[3], puis chez Pindare, au début du Ve siècle[4], ainsi que sur une métope du trésor des Sicyoniens à Delphes qui date aussi du VIe siècle. Ce héros fait partie des Argonautes[5] et, grâce à ses talents de musicien, est chargé de charmer les sirènes et d'apaiser les flots. C'est aussi lui qui persuade ses compagnons de se faire initier à Samothrace afin d'être désormais protégés contre les périls de la mer[6].

La légende

Orphée serait le fils de la muse Calliope[7] et d'un prince thrace Oiagros ou, dans certaines légendes, d'Apollon lui-même. Nous reprendrons le texte de Pausanias qui rapporte l'ensemble des récits concernant la vie du chanteur thrace :

> « *Orphée était fils de la muse Calliope et non de la fille de Piéros, les bêtes sauvages le suivaient fascinés par ses chants ; il descendit chez Hadès pour réclamer son épouse aux divinités d'en bas*[8]. »

On remarque que Pausanias ne mentionne pas ici le nom d'Eurydice. En effet, les légendes les plus anciennes ne la signalent pas. Ce n'est qu'à partir d'Euripide et de Platon que tout l'épisode la concernant est ajouté à la vie d'Orphée. Le nom même d'Eurydice n'est en outre attesté qu'à partir du Ier siècle avant J.-C. Euripide fait dire ainsi à l'un de ses héros :

> « *Ah ! si la voix mélodieuse d'Orphée m'était donnée pour enchanter de mes accents la fille de Déméter ou son époux et t'enlever à l'Hadès, j'y descendrais*[9]. »

---

3. *Frag.*, 10.
4. *IVe Pythique*. On pense d'ailleurs que Pindare était un adepte de l'Orphisme.
5. Expédition organisée par Jason pour la conquête de la Toison d'or.
6. Cf. *supra*, p. 107.
7. Muse de la poésie épique.
8. IX, 30.
9. *Alceste*, 357 et suiv.

V — Scène d'initiation bachique

Le jeune initié, le visage couvert, est mené par une femme vers un prêtre (représenté en Silène) qui dévoile les objets sacrés placés dans le van dionysiaque. L'initié porte un thyrse. Une autre femme joue du tambourin. *(Stuc de la Farnésine. Musée National des Thermes. Photo Alinari)* (cf. p. 195).

VI — Scène

L'interprétation de cette scène est très discutée. On disting
direction d'une femme, sans doute une prêtresse guidant la
fié, probablement à l'issue de la cérémonie de l'initiation.
(cf. p. 194-195).

VII — D

Des danseurs évoluent seuls ou en groupe avec animation
comme le fait la célèbre danseuse de la Villa des Mystères.
de Rome) (cf. p. 196).

iation bachique

ıtefois clairement, à gauche, un enfant qui lit un texte sous la ıation d'un jeune myste. A droite, une femme au visage terri- *ɔéi. Villa des Mystères. Peinture murale. Photo Roger-Viollet)*

bachiques

fois un air d'extase. Des femmes agitent des voiles élégants *ophage du Musée du Vatican. Photo de l'Institut Allemand*

VIII — Intérieur de la basilique de la Porte Majeure

Il s'agit de la nef centrale *(cella)* que prolonge une abside, en haut de laquelle se trouve la scène célèbre du saut de Sappho. Apollon, dieu des Pythagoriciens, préside à cette scène. Au centre de la voûte, on distingue une représentation du rapt de Ganymède par Zeus, symbole de l'âme emportée vers l'éternité. *(Photo de l'Institut Allemand de Rome)* (cf. p. 222 et suiv.).

Platon de son côté insiste sur l'échec du malheureux :

> *« Orphée, ils l'ont chassé de l'Hadès sans qu'il eût rien obtenu (car s'ils lui montrèrent un fantôme de la femme pour laquelle il était venu, ils ne la lui donnèrent pas en personne), parce qu'il leur parut avoir l'âme faible, chose assez naturelle chez un joueur de cithare...*[10]. »

Pour en revenir au récit de Pausanias, il nous apporte quelques éléments intéressants sur les raisons de la célébrité du musicien :

> *« A mon avis, Orphée l'emporta sur ses prédécesseurs pour la beauté de ses vers et atteignit un haut degré de puissance parce qu'on croyait qu'il avait découvert les mystères, les purifications des péchés, les guérisons des maladies et les moyens de détourner les colères divines*[11]. »

En tout cela, Pausanias se conforme à la croyance commune qui faisait d'Orphée une sorte de mage, de médecin, de devin, un astrologue même, le fondateur des mystères bachiques, des mystères d'Éleusis, l'auteur du mètre héroïque en même temps que l'inventeur de la cithare (à moins qu'il n'en ait seulement augmenté les cordes de sept à neuf). Nous trouvons ensuite chez le géographe les différentes légendes concernant la mort de ce héros :

> *« Mais on dit que les femmes de Thrace complotèrent sa mort parce qu'il avait persuadé leurs maris de l'accompagner dans ses errances, mais n'osèrent mener à bien leur intention par crainte de leurs époux. Ivres de vin, cependant, elles osèrent cet acte et c'est de là que vient la coutume des Thraces d'aller aux combats ivres. Certains disent qu'Orphée trouva la mort foudroyé par Zeus parce qu'il révéla aux hommes dans les mystères des paroles qu'ils n'avaient encore jamais entendues. D'autres racontent que sa femme mourut avant lui et que, par amour pour elle, il alla à Aornos de Thesprotie où il y avait depuis longtemps un lieu d'évocation des morts. Il pensait que l'âme d'Eurydice le suivrait, mais en se retournant, il la perdit et se suicida de chagrin. Les Thraces disent que tous les rossignols*

---

10. *Banquet*, 179 d.
11. IX, 30.

qui font leur nid sur le tombeau d'Orphée chantent plus doucement et plus joliment. Les Macédoniens qui habitent la région de Piérie au pied de l'Olympe et la ville de Dion disent que c'est là qu'Orphée a été tué par les femmes. Quittant Dion par la route vers la montagne et avançant de vingt stades, vous arrivez à une colonne sur la droite surmontée par une urne en pierre qui, d'après les indigènes, contient les ossements d'Orphée. Il y a aussi une rivière appelée Hélicon. Après une course de 75 stades, le courant disparaît sous la terre. Après un intervalle d'environ 22 stades, l'eau jaillit à nouveau et coule, sous le nom de Baphyra, au lieu d'Hélicon, dans la mer et est navigable. Les gens de Dion disent qu'au début la rivière coulait sur terre tout au long de son cours. Mais, disent-ils, les femmes qui tuèrent Orphée souhaitaient y laver leurs traces de sang et la rivière s'enfonça pour ne pas fournir son eau à la purification d'un crime[12]. »

Selon d'autres légendes, les femmes thraces mirent son cadavre en pièces et jetèrent les morceaux dans le fleuve qui les emporta jusqu'à la mer. La tête et la lyre du musicien furent retrouvées à Lesbos et ensevelies par les habitants de l'île qui devint la patrie de la poésie lyrique. De la tombe s'échappait parfois le son d'une lyre et, selon certains, la tête se mit à proférer des oracles[13]. Tous ces détails indiquent bien le contexte merveilleux qui auréole la vie et la mort de ce personnage fabuleux. Chaque région de Thrace, de Thessalie et des îles avoisinantes présente une légende le concernant. C'est encore à Pausanias que nous emprunterons un exemple tiré du folklore thessalien :

« *A Larissa, j'ai entendu une autre histoire selon laquelle sur l'Olympe se trouve la ville de Libethra, là où la montagne est tournée vers la Macédoine, et le tombeau d'Orphée n'est pas très éloigné de cette ville. Les habitants de Libethra reçurent de Thrace un oracle de Dionysos disant que, lorsque le soleil verrait les ossements d'Orphée, alors la ville serait détruite par un porc. Ils ne se soucièrent guère de l'oracle, pensant qu'aucune bête n'était assez grande et forte pour prendre leur cité, et qu'un porc était plus audacieux que fort. Mais quand il sembla bon au dieu, voici ce qui*

12. IX, 30.
13. Cf. planche IV (partie supérieure).

arriva aux habitants. Vers midi, un berger appuyé au tombeau d'Orphée dormait et, tout en dormant, chantait des poèmes d'Orphée et sa voix était claire et douce. Ceux qui faisaient paître leurs troupeaux ou cultivaient leurs champs à l'entour abandonnèrent tous leurs travaux et se rassemblèrent pour écouter le berger chanter pendant son sommeil. Et se pressant et se bousculant pour être le plus près possible du berger, ils renversèrent la colonne, l'urne tomba et se brisa, et le soleil vit ce qui restait des ossements d'Orphée. Aussitôt, quand la nuit vint, le dieu fit tomber beaucoup de pluie du ciel et le fleuve Sus — un des torrents autour de l'Olympe s'appelle Sus[14] *— renversa les murs de Libethra, détruisant les temples des dieux et les demeures des hommes ainsi que tous les êtres vivants de la cité. Libethra ainsi détruite, les Macédoniens, selon le récit de mon hôte de Larissa, transportèrent les ossements d'Orphée chez eux*[15]. »

Ce long récit montre combien était vivant le mythe d'Orphée — encore au IIe siècle de notre ère —, et comment il s'intègre dans le passé légendaire des régions de Thrace, de Thessalie et de Macédoine. Pour terminer, le géographe fait allusion aux poèmes orphiques en disant :

« *Celui qui a étudié la poésie orphique sait que les hymnes d'Orphée sont chacun très courts et que l'ensemble ne fait pas un grand nombre. Les Lykomides les connaissent et les chantent dans leurs mystères*[16]. »

Ailleurs notre écrivain dit encore :

« *Quiconque a été initié à Éleusis ou a lu ce qu'on appelle les écrits orphiques, sait ce que je veux dire*[17]. »

Pausanias affirme donc nettement qu'il existait des mystères orphiques, analogues à ceux d'Éleusis, et que l'initiation se faisait par l'apprentissage de poèmes attribués à Orphée et dont nous reparlerons plus loin. Quant aux Lykomides, il s'agit d'une ancienne famille sacerdotale d'Attique

14. « *Sus* » signifie « porc » en grec.
15. IX, 30.
16. IX, 30.
17. I, 37, 4, cf. W.K.C. Guthrie, *Orphée et la religion grecque*, Paris, 1956, p. 20.

— mentionnée aussi par Plutarque[18] — qui assurait, semble-t-il les mystères de ce type dès le VIe siècle.

La partie la plus tardive de la légende d'Orphée paraît bien être celle qui a trait à son épouse, une nymphe thrace séduite par sa musique et qui aurait été tuée par un serpent[19]. L'interdiction faite à Orphée de se retourner avant d'avoir quitté les Enfers est en particulier une adjonction récente. En outre, selon certains récits, c'est après avoir perdu sa compagne pour la deuxième fois qu'il devint misogyne et refusa au sexe féminin l'initiation à ses mystères. Ce serait alors la raison pour laquelle les femmes thraces ont voulu se venger de lui. Eschyle fournit encore une autre version de la mort d'Orphée : selon lui, le chanteur aurait instauré sur le Mont Pangée un culte à Apollon solaire et Dionysos, jaloux, aurait envoyé ses Ménades pour le tuer et le déchiqueter[20].

L'origine même d'Orphée est controversée. Certains[21] font un rapprochement étymologique entre le nom du musicien légendaire et le mot « *orphos* » qui veut dire « esseulé », « isolé ». Des ermites de l'époque archaïque se seraient inventé un fondateur mystique et auraient créé de toutes pièces une légende autour de ce héros. Pour d'autres — et c'est l'hypothèse la plus répandue — Orphée serait un vieux dieu chthonien de la végétation en Thrace ou en Grèce du nord. Sa légende de poète, de chanteur, de théologien, plus ancien qu'Homère, se serait répandue peu à peu jusque dans les thiases d'Italie du sud, où il est honoré comme patron de groupes religieux soucieux d'eschatologie.

Homologue de Dionysos, il descend aux Enfers comme lui ; comme lui il périt déchiqueté, mais est doté d'une survie miraculeuse. C'est en effet autour du mythe de Dionysos que se bâtit le mysticisme orphique, ce qui n'empêche pas qu'on y honore aussi les autres dieux, en particulier Apollon.

18. *Them.*, 1.
19. Virgile, *Géorg.* IV, v. 453 et suiv.
20. Selon le Pseudo-Eratosthène ; cf. O. Kern, *Orphicorum fragmenta*, p. 33.
21. O. Kern, *Orpheus*, p. 20.

Qu'est-ce que l'Orphisme

Le courant religieux se référant à Orphée doit être analysé avec précaution car l'Orphisme archaïque, sans doute le plus authentique, n'a que peu de rapports avec celui de l'époque classique et le néo-Orphisme de la période hellénistique et romaine apparaît comme bien différent encore. Il ne s'est jamais agi d'une religion organisée[22] mais d'une communauté de doctrine partagée par des individus isolés ou de petits groupes et fondée autour d'un dogme de rédemption, qui se retrouve sous des aspects divers aux différentes époques de la secte.

L'Orphisme archaïque

Ce culte d'un « *Dionysos thrace séparatiste* »[23] adopté et adapté assez tôt se répand dans toute la Grèce.

Mais c'est Athènes qui semble avoir été au VIe siècle un des centres les plus importants de l'Orphisme. D'après Pausanias[24], une sorte de prophète du nom d'Onomacrite, qui vivait à la cour de Pisistrate, fonda « *le culte secret de Dionysos* »[25].

Le mouvement apparaît en effet dans un contexte religieux que nous avons déjà défini, où se développent de nouveaux rapports entre l'homme et la divinité par la recherche et l'entretien de contacts personnels. Cependant les courants dionysiaque et éleusinien manquent d'une théologie et d'une doctrine spirituelle solides. L'Orphisme vient y remédier. Sa théologie est relativement simple, fondée sur un seul dogme :

> « *Zeus voulait transmettre l'empire du monde à son fils Dionysos, mais les méchants Titans attirèrent l'enfant, le dépecèrent et consommèrent ses membres. Athéna sauva le cœur et l'apporta à Zeus ; de là naquit un Dionysos réin-*

---

22. Cf. L. Gernet, *Anthropologie de la Grèce antique*, Paris, 1968, p. 76.
23. Cf. E. Rohde, *Psyché*, p. 350.
24. VIII, 37, 5.
25. Cf. W.K.C. Guthrie, *Orphée et la religion grecque*, p. 20 et suiv.

carné. Zeus frappa les Titans de ses foudres et les réduisit en cendres ; de là naquirent les hommes[26]. »

Ceux-ci doivent expier leur faute originelle et ne peuvent être sauvés qu'à ce prix. C'est pourquoi il semble bien que la théorie — reprise et largement développée par Platon — de la pureté de l'âme et de l'impureté du corps, appartienne à l'Orphisme primitif. Elle explique le besoin de purification, l'ascétisme, l'abstinence et le végétarisme des adeptes de cette croyance. Elle apporte en outre une idée nouvelle, celle de la responsabilité individuelle et du jugement des hommes après leur mort, avec châtiment ou récompense — idée exposée aussi par Platon[27].

Le rôle d'Orphée dans ce mouvement est celui d'un guide : descendu aux Enfers, le héros est revenu parmi les vivants et a pu leur communiquer les moyens d'assurer à l'âme son salut et d'atteindre sans encombre le monde des Bienheureux.

Hérodote voit dans de telles croyances une influence égyptienne, notamment du culte d'Osiris, et aussi thrace à cause de la légende dionysiaque :

> « *Toutefois,* ajoute-t-il, *à propos des Égyptiens, ils n'introduisirent pas de vêtements de laine dans les sanctuaires et ils ne se font pas ensevelir avec ; la loi religieuse l'interdit. En cela ils sont d'accord avec les prescriptions des cultes qu'on appelle orphiques et bachiques, lesquels en réalité viennent d'Égypte, et avec celles de Pythagore ; à quiconque en effet participe à ces cultes mystiques, il est interdit également de se faire ensevelir dans des vêtements de laine. Il y a là-dessus une histoire sacrée qu'on raconte*[28]. »

Le témoignage de cet historien est important car il présente quelques-uns des interdits fondamentaux sur lesquels nous reviendrons et atteste l'existence d'une « histoire

---

26. M.P. Nilsson, *Les croy. rel. de la Grèce ant.*, p. 31 ; cf. Diodore, III, 62-64 et Pausanias VIII, 37, 5.
27. *Phédon*, 69 c-70 c.
28. II, 81.

sacrée » *(« ieros logos »)*, autrement dit d'une « Révélation » textuelle analogue à la Bible ou aux Évangiles.

Cette Révélation, que la légende attribue naturellement au fondateur, serait le fait du pythagoricien Cercops selon certains, d'Onomacrite pour beaucoup, qui aurait écrit des « *teletai* », c'est-à-dire des préceptes d'initiation et tiré du mythe de Dionysos-Zagreus cette doctrine de salut, en liaison étroite avec la politique religieuse des fils de Pisistrate ainsi qu'avec le courant pythagoricien qui se développe à la même époque en Grande-Grèce[29].

Les thiases dionysiaques en particulier sont tout prêts à accueillir une telle croyance, de même que les associations funéraires, dont les membres sont soucieux de s'assurer la meilleure survie possible. A cet égard, l'inscription de Cumes est fort intéressante. Elle date, nous l'avons dit[30] du Ve siècle et a été trouvée en Grande-Grèce :

> *« Nul ne peut être enterré en ce lieu s'il n'est devenu bacchos. »*

Cette dernière expression fait l'objet d'une controverse de traduction, car le verbe grec, par le temps et la voix employés, pourrait signifier simplement « adepte des rites dionysiaques » ou « saisi du délire bachique », mais R. Turcan[31] lui donne le sens plein de « devenu » (par l'ascèse et sa vie tout entière) un « bacchant » ou un « bacchos », donc une sorte de « saint » dionysiaque.

Nous comprenons alors mieux ce que Platon entend par *« mode de vie orphique » (orphicos bios)*[32], qui est le moyen d'atteindre cette sainteté, et le sens du vers, sans doute d'inspiration orphique, qu'il cite[33] :

---

29. Voir J. Hatzfeld, *Hist. de la Grèce ancienne*, pp. 111-112.
30. Cf. *supra*, p. 71.
31. Conférence au colloque sur les associations dionysiaques des 24-25 mai 1984 à l'École française de Rome, reprenant l'argumentation de W.K.C. Guthrie, *op. cit.*, pp. 227-228.
32. *Lois*, 782 e.
33. *Phédon*, 69 c.

> *« Nombreux sont les porteurs de thyrse et rares sont les bacchants. »*

Les « *porteurs de thyrse* », ce sont les adeptes ordinaires des mystères dionysiaques orgiastiques tandis que les « *bacchants* » sont ceux qui, loin de « faire la bacchanale », ont adopté le « mode de vie orphique ».

Quels témoignages avons-nous sur ce mode de vie orphique archaïque ?

Dans les *Grenouilles*, Aristophane fait dire à Eschyle :

> *« Orphée nous enseigna les mystères et à nous abstenir de meurtre*[34]. »

Platon, de son côté, évoque dans les *Lois*[35] l'histoire de l'humanité et la succession des âges végétarien et anthropophage, le premier représentant l'état d'innocence ayant précédé l'autre, en quelque sorte l'âge d'or :

> *« Que les hommes en immolent d'autres, c'est ce dont nous voyons jusqu'à aujourd'hui bien des survivances, à l'inverse on nous dit qu'ailleurs il fut un temps où nous n'osions même pas manger du bœuf, où l'on n'offrait pas aux dieux de sacrifices d'êtres vivants mais des gâteaux ou des fruits trempés dans le miel et d'autres sacrifices « purs » comme ceux-là, où l'on s'abstenait de viande dans l'idée qu'il était impie d'en manger ou de souiller les autels des dieux. La vie dite orphique était celle de l'humanité d'alors qui se rejetait sur tout ce qui n'a pas de vie et s'abstenait au contraire de tout ce qui a vie. »*

Nous voyons donc qu'en dehors de sa théologie et d'un culte à mystères, l'Orphisme exige un « mode de vie » dont les principes essentiels sont le végétarisme et le souci de pureté. L'abstinence de toute nourriture animale et l'interdiction de mettre à mort des animaux — fût-ce pour les sacrifices — s'explique sans doute par la croyance que tout être vivant peut être l'incarnation d'un élément divin. Le refus de manger de la viande peut être une façon de se

---

34. V. 1032.
35. 782 c.

rendre égal aux dieux qui se nourrissent seulement de la fumée des viandes brûlées lors des sacrifices[36]. En outre, en ce qui concerne plus particulièrement l'Orphisme, et sans doute aussi le Pythagorisme, il s'ajoute la nécessité de pratiquer une ascèse, d'affirmer par là la puissance de l'âme sur le corps. La frugalité est donc liée au végétarisme. Enfin on peut voir dans la condamnation du sacrifice animal sanglant une volonté délibérée de se mettre à l'écart de la vie civique et de la religion officielle par refus du « *cannibalisme légal* » fondé par les Titans[37]. C'est donc bien là un « sectarisme » caractérisé. En effet, pour les Grecs, la participation à la vie sociale passe par l'assistance aux sacrifices publics et le partage de la victime sacrificielle. Quiconque refuse cette « communion » s'exclut par là même de la communauté, s'offre à la réprobation des autres, se signale par son attitude jugée sacrilège. Le végétarisme dans un tel contexte va donc bien au-delà de la simple ascèse. L'Orphisme entreprend là aux VIe et Ve siècles une véritable révolution religieuse. Beaucoup de sectes modernes pratiquent le végétarisme pour des raisons écologiques ou autres, comme le « zen macrobiotique » dont R. Ikor stigmatise les excès[38]. Il apparaît que la privation de nourriture (ascèse) et la carence alimentaire (végétarisme) favorisent les manipulations mentales et les phénomènes hallucinatoires ou extatiques. Est-ce à dire que l'Orphisme utilisait son « mode de vie » dans ce but ? C'est peu probable.

Nous avons déjà mentionné le fragment des *Crétois* d'Euripide[39], dans lequel le chœur pourrait être formé de mystes orphiques affirmant hautement « *se garder de toute nourriture animale* ». Or il y a une contradiction, au moins apparente, entre un végétarisme aussi catégorique et l'omophagie, qui est l'un des traits fondamentaux de la religion dionysiaque. Le vers du même fragment faisant allusion à l'omophagie peut être traduit par « *après avoir mis fin aux*

---

36. Cf. M. Détienne, *La cuisine de Pythagore, Rev. Arch. de Soc. des rel.* 29, 1970, pp. 141-162 ; 1972, pp. 71-114 ; 1977, pp. 163-217 et M. Détienne et P. Verrant, *La cuisine du sacrifice en pays grec*, Paris, 1979, p. 13 et suiv.
37. *La cuisine du sacrifice...*, p. 15.
38. *Je porte plainte*, p. 30 et suiv.
39. Cf. *supra*, p. 77.

repas sanglants »[40], ce que nous avions rendu par « *ayant accompli les banquets de chair crue* ». L'Orphisme ne représente-t-il pas en effet une réaction à l'intérieur de la religion dionysiaque elle-même, une « Réforme » qui bannirait la sauvagerie de la dévoration d'un animal vivant en mémoire de la passion de Dionysos ? Seul demeurerait l'aspect spirituel de ce culte. Peut-être aussi pourrait-on penser que l'omophagie fait encore partie du rite initiatique mais que, celui-ci accompli, le myste s'abstenait désormais de toute chair animale par un dégoût bien compréhensible autant que par exigence spirituelle.

Un autre élément de pureté rituelle est présenté dans le chœur d'Euripide : « *sans avoir effleuré les sépulcres, absolument pur dans mon vêtement blanc* ». Toute souillure doit être évitée. C'est pourquoi on ne s'approchera pas d'un tombeau. Si l'on se rappelle l'interdiction — signalée par Hérodote — de porter un vêtement de laine (la laine est celle des moutons, or tout contact animal doit être évité), on constate encore que le souci de pureté et de purification est primordial. La pureté physique est symbole de la pureté morale de l'adepte.

De tels interdits et un tel mode de vie ne se conçoivent guère pour des individus isolés vivant au milieu de la société de l'époque. Ils sont certainement le fait de communautés qui se marginalisent par le comportement de leurs membres, refusent les attitudes sociales et religieuses traditionnelles et se mettent délibérément à l'écart. L'inscription de Cumes et le vers cité par Platon montrent bien qu'être « *bacchos* » ou « *bacchant* » n'est pas donné à tout le monde et qu'il vaut mieux rester, dans cette vie comme dans l'autre, entre initiés.

L'Orphisme à l'époque classique

Nous assistons donc au VIe siècle à l'éclosion d'une secte qui aurait pu — comme plus tard le Christianisme — devenir la grande religion grecque : elle fournissait une théologie et un dogme[41], une doctrine de salut individuel et

---

40. Cf. R. Pettazoni, *op. cit.*, p. 125.
41. Étudiés p. 117 et 118.

des préceptes concrets. Or, curieusement, après un vif succès, elle n'a pas réussi à s'imposer en face de la religion officielle.

Il faut dire qu'après les Guerres Médiques, le mouvement a été surtout représenté — et desservi — par les « orphéotélestes », prêtres ambulants qui se targuaient de connaître les choses de l'au-delà et les recettes pour obtenir le salut. Il n'y a en effet apparemment pas de clergé orphique organisé capable de maintenir et de transmettre le dogme originel. Il n'y a guère de structure non plus dans les communautés et cela permet à toutes sortes de charlatans de profiter de la crédulité populaire pour se faire de l'argent en vendant des formules magiques ou des amulettes propres à guider les gens dans l'au-delà.

Platon lui-même, imprégné de cette doctrine et dont toute l'eschatologie développe les idées de l'Orphisme primitif, est un adversaire farouche des « orphéotélestes » et autres « agyrtes ». Laissons-lui la parole :

> « *Des prêtres mendiants et des devins viennent à la porte des riches et les persuadent qu'ils ont obtenu des dieux par des sacrifices et des incantations le pouvoir de réparer au moyen de jeux et de fêtes les crimes qu'un homme ou ses ancêtres ont pu commettre. Veut-on faire du mal à un ennemi, ils s'engagent pour une légère rétribution à nuire à l'homme de bien tout comme au méchant par des évocations et des liens magiques car, à les entendre, ils persuadent les dieux de se mettre à leur service... Ils produisent d'autre part une foule de livres de Musée*[42] *et d'Orphée, fils de la lune et des Muses, dit-on. Ils règlent leurs sacrifices sur l'autorité de ces livres et font accroire non seulement aux particuliers, mais encore aux états qu'on peut par des sacrifices et des jeux divertissants être absous et purifié de son crime, soit de son vivant, soit même après sa mort. Ils appellent initiation ces cérémonies qui nous délivrent des maux de l'autre monde...*[43]. »

Le texte est très clair. Parmi les prêtres purificateurs,

---

42. Musée est le doublet attique d'Orphée auquel on attribue quelquefois l'introduction des mystères d'Éleusis et l'invention de l'hexamètre dactylique. Musicien et devin, il passait aussi pour guérir les maladies.

43. *République*, 364 b-365 a.

dont certains étaient sans doute des adeptes sincères de l'Orphisme, il s'est trouvé au Vᵉ siècle des charlatans pour se livrer à une sorte de trafic d'« indulgences », à une « simonie ». Les « jeux » auxquels Platon fait allusion pourraient bien désigner le drame mystique que comportait l'initiation et qui montrait peut-être les jouets dont se seraient servis les Titans pour tromper l'enfant Dionysos, notamment la toupie, si l'on en croit Clément d'Alexandrie[44] et le « *rhombos* », souvent cité dans les hymnes[45].

Euripide, dont nous avons vu qu'il semble favorable à la doctrine orphique, vante, dans le *Rhésos*, pièce qui lui est attribuée, les mérites d'Orphée :

> « *Mes sœurs Muses et moi honorons particulièrement cette cité* (il s'agit d'Athènes). *Les cérémonies et les mystères lui ont été révélés par Orphée, le cousin de ce mort* (Rhésos, qui a été tué, est le cousin d'Orphée)[46]. »

Pourtant l'auteur tragique, en faisant de son Hippolyte, dans la pièce du même nom, un martyr de cette religion, montre bien la mauvaise réputation attachée à ses préceptes et à ses adeptes. Le jeune homme est en effet, à cause de son ascétisme et de son souci de pureté, l'objet de quolibets de la part de son père Thésée :

> « *Avec ton régime végétarien, fais étalage de ta nourriture ; sous la direction d'Orphée, joue l'inspiré, tiens en honneur la fumée de tous ces grimoires : te voilà pris. Les gens de cette espèce, qu'on les fuie ! je le crie à tous. Ils vont en chasse avec d'imposantes paroles, et c'est l'infamie qu'ils machinent*[47]. »

Thésée reprend à l'encontre de son fils les accusations portées par Platon et l'opinion populaire de l'époque. Les déviations, qui lui paraissent aberrantes et scandaleuses de cette secte, donnent à notre père de famille les accents d'un

---

44. Cf. *supra*, p. 77 et *Protreptique*, II, 17, 2.
45. *Orphica*, frag. 31 et 34.
46. V. 941 et suiv.
47. *Hippolyte*, v. 952 et suiv.

Roger Ikor...[48] s'en prenant aux sectes qui détournent les enfants de leurs parents. Pourtant Euripide, semble prendre la défense de la véritable doctrine orphique en insistant sur sa valeur morale. Hippolyte est selon lui un vrai mystique ; il a été initié jusqu'au plus haut degré à Éleusis (« *Il était venu contempler les célébrations des augustes mystères sur la terre de Pandion* »[49]) ; il s'est voué à Artémis, la déesse vierge et pousse la pureté jusqu'à la chasteté absolue : « *C'est moi l'austère adorateur des dieux, moi qui surpassais en vertu tous les autres* »[50], dit-il lui-même après avoir été blessé à mort et Artémis vient révéler à Thésée la tromperie de Phèdre et affirmer : « *Je viens en ton fils montrer une âme juste* »[51]. » Pour l'auteur tragique donc, l'Orphisme authentique est une religion tout à fait respectable. L'héroïsme de ses adeptes peut aller jusqu'au martyre.

A l'époque classique, le « mode de vie orphique » véritable n'est plus guère pratiqué que par de rares mystiques, tandis que l'essentiel de la doctrine a été dégradé au point d'être fréquemment raillé, par les auteurs comiques en particulier. Les « *Teletai* », ces poèmes attribués au fondateur de la secte, apparaissent comme une série de formules à réciter afin de s'assurer contre les périls d'ici-bas et surtout de l'au-delà. Les orphéotélestes sont consultés par les superstitieux, comme celui de Théophraste[52] qui « *chaque mois, pour renouveler son initiation, va trouver les prêtres orphiques, en compagnie de sa femme (ou si elle n'est pas libre, de la nourrice) et de ses enfants* ». De même Plutarque, qui pourtant confie à ses amis : « *Mes compagnons me soupçonnèrent d'être lié aux croyances orphiques* »[53], n'hésite pas à rapporter qu'un roi lacédémonien du Ve siècle « *s'entretient avec un orphéotéleste qui lui dit que les initiés par lui auront le bonheur après la mort. Le roi regarde les*

48. Cf. *La tête du poisson*, p. 45 et *Je porte plainte*, en partic. p. 20 et suiv.
49. V. 25.
50. V. 1364-1365.
51. V. 1298.
52. *Caractères*, XVI, 11.
53. *Propos de Table*, II, 3, 1.

haillons du prêtre et lui réplique : "Pourquoi ne meurs-tu pas en vitesse pour ne plus être misérable ?" »[54].

Nous penserions volontiers qu'il faut voir encore une parodie d'initiation orphique dans la pièce d'Aristophane, *les Nuées*, dans laquelle le poète met en scène Socrate, qu'il qualifie de « *prêtre* »[55], accueillant un candidat à l'initiation, le vieillard Strepsiade : « *Veux-tu connaître les choses divines clairement et savoir ce qu'elles sont au juste ?* »[56]. Un peu plus loin le pseudo-orphéotéleste ajoute : « *Tout cela, nous le faisons à ceux qui se font initier*[57]. » Ce terme est sans ambiguïté. Comme la pièce ne peut être une parodie des mystères d'Éleusis — ce serait considéré comme sacrilège en 423, peu avant le procès d'Alcibiade[58] —, on s'est demandé s'il ne s'agissait pas des mystères orphiques, si mal considérés par les contemporains et confondus souvent avec les autres cultes à mystères d'origine étrangère, que nous avons étudiés précédemment. Continuons à suivre la scène : Strepsiade doit s'asseoir sur « *le grabat sacré* »[59], comme dans la plupart des initiations et recevoir une couronne[60].

L'initiant dans certains bas-reliefs a la tête voilée. Aristophane fait précisément dire à Strepsiade, avant l'apparition des Nuées, divinités nouvelles de la secte créée par Socrate : « *Que je me sois auparavant enveloppé de ceci* »[61], même s'il ajoute naïvement : « *pour ne pas être trempé* ».

Le vieillard a aussi été enduit d'une poudre non précisée[62] qui, certes, peut faire penser à la boue et au son utilisés dans les initiations du culte de Sabazios[63], mais aussi à un détail du mythe orphique concernant la mort du petit Dionysos : les Titans se seraient poudrés pour se déguiser afin de l'approcher. L'initié participe peut-être au drame

---

54. *Apophtegmes laconiques*, 224 e.
55. V. 359.
56. V. 250-251.
57. V. 258.
58. Voir p. 89 et suiv.
59. V. 254.
60. V. 256.
61. V. 267.
62. V. 262.
63. Voir *supra*, p. 82.

mystique en assumant le rôle de son ancêtre afin de mieux expier ensuite la faute originelle.

Le chant de Socrate aux Nuées pourrait bien être une parodie d'hymne orphique :

> « *Il faut que le vieillard se recueille et prête l'oreille à la prière. Ô maître souverain, Air infini, qui soutiens la terre suspendue dans l'espace, brillant Éther... Levez-vous, apparaissez au penseur du haut des airs*[64]. »

On peut en effet rapprocher ce texte d'un extrait de Clément d'Alexandrie qui rapporte un hymne orphique :

> « *Maître de l'éther et de l'Hadès... toi qui mets en mouvement les vents et couvres tout de tes nuages... Viens, toi le plus grand des dieux... viens, redoutable, invincible, grand, incorruptible, toi que l'éther entoure de toutes parts*[65]. »

Les Nuées apparaissent enfin et promettent à Strepsiade : « *Tout le temps, tu mèneras avec moi la vie la plus enviable du monde*[66]. » Cet épisode pourrait être l'« époptie » rituelle[67] après laquelle il ne reste plus au myste qu'à pénétrer dans l'antre[68]. Cette descente est une sorte de répétition du voyage de l'âme après la mort, afin d'en reconnaître le chemin, thème qui sera — comme nous le verrons — largement développé par l'Orphisme ultérieur.

En outre Strepsiade doit entrer nu : « *Dépose ton manteau... il est de règle d'entrer déshabillé* »[69], et demande un « *gâteau de miel* »[70] comme le comportent la plupart des rites initiatiques.

---

64. V. 263-266.
65. *Strômates*, V.
66. V. 463-4.
67. Cf. *supra* à propos d'Éleusis p. 23 ; la contemplation mystique est le stade le plus élevé de l'initiation.
68. V. 508 et Aristophane fait explicitement une comparaison avec l'oracle de Trophonios, décrit par Pausanias en ces termes (VIII, 10, 2) : « *Qui veut consulter l'oracle doit descendre sous terre, boire l'eau du Léthé, puis de Mémoire, en ressortant.* »
69. V. 497-8. Cf. planche IV.
70. V. 506.

Tous ces éléments sont peut-être une collection fantaisiste réunie par Aristophane pour tourner en dérision les cultes à mystères inférieurs et le personnage de Socrate, mais il paraît plus vraisemblable qu'il s'agit de rites précis empruntés aux mystères qui menaçaient le plus la religion officielle pour les raisons que nous avons dites. Aristophane défend la tradition et la religion d'État. Socrate était dangereux à bien des égards. Ses idées philosophiques — telles que les expose Platon — sont fortement teintées d'Orphisme. De là à faire de lui — pour l'amusement des spectateurs — un orphéotéleste de la pire espèce, il n'y a qu'un pas, allègrement franchi par l'auteur comique.

L'Orphisme glorieux, qui « *représente la synthèse des courants et ferments religieux multiples de l'époque archaïque* »[71], a échoué dans sa tentative originale consistant à « *faire de l'individu dans ses rapports avec la faute et l'expiation le centre de la religion* »[72] car elle ne pouvait être accessible à tout le monde : « *L'Orphisme devait rester une secte et ses pensées religieuses, profondes mais vêtues d'une enveloppe grotesque, ne pouvaient être comprises que par les esprits supérieurs* »[73], Hippolyte chez Euripide, le véritable Socrate ou Platon lui-même. « *Il devint une secte méprisée dans les couches populaires où il survécut péniblement jusqu'à une nouvelle transformation, lorsque la domination de l'esprit grec fut brisée après cinq cents ans*[74]. »

L'Orphisme à l'époque hellénistique et romaine

Les lamelles d'or

On a trouvé en Grande-Grèce et en Crète des lamelles d'or[75] porteuses d'inscriptions particulièrement intéressantes pour la doctrine sotériologique de l'Orphisme tardif. Elles attestent en outre qu'aux IVe et IIIe siècles avant J.-C.

71. M.P. Nilsson, *Les croy. rel. de la Gr. ant.*, pp. 36-37.
72. *Ibid.*
73. *Ibid.*
74. *Ibid.*
75. M. Comparetti, *Laminette orfiche*, Florence, 1910, et O. Kern, *Orphicorum fragmenta*, p. 104 et suiv. ; cf. P. Foucart, *Les Mystères d'Éleusis*, pp. 426-429.

l'Orphisme est toujours vivant, même s'il est fortement influencé par le Pythagorisme et les cultes orientaux dans le syncrétisme caractéristique de cette époque.

Il faut noter que le texte de ces lamelles, fort ésotérique, témoigne d'une origine commune évidente, à savoir la doctrine mystique connue de tous les adeptes. Leurs recherches du salut spirituel poussent ceux-ci à déposer auprès de leurs morts les formules propres à guider le voyage des âmes. Que ce soit à Petelia ou à Thurii en Italie du sud ou à Eleutherna en Crète, on retrouve des formules analogues.

Ainsi, à Thurii, l'inscription mentionne :

> « *J'ai subi le châtiment que méritaient mes actions injustes. Que la destinée m'ait abattu ou que ce soient les dieux immortels... Je viens d'une communauté de purs, ô pure souveraine des enfers, Euclès* (c'est-à-dire Hadès), *Eubouleus* (c'est-à-dire Zeus) *et vous autres, dieux immortels. Car je me flatte d'appartenir à votre race bienheureuse...*
>
> *J'ai bondi du cycle des lourdes peines et des douleurs et je me suis élancé d'un pied prompt vers la couronne désirée. Je me suis réfugié sous le sein de la Dame, reine des enfers. Et maintenant, je viens en suppliant auprès de la resplendissante Perséphone, pour que dans sa bienveillance, elle m'envoie au séjour des Saints...". "Salut à toi, qui es devenu dieu de mortel que tu étais", répond la déesse, et l'initié réplique à son tour : "Chevreau, je suis tombé dans le lait".* »

Selon la doctrine orphique, l'âme, emprisonnée dans le corps, parvient par l'ascétisme et l'initiation à sortir du cycle des réincarnations successives et, enfin purifiée, à gagner le séjour des Bienheureux.

L'inscription d'Eleutherna, du IIe ou du Ier siècle avant J.-C., porte :

> « *Je suis consumé par la soif et je meurs ; mais donnez-moi à boire de la source qui coule sans tarir, à droite, là où est un cyprès — Qui es-tu ? d'où es-tu ? — Je suis fils de la Terre et du Ciel étoilé.* »

Un tel rituel indique la route à suivre, les paroles à dire[76].

Très semblable et plus explicite encore est le contenu de la lamelle trouvée à Petelia :

> « *Tu trouveras sur la gauche des demeures d'Hadès une fontaine et auprès d'elle un cyprès blanc. Garde-toi de t'approcher de cette fontaine. Tu en trouveras une autre qui, du lac de Mémoire, fait couler une eau fraîche. Devant se trouvent des gardes. Tu diras : "Je suis fils de la Terre et du Ciel étoilé. En conséquence, j'appartiens à la race céleste. Je suis desséché par la soif et je péris ; donnez-moi bien vite de l'eau qui coule du lac de Mémoire." Et eux te donneront à boire de la fontaine divine. Et aussitôt après tu régneras avec les autres héros.* »

Ces lamelles sont assurément des amulettes suspendues au cou des défunts, écrites dans un langage compris seulement des initiés. Les tombes dans lesquelles elles ont été trouvées ne comportent aucun autre mobilier funéraire et le nom du mort n'est même pas mentionné. Enseveli sans doute à l'écart des autres hommes, comme en témoigne l'inscription de Cumes, l'adepte de l'Orphisme emporte sur lui uniquement l'aide-mémoire indispensable pour échapper aux derniers périls. Le rapprochement de ces textes avec le grand mythe de Platon sur le voyage des âmes[77] éclaire plusieurs de ces formules. Cependant « *chevreau, je suis tombé dans le lait* » laisse perplexes les savants. Faut-il voir dans ce lait le symbole évident de pureté, un des éléments du culte dionysiaque, ou le rappel d'une des étapes de l'initiation orphique (peut-être une purification par le lait) ?

Une inscription de Smyrne, datée du IIe siècle avant J.-C., provenant sans doute d'un sanctuaire de Dionysos, révèle quelques aspects concrets de la vie d'une de ces sectes et de ses rites[78].

La première exigence notée est, comme l'on peut s'y

---

76. P. Foucart a rapproché ces formules de celles du *Livre des Morts* égyptien (*Les mystères d'Éleusis*, pp. 429-430).

77. *Phédon*, 113 d et suiv.

78. « Inschriften aus Smyrna », *Anzeiger d. Österreich. Akad. Wien*, XC 1953, p. 16 n° 1.

attendre, celle de purification et l'éloignement du sanctuaire pour les impurs — deux exemples notoires d'impureté sont mentionnées : les femmes qui ont avorté et ceux qui ont exposé un enfant (il faut croire que ces deux cas étaient fréquents !). Ensuite l'inscription prescrit de ne pas approcher de l'autel en vêtements noirs, signes de deuil. Pour le sacrifice, elle recommande de brûler entièrement le cœur de la victime sur l'autel.

Après le sacrifice, les agapes rituelles se font dans de la vaisselle consacrée et se composent de mets sacrés. Un interdit habituel est mentionné : l'œuf. En effet chez les Orphiques, comme chez les Pythagoriciens[79], l'œuf a une valeur symbolique rapportée par Plutarque : « *Dans les rites de Dionysos, l'œuf est consacré comme un symbole de ce qu'il produit tout et contient tout en lui-même*[80]. » Après le banquet, il y avait un « drame sacré » représentant sans doute le crime des Titans et invitant les initiés à en méditer les leçons.

Cette secte réunissait donc régulièrement ses fidèles dans une chapelle où se déroulaient sacrifice, banquet et représentation mystique. L'inscription rappelait les points essentiels du règlement intérieur.

Plus tard encore, vers l'ère chrétienne, apparaissent les écrits orphiques, les *Argonautiques* et les *Hymnes*, produits des spéculations philosophico-religieuses de groupes d'inspiration néo-platonicienne et néo-pythagoricienne. Le syncrétisme y est évident et nous avons mentionné certains de ces hymnes à propos d'autres cultes. Brodant sans doute à partir de trames très anciennes — voire archaïques — les auteurs appartiennent peut-être à une communauté particulière de Pergame, déployant son activité au cours des IIe et IIIe siècles de notre ère. Ses membres s'appellent eux-mêmes « boukoloi » et « orgiophantes » et pourraient être adeptes d'un culte dionysiaque, très teinté d'orientalisme et préoccupé d'eschatologie. Nous avons cité plus haut un extrait rapporté par Clément d'Alexandrie[81]. C'est à un autre ecclé-

79. Diogène Laërce, VIII, 33.
80. *Propos de Table*, 636 E.
81. Cf. p. 76.

siastique, du IVe siècle, Eusèbe de Césarée que nous devons ce passage :

> « *J'adresserai mes paroles à ceux qui ont droit à cette révélation. Et vous, les non-initiés, fermez vos oreilles et fuyez. Toi, cependant, écoute, Musée, fils de la lune brillante. Je vais te révéler la vérité et puissent les pensées précédemment admises dans ton cœur ne pas te priver de la vie précieuse. Regarde le verbe divin et prends la première place... contemple le seul créateur du Monde, celui qui ne subit pas la mort... Seul il est parfait et c'est par lui que tout s'achève... Ô fils, approche-toi en esprit et laisse pénétrer dans ton cœur la révélation*[82]. »

La dimension mystique est évidente. L'invitation à la méditation, à la contemplation intérieure d'une divinité unique et toute-puissante, donnent à l'Orphisme une profondeur jamais atteinte par les mouvements religieux étudiés jusqu'ici.

Dès l'époque archaïque et encore dans ses prolongements les plus récents, l'Orphisme offrait à ceux qui pouvaient le comprendre un dogme de salut. La foi en ce dogme permettait une conversion marquée par l'initiation et un mode de vie particulier, seuls moyens d'atteindre ce salut.

Tous ces éléments que l'on retrouve dans le Christianisme n'existent nulle part dans la religion officielle. Ils ne peuvent se développer que dans des sociétés marginales et en dehors du cadre de l'État, voire contre lui, du fait de leur caractère universel. Le salut s'adresse à tous, Athéniens et métèques, Grecs et barbares, s'ils s'en montrent dignes. L'originalité de l'Orphisme par rapport au mysticisme éleusinien et à la plupart des cultes à mystères est là : l'individu est personnellement responsable de son au-delà. La Fatalité, si fréquemment évoquée dans les tragédies est dépassée, intériorisée, assumée.

Avec l'Orphisme on trouve beaucoup d'aspects de certaines sectes modernes — la scientologie par exemple — : une assise religieuse forte, un mode de vie très strict, une

82. *Prepar. évang.* XIII. On trouve un texte à peu près identique chez Justin *(Apologie)* datant du IIe siècle.

fraternité entre les membres. Théologie, morale et spiritualité se trouvent réunies, mais ne parviennent pas à s'imposer, peut-être à cause de leur exigence, peut-être aussi du fait que ce mouvement — contrairement au Christianisme — n'était pas soutenu par un clergé solide et dynamique.

Cependant, même si les Orphiques sont raillés, même si Hippolyte est persécuté au théâtre, le mouvement n'a pas fait l'objet de poursuites ni de la part de l'État, ni de la part du clergé officiel. L'Orphisme représente l'un des plus forts courants marginaux que nous ayons pu observer jusqu'ici, et dont l'essentiel sera repris par le Pythagorisme.

L'Orphisme peut-il être qualifié de « secte » ?

> « ... *Ceux qui suivaient cette doctrine et qui y croyaient devaient fatalement se considérer comme une élite et regarder le reste de l'humanité comme étant dans les ténèbres extérieures. C'est bien là une des caractéristiques des sectes...*[83]. »

De fait :

> « *Ils constituaient une minorité religieuse qui avait un message à communiquer au reste de l'humanité... Leur langage et quelques-unes de leurs conceptions frappèrent parfois l'esprit des philosophes ou des poètes, mais en général l'évangile qu'ils prêchaient avec tant d'enthousiasme et de confiance était une voix dans le désert ; les esprits n'étaient pas encore mûrs pour le recevoir*[84]. »

Seuls les premiers chrétiens reprirent de nombreux thèmes orphiques, saisis par les étranges ressemblances entre ce culte et le Christianisme. L'ornementation des Catacombes fait une large place au chanteur thrace et une amulette représente même une crucifixion avec l'inscription : « *Orpheus Bacchikos* », marque d'un curieux syncrétisme orphico-chrétien[85].

---

83. W.K.C. Guthrie, *op. cit.*, p. 227.
84. *Ibid.*, p. 264.
85. Au musée de Berlin, commentée par R.S. Conway, *Bull. John Rylands,* 1933, p. 89. Cf. W.K.C. Guthrie, *op. cit.*, p. 295.

LE PYTHAGORISME

A peine plus tard que l'Orphisme et, comme nous l'avons vu, en étroite liaison avec ce mouvement, se développe en Grande Grèce un courant philosophico-religieux dont le fondateur, s'il est moins légendaire qu'Orphée, est lui aussi entouré d'une aura soigneusement entretenue par ses disciples dès le VIe siècle avant J.-C. et jusqu'aux premiers siècles de notre ère.

Nous intéressant à l'aspect religieux du mouvement, nous laisserons de côté les problèmes spécifiquement philosophiques et scientifiques. Nous n'étudierons le Pythagorisme et le Néopythagorisme que comme secte religieuse, bien que ce soit certainement comme école de philosophie qu'elle a eu la plus grande influence sur la pensée antique païenne et chrétienne. Nous verrons cependant que les croyances religieuses sont liées aux découvertes scientifiques et aux recherches philosophiques.

Pythagore, « grand initié »[86]

Sources

Bien connu des mathématiciens modernes, ce personnage ne laisse pas d'être étrange. Nous ne savons presque rien de source sûre en ce qui concerne sa vie. Cependant, dès le Ve siècle, les légendes les plus extraordinaires circulent à son sujet et certains savants ont même pensé qu'il n'avait jamais existé et que, comme c'est peut-être le cas pour Orphée, des associations scientifico-religieuses se seraient ainsi inventé un fondateur. Cette hypothèse est peu probable, étant donné la multiplicité des témoignages, même s'ils sont épars et de qualité diverse, que nous possédons sur lui.

Les plus anciens remontent sans doute à l'époque même de Pythagore, c'est-à-dire au VIe siècle. Ce sont par exemple des attaques de philosophes comme Héraclite[87] ou Xéno-

86. Cf. A. Schuré, *Les grands initiés,* livre VI, Paris, 1923.
87. Héraclite d'Éphèse est un philosophe de la fin du VIe siècle.

phane[88]. Ce sont ensuite les références d'Hérodote, pour qui Pythagore *« n'était pas le moindre en sagesse parmi les Grecs »*[89]. Ce sont encore, un peu plus tard, les allusions de Platon, tant au personnage qu'à la doctrine de ce remarquable pédagogue *« qui fut extraordinairement aimé pour cela et dont les sectateurs suivent encore aujourd'hui un régime de vie qu'ils appellent pythagorique, qui les distingue des autres hommes »*[90]. Si Aristote parle plus souvent des « Pythagoriciens » que de Pythagore lui-même, c'est que la vie personnelle du Maître l'intéresse moins que les théories développées par les disciples. Or le philosophe du Lycée consacra aux Pythagoriciens plusieurs ouvrages malheureusement perdus et fait la part belle à cette école dans sa *Métaphysique* et sa *Physique*. C'est d'ailleurs à deux de ses élèves, Aristoxène de Tarente et Dicéarque de Messénie, que nous devons les premières « Vies » de Pythagore, dont il ne reste que quelques fragments mais qui serviront de base aux biographes postérieurs, fleurissant dans le cadre du Néopythagorisme des premiers siècles de notre ère, avec notamment Apollonius de Tyane[91], Diogène Laërce[92], Porphyre[93] et Jamblique[94]. En outre, nous trouvons, éparses dans toute la littérature morale et philosophique grecque et latine, de très nombreuses allusions au Pythagorisme et à Pythagore lui-même.

Celui-ci, selon certaines traditions, n'aurait rien écrit puisque, comme nous le verrons, le secret était de rigueur dans son école. On peut cependant, en se fondant sur d'autres sources, même si rien ne nous est parvenu directement, reconstituer en partie son œuvre. Outre un *« hieros logos »*, « discours sacré » (ou plusieurs), analogue à celui attribué à Orphée, on va jusqu'à mettre sous le nom de Pythagore plusieurs traités religieux ou scientifiques, certai-

---

88. Xénophane de Colophon, arrivé en Grande Grèce au milieu du VIe siècle, suivit sans doute les leçons du Maître.

89. IV, 95.

90. *République*, X, 600 a-b.

91. Auteur du Ier siècle après J.-C.

92. Auteur des *Vies, doctrines et sentences des philosophes illustres*, du IIIe siècle.

93. Philosophe de Tyr de la fin du IIIe siècle.

94. Philosophe de Chalcis, disciple du précédent. Sa *Vie de Pythagore* reprend et complète celle de son maître.

nement bien postérieurs au fondateur de la secte[95]. En plus des biographies bien postérieures, nous disposons de ce qu'on appelle les « Vers d'or », compilation maladroite et, elle aussi, tardive (milieu du IIIe siècle après J.-C.) de citations certainement archaïques[96].

Sa vie

Il est à peu près certain que Pythagore est originaire de Samos et fils d'un certain Mnésarque. Il naquit sans doute dans la première moitié du VIe siècle, sous la tyrannie de Polycrate.

Les biographes s'accordent pour lui attribuer des voyages extraordinaires qui l'auraient conduit dans tous les hauts lieux religieux de l'époque, la Chaldée, la Perse, l'Égypte en particulier. Il est probable en effet que le jeune homme a parcouru le bassin méditerranéen, soit en compagnie de son père — négociant en bijoux d'après la tradition —, soit seul, à la recherche de la sagesse[97]. Un séjour en Égypte est loin d'être invraisemblable. Hérodote y fait peut-être allusion[98]. Il y avait en effet des liens privilégiés entre Polycrate et Amasis, pharaon d'Égypte. C'est là que Pythagore se serait fait initier à la religion et aux sciences égyptiennes, mathématiques et astronomie. Selon Jamblique, il aurait ensuite été emmené en esclavage à Babylone par Cambyse, roi perse qui envahit l'Égypte. Cela aurait été pour lui alors l'occasion de s'initier aux religions chaldéennes et peut-être à la réforme mazdéenne de Zarathoustra[99], dont il est contemporain.

Rentré à Samos, il aurait voulu échapper à la tyrannie

95. Cf. A. Delatte, *Étude sur la littérature pythagoricienne*, Paris, 1915, chap. 1 et 2.

96. *Ibid.*, chap. 3 p. 45 et suiv.

97. Voir à ce propos le livre passionnant de J.-C. Frère, *Pythagore, l'initié de Samos*, Paris, 1974.

98. A propos de l'origine égyptienne des théories orphiques et pythagoriciennes, II, 81.

99. Ce réformateur religieux iranien (VIIe-VIe s.), sans doute auteur d'une partie de l'*Avesta*, tenta de remplacer les croyances dualistes de la religion mazdéenne par un monothéisme analogue à celui du Judaïsme. Cf. *infra*, p. 287.

de Polycrate[100], ou aurait été exilé par lui, à moins que déjà sa cité ne fût tombée sous la domination perse. Toujours est-il que c'est vers la Grande-Grèce qu'il chercha refuge et que Crotone, déjà célèbre par son école de médecine[101] et la protection qu'elle accordait aux lettres et aux sciences, l'accueillit avec enthousiasme. On vit en lui un envoyé d'Apollon, le dieu tutélaire de la cité. Par la suite, on crut même voir en lui la réincarnation d'Apollon hyperboréen[102]. On lui attribua toutes sortes de dons miraculeux, en particulier celui d'ubiquité[103]. Il charmait, dit-on, les animaux et débarrassa les habitants de Daunia d'une ourse anthropophage en l'apprivoisant et en la rendant végétarienne[104]. Il avait aussi le don de voyance et prédit un jour à un pêcheur le nombre de poissons qu'il rapporterait[105]. Il communiquait avec les éléments et, un jour, à un salut de sa part, un fleuve répondit : « Joie à toi, Pythagore »[106]. Sa divinisation et sa réputation de thaumaturge sont à rattacher à tout le mouvement apollinien primitif que l'on trouve en Ionie comme en Grande Grèce, avec des personnages comme Abaris, prêtre hyperboréen d'Apollon[107]. Celui-ci aurait été un magicien qui ne mangeait jamais et se transportait à travers le monde sur une flèche donnée par le dieu. Pythagore lui aurait enlevé cette flèche. Un autre personnage fabuleux présente une légende analogue, liée elle aussi à Apollon : Aristée, magicien scythe, ressuscita et réapparut deux cent quarante ans après sa seconde mort, à Métaponte (ville où mourut Pythagore), pour inviter les habitants de la cité à dresser un autel au dieu et une statue de sa propre personne[108]. Zalmoxis, autre thaumaturge apollinien, aurait été le serviteur de Pythagore et aurait contribué à sa divinisation[109]. D'aucuns ont même indiqué une parenté entre le

---

100. Porphyre, *Vie...* § 9.
101. Hérodote III, 131, avec notamment le médecin Démocédès.
102. Selon la légende, Apollon avant de s'installer à Delphes, aurait séjourné un an chez les peuples du Nord qui lui vouèrent un culte spécial.
103. Porphyre, *Vie de Pythagore*, § 27.
104. *Ibid.*, § 23.
105. *Ibid.*, § 25.
106. *Ibid.*, § 27.
107. *Ibid.*, § 28 cf. Jamblique, *Vie...* § 91-92 et 135.
108. Hérodote, IV, 13-15.
109. Hérodote, IV, 13 et 94-95, cf. frag. 186, 1510 b, 20.

nom de Pythagore et celui d'Apollon pythien[110] et assuré que le philosophe avait été initié à la religion apollinienne et investi de sa mission par la Pythie Themistoclée[111]. En outre il prétendait lui-même être la réincarnation du héros homérique Euphorbe et d'un pêcheur de Délos[112]. Comme Orphée, il passait pour guérir les maladies de l'âme et du corps[113] et charmer toutes les créatures par ses chants[114]. Tout ce fatras de renseignements contradictoires et maintes fois invraisemblables montre cependant le désir de disciples ultérieurs d'attribuer au fondateur une inspiration divine et de donner plus de poids à sa Révélation. C'est pourquoi il est bien souvent difficile de démêler ce qui a des chances d'être historique ou du moins ancien.

Fondation de l'Ordre

C'est dès son arrivée à Crotone que, selon Porphyre et Jamblique, Pythagore fonde une première communauté. Porphyre, dont nous verrons plus loin les convictions pythagoriciennes, le rapporte avec de nombreux détails[115] :

> « *Après avoir enthousiasmé le conseil des Anciens par nombre de beaux discours, il adressa encore aux jeunes, sur l'ordre des magistrats, des exhortations adaptées à leur âge, puis il s'adressa aux enfants, rassemblés nombreux des écoles, ensuite aux femmes, et une association de femmes se constitua pour lui. Tout cela lui valut une grande renommée qui lui attira beaucoup d'adeptes de la cité même, non seulement des femmes, mais aussi des hommes... beaucoup aussi des pays barbares du voisinage, rois et dynastes...*[116]. »

L'originalité de cette communauté apparaît dès l'abord, même si l'influence de l'Orphisme y est importante : ce ne semble être au départ ni une école scientifique — comme il

---

110. Diogène Laërce, VIII, 21.
111. Diogène Laërce, VIII, 21, 8, appelée Aristoclée par Porphyre, § 41.
112. Diogène Laërce, VIII, 4, 5.
113. Porphyre, *op. cit.*, § 33.
114. Porphyre, *op. cit.*, § 30.
115. Empruntés à ses sources, Aristoxène et Nicomaque de Gérasa, philosophe du IIe siècle après J.-C.
116. *Vie...* § 19.

y en eut tant à la même époque à Milet, à Cos et à Crotone même — ou philosophique, ni un parti politique, ni une association cultuelle analogue à celles que nous avons étudiées, mais une sorte de fraternité religieuse, d'Ordre rassemblant hommes et femmes, jeunes et vieux, autour d'un personnage au magnétisme extraordinaire et aux idées attirantes :

> « *Nul ne le quittait pour rentrer chez soi ; avec femmes et enfants, les hommes établirent un vaste lieu de réunion... reçurent de Pythagore lois et préceptes comme des monitions divines et ne s'en écartèrent en aucune de leurs actions*[117]. »

Nicomaque rapporte que, dès le premier jour, Pythagore convertit deux mille personnes. En faisant la part de l'exagération, on peut tout de même penser que les Crotoniates suivirent nombreux les préceptes du Maître et que, dès le début, s'organisa une communauté, appelée « hétairie » ou « synédrion » qui compta, du vivant du Maître, jusqu'à trois cents membres, appelés « ésotériques », c'est-à-dire de « l'intérieur », auxquels s'ajoutèrent un grand nombre d'adeptes « exotériques », c'est-à-dire « venant de l'extérieur », qui suivaient les leçons de Pythagore mais ne vivaient pas au sein de la communauté et continuaient de mener leurs activités politiques, commerciales et familiales.

Comme nous le verrons, la conversion proposée par Pythagore engage l'individu tout entier dans une recherche de la Vérité, de la Sagesse. Dans cette Grande-Grèce en pleine expansion, le luxe et la facilité de vie conduisaient à la débauche : la cité voisine et rivale de Crotone, Sybaris, était connue pour le relâchement de ses mœurs. Pythagore, envoyé d'Apollon, est venu inviter les Crotoniates à un changement de vie : austérité, pratique de la vertu et recherches scientifiques font parties du programme, car la formation la plus complète est exigée des adeptes, autant que l'ascèse physique, l'une et l'autre facilitées par la vie communautaire.

117. *Vie...* § 20.

Le Noviciat

N'était pas adepte qui veut ! Comme pour toutes les religions à mystères, une initiation était nécessaire. Pour être admis dans l'Ordre pythagoricien, le candidat devait être mis à l'épreuve, d'abord au milieu des autres, au Gymnase ou dans la discussion, puis dans la solitude d'une cellule, soumis au jeûne, devant un problème de mathématiques. Pythagore semble être l'inventeur de la « physiognomonie » — qui deviendra « physionomie » — qui consiste à étudier le comportement des individus et à en tirer des renseignements sur leur caractère.

S'il franchissait ce premier cap, le postulant était admis parmi les novices, sous le nom d'« acoustique », c'est-à-dire d'« auditeur ». Il devait en effet, pendant ce noviciat qui durait de trois à cinq ans, écouter les leçons sans discuter ni objecter quoi que ce fût, le silence étant de règle. En outre il n'était pas admis en présence du Maître qui lui parlait à travers un rideau.

> « *Ils aimaient à se taire et écouter et celui qui était capable d'écouter recevait leurs louanges* » rapporte Aristoxène[118]. »

Ensuite l'« acoustique » devenait membre à part entière de l'hétairie, c'est-à-dire « ésotérique », était admis en présence du Maître et avait le droit de converser avec lui.

Comme nous l'avons vu, hommes, femmes et enfants entrèrent dans la première communauté de Crotone et formèrent sans doute des collèges séparés, recevant un enseignement distinct. Jamblique rapporte quatre discours différents que Pythagore aurait prononcés devant les jeunes gens[119], les membres du sénat[120], les enfants[121] et les femmes[122] de la cité. Certains passages de ces discours pourraient bien être effectivement des citations authentiques. On remarquera l'originalité de cette secte qui traitait la femme

118. Jamblique, *Vie*... § 163.
119. Jamblique, *Vie*... § 38-45.
120. Jamblique, *Vie*... § 45-50.
121. Jamblique, *Vie*... § 51-53.
122. Jamblique, *Vie*... § 54-57.

à égalité avec les autres membres de la communauté, notamment dans le domaine intellectuel.

Les femmes pythagoriciennes

Contrairement à la religion officielle et à certaines sectes précédemment étudiées qui tendent à réserver des rites et des cultes spécifiques à chaque sexe, contrairement aussi à la société traditionnelle qui n'accorde guère de place à la femme et aux jeunes enfants, Pythagore tient le couple et le foyer familial en très haute estime de sorte que la femme a, autant que l'homme, droit à une formation intellectuelle et spirituelle.

C'est pourquoi les femmes jouèrent un rôle important dans le Pythagorisme. Certes la mantique apollinienne a toujours eu une femme pour intermédiaire, des collèges de prêtresses sont chargées de certains cultes, mais la philosophie et la spéculation métaphysique n'ont jamais été confiées à des personnes du sexe faible. Voici qu'à la fin du VIe siècle, alors que l'Orphisme, pourtant très proche, est profondément misogyne, l'Ordre pythagoricien accueille des jeunes filles et des femmes afin de faire d'elles des épouses et des mères modèles. Plusieurs, si l'on en croit les fragments — qui ne sont pas tous apocryphes ! — ont été mêlées de près aux spéculations de la communauté et ont écrit des traités et des lettres qui témoignent de ces préoccupations. La plus célèbre est sans doute la propre épouse du Maître, Théano.

Théano

La légende veut que le sage soit resté célibataire jusqu'à un âge avancé, s'étant entièrement consacré à sa mission. Or la fille d'un riche Crotoniate, Brontinos, lui-même adepte de la secte, suivit les leçons du Maître et s'éprit de lui, autant intellectuellement et spirituellement que sentimentalement. Honteuse de cette passion, elle l'avoua à Pythagore qui, ému, l'épousa. Toujours selon la légende, elle lui donna deux fils et deux ou trois filles. Pythagoricienne modèle, elle aurait écrit quelques ouvrages dont un *Traité de la piété*, et on a gardé d'elle quelques fragments de lettres sur l'éducation des enfants et la vie conjugale.

On rapporte d'elle par exemple qu'« *ayant été interrogée en combien de jours après s'être unie à un homme, une femme redevient pure, elle répondit : "Si c'est avec le sien, sur-le-champ ; si c'est avec un autre, jamais"*[123]. »

A propos de la manière d'élever les enfants afin de faire d'eux des hommes dignes de ce nom, voici ce qu'elle écrivit :

« *Il est d'une bonne mère de ne pas éduquer ses enfants pour la volupté, mais de les former à la modération... Les enfants qui vivent dans la mollesse deviendront des esclaves lorsqu'ils auront atteint l'âge viril...*[124]. »

Une certaine Périctioné aurait écrit un ouvrage *Sur la Sagesse*, un autre *Sur l'Harmonie de la femme*, où elle recommande d'honorer les parents et de pratiquer les vertus afin d'avoir « *une noble conduite vis-à-vis de soi-même, de son mari, de ses enfants et parfois aussi vis-à-vis des cités, si les cités et les nations sont gouvernées par une telle femme* »[125]. La philosophe poursuit en des termes qui seront repris plus tard par Xénophon et Plutarque sur la conduite d'une femme exemplaire, notamment en matière de coquetterie :

« *Aussi la femme ne mettra-t-elle autour d'elle ni or ni pierre venant de l'Inde ou d'une autre contrée ; elle ne tressera point ses cheveux à grand frais d'artifices, ne s'oindra point de parfums exhalant l'odeur de l'Arabie, ne s'enduira point le visage en le blanchissant ou en le rougissant...*[126]. »

Plus loin, elle célèbre l'entente conjugale :

« *La femme en effet qui est chère à son mari et qui traite avec cœur les biens de son époux, devient harmonie, chérit sa maison tout entière et rend bienveillants à sa demeure les étrangers... En compagnie de son mari, elle*

123. Stobée, *Florilège*, LXXIV, 53, cité et traduit par M. Meunier dans *Fragments et lettres de femmes pythagoriciennes*, Paris, 1980, p. 42.
124. *Ibid.*, pp. 79-80 et 83.
125. Stobée, *Florilège*, LXXIV, 19, cité et traduit par M. Meunier, *op. cit.*, p. 53.
126. *Ibid.*, p. 56.

vivra en conformité d'opinion d'une vie commune avec lui...[127]. »

Phintys, quant à elle, écrivit un livre, « *Sur la mesure qui convient à la femme* », où elle énonce cinq moyens pour atteindre cette mesure :

> « *Premièrement par la sainteté et la piété qu'elle gardera pour son lit. Secondement par la décence qu'elle conservera dans la façon de se vêtir le corps. Troisièmement par la réserve qu'elle s'imposera dans les sorties qu'elle fera hors de sa propre demeure. Quatrièmement en s'abstenant d'assister aux fêtes orgiastiques et à celles de la Mère des dieux. Cinquièmement en se montrant dans les sacrifices qu'elle fait à la divinité exacte et modérée*[128]. »

On cite encore le nom de Myia, fille de Pythagore et de Théano[129], dont nous avons une lettre sur le bon choix d'une nourrice et sur l'éducation des nouveau-nés[130] et qui aurait été chargée par son père de l'éducation des jeunes filles quand elle l'était elle-même et des femmes après son mariage[131], sans doute avec Milon de Crotone. Damo, une autre fille de Pythagore, aurait, dit-on, courageusement défendu, après la mort de son père, les écrits que celui-ci lui aurait confiés en lui demandant de les garder secrets[132]. De tous ces fragments de femmes pythagoriciennes, il ressort que l'accès à la philosophie n'est pas une libération pour la femme mais une acceptation volontaire et sublimée du dévouement total au foyer familial, afin de réaliser, au sein de la famille, l'harmonie universelle[133].

La Règle

Tout en magnifiant et respectant les lois sacrées de la famille, le Maître édicta une règle de vie communautaire,

---

127. *Ibid.*, p. 60 et 62.
128. Stobée, *Flor.* LXXIV, 61 ; cf. M. Meunier, *op. cit.*, pp. 66-68. La « Mère des dieux », c'est Cybèle, cf. p. 97 et suiv.
129. Jamblique, *Vie...* § 267.
130. M. Meunier, *op. cit.*, pp. 113-116.
131. Porphyre, *Vie...* § 4, cf. Jamblique, *Vie...* § 170.
132. Diogène Laërce § 42.
133. Cf. M. Meunier, *op. cit.*, p. 17.

scrupuleusement suivie par tous, surtout par les « ésotériques » naturellement. Voici comment se déroulait une journée pythagoricienne : Elle commençait, dès l'aube, par un examen de conscience :

> « *Le Pythagoricien ne se levait pas de son lit avant de s'être remémoré les événements de la veille. Et il en faisait l'évocation de cette façon : il s'efforçait de rappeler à sa pensée ce que, à son lever, il avait d'abord dit ou entendu ou fait — en premier lieu avec ceux de sa maison, puis en second et en troisième lieu, et il se tenait le même langage pour tout ce qui avait suivi*[134]. »

Porphyre ajoute :

> « *Quand tu te lèves, examine bien ce que tu feras dans la journée*[135] »,

ce qui suppose un examen de conscience d'abord rétrospectif puis prospectif. Comme le Maître lui-même, les disciples s'habillaient de lin blanc[136], particulièrement pour les cérémonies religieuses, à l'exclusion des vêtements de laine, comme les Orphiques et pour les mêmes raisons[137]. Ils s'adonnaient ensuite aux exercices physiques dans le gymnase privé attenant à la maison de Pythagore. La communauté eut même un athlète renommé, Milon le propre gendre du Maître, qui fut six fois vainqueur en lutte aux Jeux Olympiques et autant de fois aux Jeux Pythiques, ce qui lui valut d'être célébré par de nombreux poètes dont Simonide. Cependant les exercices privilégiés dans l'hétairie étaient la promenade et la danse[138]. Tôt le matin en effet, Pythagore sortait avec deux ou trois compagnons pour une promenade dans les sanctuaires ou dans les bois, « *endroits tranquilles et beaux* »[139], propices à la méditation. Quant à la danse, elle était considérée comme « *source de souplesse et de santé* » et liée à la musique, activité hautement appré-

---

134. Jamblique, *Vie...* § 165.
135. § 40.
136. Diogène Laërce, VIII, 19 et 35, cf. Jamblique, § 96.
137. Voir p. 118 et 122.
138. Porphyre § 32, cf. Jamblique, § 96.
139. Porphyre § 32.

ciée des Pythagoriciens. Dès le matin, en effet, le Maître chantait Homère et Hésiode en s'accompagnant de la lyre[140].

Les repas, pris en commun, étaient d'une frugalité toute orphique : Pythagore lui-même, selon ses biographes, déjeunait de rayons de cire ou de miel et dînait de pain de mil, de galettes et de légumes[141]. Selon certains, il ne buvait jamais de vin, seulement de l'eau pure et n'absorbait que de la nourriture non cuite[142]. Sans être aussi austères, les disciples semblaient avoir adopté, comme les Orphiques et pour les raisons que nous avons vues[143], le végétarisme. Les *Vers d'Or* disent : « *Abstiens-toi des aliments dont nous avons parlé* »[144] et tous les écrivains mentionnent des restrictions sinon l'abstinence totale de nourriture animale. Porphyre précise que les Pythagoriciens en mangeaient seulement quand ils sacrifiaient aux dieux :

> « *Ils s'abstenaient durant toute leur vie de manger des animaux ; et lorsque pour donner aux dieux leurs parts ils leur consacraient un animal au lieu de l'un d'entre eux, ils ne consommaient que de celui-là, quant aux autres, ils n'y touchaient de leur vie*[145]. »

Aristoxène restreint cet interdit au bœuf de labour et au bélier[146], d'autres au coq[147], voire au coq blanc[148], ou à certaines parties des animaux (cœur[149] ou cerveau[150]). Selon certains, cette abstinence s'étend au poisson en général, ou à des poissons précis (le rouget, par exemple, parce qu'il évoque le sang, donc le meurtre[151]). Des légumes aussi font l'objet d'interdits, en particulier la fève, condamnée par les

140. Porphyre, *Vie* § 32.
141. Porphyre, § 34.
142. Diogène Laërce, VIII, 13.
143. Voir *supra* p. 121.
144. 67.
145. *De abstinentia*, II, 58. Porphyre pense que les sacrifices d'animaux s'étaient substitués aux sacrifices humains exigés primitivement par les dieux.
146. Diogène, VIII, 20.
147. Jamblique, *Vie*... § 147.
148. Diogène, VIII, 34 et Jamblique, § 84.
149. Diogène Laërce, VIII, 19.
150. Jamblique, *Vie*... § 109.
151. Diogène, VIII, 19 et Jamblique, *Ad hort. ad phil.* § 21.

Orphiques[152], sans doute plus à cause de sa valeur symbolique — elle représenterait l'univers ou évoquerait les parties génitales, à moins qu'elle ne soit par essence, de même origine que les êtres vivants — qu'à cause de ses inconvénients pour la santé. Aristoxène prétend pourtant qu'au contraire Pythagore « *préférait les fèves à cause de leur action laxative* »[153]. Cette insistance tendrait à prouver qu'à son époque certains Pythagoriciens respectaient un interdit que lui-même ne jugeait pas authentique. La tradition est cependant solidement implantée : Empédocle, pythagoricien dissident du Vᵉ siècle, s'écrie avec véhémence : « *Misérables, gardez vos mains loin des fèves*[154]. » Parmi les miracles attribués à Pythagore, on rapportait qu'il avait convaincu un bœuf de Tarente de ne plus manger de fèves[155] ! On racontait aussi que deux de ses disciples préférèrent se faire massacrer plutôt que de traverser un champ de fèves ou de donner le motif de leur refus[156]. Les contradictions apparentes entre certains de ces interdits s'expliquent certainement par les dates auxquelles ils ont été exprimés : d'une communauté à l'autre, au cours des siècles, la règle a pu varier et, comme nous le verrons, des tendances plus ou moins conservatrices se manifestèrent à l'intérieur de l'Ordre.

Ces interdits et la sobriété pythagoricienne étaient en tout cas bien connus du grand public qui n'hésitait pas à s'en gausser, si l'on en juge par les allusions nombreuses des auteurs de la Comédie Moyenne :

> « *Étant disciple de Pythagore, il ne mange rien de ce qui est animé*[157]. »
>
> « *Son repas sera fait de figues, de marc d'olives et de fromage ; c'est un principe en effet chez les Pythagoriciens d'offrir cela en sacrifice*[158]. »

Cet extrait nous fait passer à un autre aspect de la vie

152. Diogène, VIII, 34 et Porphyre, *Vie*... § 44.
153. Aulu-Gelle, IV, 11, 5.
154. *Frag.*, 141.
155. Porphyre, § 24.
156. D'après Néanthe de Cyzique.
157. Antiphane, *frag.*, 135.
158. Alexis, *frag.*, 196.

pythagoricienne, qui est ponctuée d'actes religieux. Le service divin tient une grande place dans cette Abbaye de Thélème : Libations, méditations solitaires, prières en commun, sacrifices. D'après la plupart des témoignages — malgré ce que dit Porphyre dans le passage que nous avons cité précédemment[159], qui est en contradiction avec ce qu'il dit ailleurs — les sacrifices n'étaient le plus souvent pas sanglants :

> « *Ils consacrent aux dieux farine, miel, fruits, fleurs et autres produits de la terre*[160]. »

Lorsque le Maître découvrit son fameux théorème, il sacrifia, dit-on, un bœuf, tant sa joie était grande, mais c'était un bœuf de pâte[161] ! Nous ne sommes pas loin de penser, comme M. Détienne, que les Pythagoriciens avaient horreur, ainsi que les disciples d'Orphée, du sacrifice sanglant : « *Le Pythagorisme reprend à son compte dans le cadre de la cité toute l'angoisse que fait naître le sacrifice sanglant*[162]. »

L'accomplissement même des lustrations, libations et sacrifices était régi par des préceptes très stricts, que ce soit dans les sanctuaires officiels ou dans leurs chapelles privées. Des purifications de toutes sortes étaient pratiquées :

> « *Les Pythagoriciens se purifient par des lustrations, des bains et des aspersions*[163] »

ainsi que par des onctions lustrales[164]. Pour les libations, par exemple, il était expressément recommandé de ne pas cligner des yeux pendant l'opération[165] afin d'être pleinement concentré et de tenir le vase par l'anse pour l'incliner[166].

Pour la méditation, outre les sanctuaires en plein air,

---

159. Cf. plus haut p. 145.
160. Porphyre, *De abst.*, II, 36.
161. Porphyre, *Vie...* § 36.
162. *La cuisine de Pyth.*, p. 159.
163. Diogène Laërce, VIII, 33.
164. Jamblique, *Vie...* § 97.
165. Jamblique, *Vie...* § 156.
166. Jamblique, *Vie...* § 84 et Porphyre, *Vie...* § 42.

buts de promenade, les adeptes disposaient sans doute d'« adyta », de retraites souterraines, grottes ou caves, lieux de refuge favoris du Maître[167].

Le sacrifice, sanglant ou non, était suivi d'un repas pris en commun, vraisemblablement celui du soir. La soirée ne s'achevait pas sans une lecture pieuse, faite par le plus jeune[168] et un sermon du Maître[169]. Ensuite, les « exotériques » regagnaient leurs demeures en ville, les « ésotériques », leurs appartements et chacun faisait avant de s'endormir un dernier examen de conscience, recommandé en ces termes par les *Vers d'Or* :

> « *N'admets pas le sommeil dans tes yeux languissants avant d'avoir examiné chacune de tes actions de la journée : "En quoi ai-je fauté ? Qu'ai-je fait ? Lequel de mes devoirs ai-je omis ?" Parcours toutes tes actions en commençant par la première, et ensuite si tu as commis des lâchetés, châtie-toi ; si tu as agi vertueusement, réjouis-toi*[170]. »

L'austérité de cette vie monastique est évidement sous-tendue par les principes religieux et moraux de l'Ordre.

Métaphysique

Nous n'entrerons pas dans le détail de la métaphysique très élaborée de Pythagore mais nous essaierons de montrer l'originalité de sa religion. Apparemment, tous les dieux du panthéon traditionnel y avaient leur place. Nulle divinité « exotique », venue d'Orient ou d'ailleurs. Apollon est bien entendu particulièrement honoré mais Dionysos, le Dionysos mystique de l'Orphisme, y a sa part. Déméter est célébrée en grande pompe et Hadès et Zeus occupent une place importante dans les méditations pythagoriciennes.

Cependant, Pythagore est sans doute le premier à ne plus s'intéresser aux mythes, mais à rationaliser la religion. Les dieux n'occupent que la seconde place dans la hiérar-

---

167. Porphyre, *Vie*... § 34.
168. Jamblique, *Vie*... § 99.
169. Jamblique, *Vie*... § 97.
170. Cité par Porphyre, § 40.

chie des êtres supérieurs. A la première, siège la Divinité — quelquefois appelée Zeus — à laquelle

> *« nous n'offrirons ni ne consacrerons rien de sensible... C'est par un silence pur et des pensées pures qu'on l'honore »*[171], *ce « Dieu qui se trouve à l'origine de tout »*[172].

La religion de Pythagore repose donc sur un monothéisme qui ne s'avoue pas encore comme tel, mais qui rend les spéculations philosophiques et scientifiques cohérentes. Ainsi la théorie du Nombre, proprement pythagoricienne, viendra s'intégrer dans cette conception métaphysique. Théano met en garde ceux qui risqueraient de confondre la Divinité et le Nombre, principe constitutif de l'univers : *« Pythagore disait non pas que tout naissait du Nombre, mais que tout était formé conformément au Nombre*[173]. » L'harmonie universelle est le résultat de la volonté raisonnée d'un Être Suprême.

Entre les dieux et les hommes se place une troisième catégorie d'êtres supérieurs, les Démons, sortes de Génies bienfaisants ou malfaisants, et les Héros[174]. *« Il ne faut pas rendre un culte égal aux dieux et aux héros...*[175]. », *mais, tout en respectant cette hiérarchie, il faut prendre garde de les apaiser ou de les rendre favorables.*

Toutes les créatures possèdent à un degré plus ou moins élevé une parcelle de divin, y compris les animaux. Celle-ci, l'« âme », peut passer d'un corps à un autre jusqu'à ce que, entièrement purifiée, elle échappe à la « roue des naissances ». Nous avons déjà vu cette croyance à la *« palingenesis »*, ou réincarnation, appelée aussi « métensomatose », à propos de l'Orphisme. Hérodote y fait allusion, en pensant sans doute plus aux Pythagoriciens qu'aux Orphiques lorsqu'il dit, attribuant une origine égyptienne à cette théorie :

> *« D'après les doctrines des prêtres égyptiens, les âmes*

---

171. Porphyre, *Ad Marc.*
172. Jamblique, *De antr. nymph.* 27.
173. Fragment conservé par Stobée, *Eclog. Physic.* I, 10, 13.
174. Jamblique, *Vie...* § 37.
175. Diogène Laërce, VIII, 33.

des hommes, au moment fixé, passent de l'un à l'autre. C'est là l'enseignement de certains Grecs dont je tais les noms bien que je les connaisse : ils l'ont professé comme un enseignement qui leur était propre[176]. »

Une telle doctrine justifie aussi bien le souci de pureté et l'abstinence des adeptes du Pythagorisme que leurs spéculations intellectuelles, car, pour eux, la Sagesse, c'est-à-dire à la fois science et spiritualité, permet à l'homme de purifier son âme, de la libérer du corps :

« *Alors, si, abandonnant ton corps, tu parviens au libre éther, tu seras immortel, dieu incorruptible et pour toujours délivré de la mort*[177]. »

La connaissance de soi — c'est le but du double examen de conscience quotidien — est aussi indispensable que l'enseignement prodigué par le Maître :

« *En possession de ces enseignements, tu connaîtras la nature des dieux immortels et des hommes mortels*[178]. »

Le Pythagorisme apparaît donc comme un Ordre contemplatif. La spéculation mène l'homme à « contempler » Dieu.

Morale

La conduite des adeptes est assurément régie par un certain nombre de principes qui ne sont pas originaux mais précis et souvent très pratiques. Pureté, vertu, réflexion avant l'action, modération, justice, sont exigées. Le respect des parents et l'amitié occupent en outre une grande place :

« *Honore tes parents et ceux qui sont dans ta parenté ; parmi les autres, fais ton ami de quiconque est élevé en vertu* », disent les *Vers d'Or* qui préconisent aussi :

« *Cède aux paroles de douceur... ne hais point un ami à cause d'une faute vénielle*[179]. »

---

176. II, 123.
177. *Vers d'Or*, 70-71.
178. *Vers d'Or*, 49-51.
179. 4-7.

L'harmonie du couple et de la famille, l'harmonie entre amis et entre concitoyens est indispensable aux yeux de Pythagore, comme nous l'avons vu dans quelques extraits rédigés par des femmes de la secte.

A propos de l'amitié, le Maître semble aller très loin dans l'exigence de fraternité, si l'on en croit la maxime que lui prête Diogène Laërce : « *Entre amis, tout est commun* »[180] et l'affirmation de Porphyre : « *Ils mirent tous leurs biens en commun*[181]. » Comme dans les couvents et certaines sectes modernes, les adeptes « ésotériques » n'auraient plus eu de biens propres ni de préoccupations matérielles qui les auraient empêchés d'accéder à la Connaissance. Ainsi, toujours à en croire Porphyre,

> « *pour avoir entendu Pythagore, Simichos, tyran de Centuripe* (ville de Sicile sur l'Etna) *déposa le pouvoir et partagea ses biens entre sa sœur et ses concitoyens* »[182].

A côté de tels principes, dont la valeur morale ne fait aucun doute, nous trouvons, dans ce qu'on a coutume d'appeler le « Catéchisme acousmatique », toute une série d'« acousmata », préceptes pieusement conservés par les Pythagoriciens de la Stricte Observance. Il s'agit le plus souvent d'interdits dont le sens échappe aux savants modernes et qui ont certainement une valeur symbolique quand ce ne sont pas des restes de tabous de type primitif et magique. Diogène Laërce et Porphyre en rapportent toute une série, en donnant quelquefois une explication qui n'est pas forcément satisfaisante :

> « *Ne pas tisonner le feu avec un couteau* » signifierait « *ne pas exciter par des paroles acérées l'homme bouillant de colère* »; « *ne pas s'asseoir sur le boisseau* », « *ne pas rester inactif* » ; « *ne pas accueillir d'hirondelles sous son toit* », « *ne pas admettre de bavards* » ; « *ne pas porter d'images des dieux sur des anneaux* », « *ne pas avoir sur les dieux des opinions ou des paroles hâtives* »[183].

---

180. VIII, 10.
181. *Vie...* § 20.
182. *Vie...* § 21 ; pour d'autres exemples d'amitiés pythagoriciennes, voir Valère-Maxime, IV, 7, 1.
183. Porphyre, *Vie...* § 42 et Diogène, VIII, 17.

Mais que penser de ces autres prescriptions :

> *« Ne pas ramasser ce qui est tombé*
> *Ne pas toucher un coq blanc*
> *Ne pas rompre le pain ni manger d'un pain entier*
> *Ne pas marcher sur une traverse de bois*
> *Ne pas déchirer une couronne*
> *Ne pas se promener sur les grandes routes*
> *Ne pas laisser la trace du pot sur la cendre quand on l'enlève, mais remuer la cendre*
> *Ne pas regarder dans un miroir à côté d'une lumière*
> *Quand tu sors de ton lit, roule-le et efface les traces de ton corps »*[184] ?

Il est bien difficile de savoir si ces préceptes remontent à Pythagore lui-même ou si, déformés ou transformés, ils reflètent les préoccupations de confréries pythagoriciennes beaucoup plus tardives et qui ne sont pas forcément orthodoxes. Cependant, dans leur mélange de préoccupations scientifiques et de superstitions populaires, les croyances acousmatiques paraissent bien archaïques et pourraient remonter aux débuts de l'Ordre[185].

Le Serment

Une pratique mystérieuse permettait sans doute aux adeptes de se reconnaître entre eux comme tels, c'est-à-dire comme bénéficiaires de la « Révélation » : le Serment de la *Tétraktys*, formule ésotérique que l'on retrouve chez plusieurs auteurs dans des termes à peu près semblables :

> *« Par celui qui a donné à nos âmes la Tétraktys, source de la nature éternelle*[186]. »

« *Celui qui a donné* » est sans doute Pythagore lui-même, divinisé ou considéré comme un intermédiaire entre le Dieu Suprême et les hommes. Porphyre précise :

> *« Ils comptèrent Pythagore parmi leurs dieux et lors-*

184. *Ibid.*
185. Cf. A. Delatte, *Étude sur la litt. pyth.*, Paris, 1915, p. 308.
186. *Vers d'Or*, 47-48, cf. Porphyre, *Vie...* § 20 et Jamblique, *Vie...* § 150 et 162.

qu'ils voulaient révéler quelque chose de leur savoir, ils prirent l'habitude de jurer par la Tétraktys : Non par celui qui à notre génération a légué la Tétraktys, laquelle de la nature au flux perpétuel détient la source et la racine[187]. »

Cet étrange serment résumait sans doute l'essentiel de l'arithmologie pythagoricienne et devait être prononcé par les initiés à leur entrée définitive dans la secte. Qu'est-ce que la *Tétraktys* ? La découverte primordiale, le nombre « quaternaire », c'est-à-dire en fait la décade obtenue par l'addition des quatre premiers nombres, ou encore le triangle équilatéral de quatre unités de côté représentant l'addition en question :

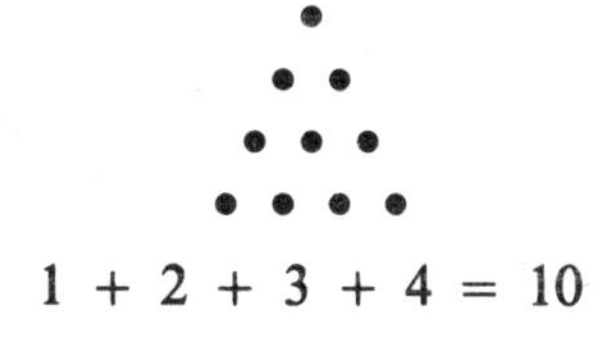

Nous n'entrerons pas dans les détails mathématiques mais, une chose est sûre, toute la science des nombres inventée par les Pythagoriciens repose sur cette constatation. La *Tétraktys* explique aussi les lois de la musique, notamment les accords fondamentaux et par là, selon Pythagore, la « musique céleste », « l'harmonie des sphères ». Cette découverte tenait un peu de la formule magique connue des seuls initiés. Le serment était assurément lié à l'obligation de secret à laquelle les adeptes étaient tenus[188].

Le secret

Comme dans tous les cultes à mystères et les doctrines ésotériques, le secret est demandé aux membres — ce qui explique la transmission orale des enseignements et l'absence de document ancien authentique. Pythagore lui-même différenciait la Vérité, réservée aux initiés, et l'Opinion, accessible au commun des mortels. On peut supposer que, lorsqu'un adepte voulait énoncer une « vérité » au sein même

187. Porphyre § 20.
188. Voir le chap. de A. Delatte, *op. cit.*, *La tetraktys pythagoricienne*, p. 249 et suiv. et *Note sur le serment des Pythagoriciens* de J. Dupuis, Paris, 1894.

de la communauté ou au contraire refusait de la divulguer pour ne pas se parjurer, il prononçait cette formule rituelle, analogue au serment d'Hippocrate pour les médecins.

Nous avons d'ailleurs quelques exemples de secrets non gardés qui montrent l'importance que les Pythagoriciens y attachaient. Ainsi Hippasos de Métaponte, disciple du Maître, aurait, dit-on, divulgué le secret du dodécaèdre régulier et le caractère irrationnel des racines carrées et s'en serait même attribué la découverte[189]. Il aurait été pour sa punition noyé par les dieux dans un naufrage.

Ainsi s'explique aussi la lettre de Lysis à Hipparque[190] : le premier, pythagoricien du Ve siècle, s'indigne et menace son coreligionnaire d'excommunication s'il ouvre une école publique de philosophie, comme il en a manifesté l'intention. Malgré les injonctions de Lysis, Hipparque aurait mis son projet à exécution. Les Pythagoriciens orthodoxes le considérèrent dès lors pour mort et lui élevèrent même un tombeau[191].

Il semble que le secret était obligatoire pour les doctrines aussi bien religieuses que scientifiques ou philosophiques. En ce qui concerne la religion, il est probable par exemple que toute la démonologie faisait partie de l'enseignement ésotérique et que ce sont des philosophes platoniciens, pythagoriciens dissidents, qui l'ont divulguée.

Destinée de l'Ordre

Revenons à la première communauté de Crotone, à l'austère couvent où le Maître imposait ses principes de vie et dispensait son enseignement à ceux qu'il en jugeait dignes. Son influence fut grande sur les Crotoniates et il convertit aussi bien les couches populaires que l'aristocratie dirigeante. Protégé par le Sénat, il semble qu'il était même fréquemment consulté par ce « conseil des mille » sur les affaires politiques. Est-ce à dire qu'il y prit le pouvoir ?

---

189. Jamblique, § 88 et § 247.

190. Voir A. Delatte, *op. cit.*, p. 83 et suiv. ; cf. Jamblique, *Vie...* § 75-78 et Diogène Laërce, VIII, 42.

191. Clément d'Alexandrie, *Strômates*, V, 57.

Platon ne semble pas penser que Pythagore ait exercé une quelconque charge publique[192]. Cependant, parmi ses adeptes, nombreux étaient les notables de Crotone et des cités environnantes, lieux où se constituèrent très vite d'autres petites communautés. Diogène Laërce de son côté n'hésite pas à affirmer que Pythagore a joué un rôle politique très important :

> « *Il donna des lois aux Italiotes et fut honoré avec ses disciples qui, au nombre de trois cents, administrèrent parfaitement les affaires publiques au point de faire de leur cité une quasi-aristocratie*[193]. »

Sans accorder une confiance totale à ces dires tardifs, nous pouvons penser que les Pythagoriciens — et sans doute le Maître lui-même — furent mêlés de près à la guerre qui opposa Crotone à Sybaris vers 510 avant J.-C. Une petite communauté s'était installée dans cette ville en perdition et le tyran fit massacrer ces gêneurs qui lui reprochaient son luxe et sa débauche. Les survivants vinrent naturellement se réfugier à Crotone qui ne voulut pas les livrer aux ambassadeurs sybarites venus les réclamer. Au contraire, le sénat de Crotone envoya à Sybaris des messagers pour s'expliquer mais ils furent à leur tour massacrés. Certains attribuent aux conseils de Pythagore la tentative de concilation. En tout cas, lorsque le conflit éclata, c'est Milon, le gendre de Pythagore, qui prit la tête de l'armée crotoniate et la conduisit à la victoire.

Cependant des rancœurs commencèrent à s'exprimer contre cette hétairie et sa puissance grandissante. Apparemment les Pythagoriciens soutenaient des idées plutôt aristocratiques et les partis démocratiques leur en voulaient. C'est ainsi qu'à Crotone même un certain Cylon avait d'abord voulu entrer dans la secte, mais avait été refusé parce qu'il était méchant et ambitieux. Il devint alors un ennemi acharné des Pythagoriciens. Il rassembla autour de lui les mécontents et, après la guerre contre Sybaris — qui marqua l'apogée politique de la secte à Crotone —, réussit à faire voter des mesures démocratiques et à discréditer les Pytha-

192. *Rep.*, X, 600 a.
193. VIII, 6.

goriciens. Au point que, lors d'une réunion de ceux-ci dans la maison de Milon, le peuple les y enferma et mit le feu. La plupart périrent dans les flammes ou furent massacrés et ceux qui n'avaient pas participé à la réunion quittèrent Crotone pour se réfugier dans d'autres cités de Grande Grèce. Certains prétendent que Pythagore périt dans l'incendie mais la plupart s'accordent à dire qu'il quitta Crotone pour Métaponte où il mourut.

En fait il est probable qu'il s'en alla bien avant l'incendie — lequel date peut-être seulement du milieu du Ve siècle, donc de bien après sa mort. Sans doute y eut-il déjà bien plus tôt des oppositions et de ce fait Pythagore se sentit indésirable et voulut trouver une retraite plus tranquille pour poursuivre ses recherches. Selon les auteurs, ou bien il erra dans plusieurs villes avant de trouver asile à Métaponte où il serait laissé mourir de faim dans le temple des Muses[194], ou bien il fut accueilli par la population de cette ville et mourut de sa belle mort. Cicéron prétend même y avoir visité sa maison[195] et Valère-Maxime avoir vu son tombeau[196].

Après le départ du Maître, et à plus forte raison après sa mort, on assista très vite à un éclatement de la Communauté de Crotone. C'est assurément le charisme de Pythagore qui faisait jusque-là l'unité de l'Ordre et qui donnait aux spéculations scientifiques, métaphysiques et spirituelles leur cohésion. Par la suite au contraire plusieurs tendances apparurent et les divergences firent éclater l'Ordre en plusieurs branches, en même temps que les adeptes se dispersaient à travers toute l'Italie du Sud, la Sicile et la Grèce.

Vers la fin du Ve siècle, il y eut un véritable schisme entre les « Mathématiciens », qui continuèrent les recherches scientifiques du Maître, et les « Acousmatiques » qui s'attachèrent à perpétuer les préceptes moraux et religieux. Au IVe siècle d'ailleurs la secte des « Mathématiciens » disparut presque complètement, absorbée par d'autres écoles philosophiques et scientifiques, tandis que les « Acousma-

194. Porphyre, *Vie...* § 57.
195. *De finibus*, V, 44.
196. VIII, 7, 2 et 15, 1.

tiques » se refermèrent sur une doctrine de plus en plus occulte jusqu'au renouveau du Néopythagorisme.

Appartenant à l'une ou à l'autre tendance, les disciples se dispersèrent donc d'abord en Grande-Grèce (Rhegium, Locres, Tauromenium, Tarente), puis en Grèce même (Thèbes, Chalcis, Phlionte). C'est à Thèbes par exemple que se réfugièrent Lysis et Philolaos, à Phlionte que s'installa Eurytos, disciple de Philolaos, qui eut lui-même pour élève Echécrate, Cébès et Simmias, les héros du *Phédon* de Platon.

A Tarente, l'École pythagoricienne fut très célèbre au Ve siècle, avec Archytas. Ce personnage, sept fois stratège de sa cité — ce qui est exceptionnel dans une démocratie — fut un remarquable chef de guerre et, selon Diogène Laërce, ne fut jamais battu. Cas intéressant d'un Pythagoricien qui sut allier politique et philosophie.

Quoiqu'éclatées et dispersées, les Communautés demeurèrent très vivantes. On notera l'absence totale de clergé. Les adeptes se regroupaient autour d'un « Maître », mais aucune hiérarchie de type religieux n'est attestée, pas plus à l'époque de Pythagore que beaucoup plus tard. Platon et Aristote furent en contact direct avec des membres et l'influence des théories pythagoriciennes sur leur philosophie est indéniable. Pourtant l'incendie de la maison de Milon fit entrer les hétairies dans une semi-clandestinité politique. Porphyre analyse cette situation avec pessimisme :

> « *Du désastre qui avait ainsi frappé la secte, la connaissance disparut jusqu'à nos jours, conservée silencieusement dans les cœurs alors que ceux du dehors ne se remémorèrent que les sottises. Car de Pythagore lui-même, il n'y eut aucun écrit et les rescapés ne sauvèrent que quelques étincelles... Isolés, désespérés, ils se dispersèrent en divers endroits, fuyant la société des hommes*[197]. »

Des conventicules subsistèrent néanmoins, respectant à la lettre les préceptes du Maître — ou du moins réputés tels : « *ainsi le disait-il* » — à des niveaux de mysticisme très variables, allant de la vulgaire superstition à la spiritualité

197. *Vie...* § 57-58.

véritable. Ce sont eux qui ont transmis le « Catéchisme acousmatique » et au IIIe siècle de notre ère, Porphyre de Tyr, dont nous avons cité de nombreux extraits pourrait bien être le moine d'un de ces « monastères » : « *Tout se passe comme si Porphyre avait appartenu à une collectivité fermée, secte ou cercle philosophico-religieux, et rien n'interdit de penser que la doctrine pythagoricienne ait été le moteur de cette communauté*[198]. »

En effet, le *Traité de l'Abstinence* est destiné à convaincre un ami, sans doute ancien membre de la communauté, du bien-fondé du végétarisme et l'invite à revenir à ce régime conforme aux idées du Maître. En outre, dans la *Vie de Pythagore*, plusieurs passages attestent que Porphyre a été initié. Ainsi à propos du refus des sacrifices sanglants, il dit :

> « *Quiconque a le souci de la piété sait bien qu'on ne sacrifie aucun être animé aux dieux... Sur le reste, bouche close*[199]. »

Témoignage intéressant qui prouve qu'à une époque tardive, un mode de vie et des croyances se référant à Pythagore existaient encore au sein de communautés analogues à celle de Crotone quelque huit siècles auparavant.

Le Pythagorisme et l'État

Prise du pouvoir par la secte ou persécution de la secte par l'État, deux situations extrêmes que connurent assurément les Pythagoriciens. Chez certains écrivains tardifs, la situation est idéalisée : « *Les Pythagoriciens étaient si admirés que les cités confiaient leur gouvernement à ses adeptes* », dit par exemple Porphyre[200], après avoir affirmé :

---

198. J. Bouffartigue et M. Patillon, *Porphyre, De Abst.*, intr. p. XXII.
199. II, 36, 5-6.
200. § 54.

« Il libéra les villes d'Italie en leur insufflant des pensées de liberté[201]. »

Pourtant la réussite d'Archytas est sans nul doute une exception — rien ne dit d'ailleurs qu'il imposa aux Tarentins le mode de vie pythagoricien ! Au contraire la réaction des Crotoniates explique pourquoi la doctrine ne put subsister ensuite que dans de petites communautés fermées, protégées par le secret et leur vie repliée, se gardant de se mêler des affaires de l'État. Il est vrai que la discipline et l'austérité pythagoriciennes ne pouvaient pas plus que les principes orphiques être imposées à la masse. On comprend aussi que le peuple en ait eu assez de ces penseurs qui refusaient de manger des fèves et de battre un chien *« parce qu'ils reconnaissaient dans ses aboiements la voix d'un ami »*[202].

En outre, plus encore que ses idées aristocratiques et ses préceptes ridicules, les Crotoniates n'ont pas pu admettre le culte privé de l'hétairie. Cette familiarité avec le dieu, sans intermédiaire patenté, leur paraissait être une exclusion de ceux qui ne faisaient pas partie de l'Ordre[203].

Même si Pythagore, comme plus tard Socrate, pratiquait les cultes officiels selon les rites reconnus par tous[204], il célébrait et faisait célébrer des cérémonies dans des lieux de culte particuliers. Le clergé officiel d'Apollon, protecteur de Crotone, pouvait-il admettre qu'un étranger vînt prêcher par la ville en se disant le porte-parole d'Apollon, voire sa réincarnation ? Cette « Révélation » directe fut jugée sacrilège et fut marginalisée. Les Crotoniates réagirent comme les Athéniens à l'égard de Socrate : les deux penseurs avaient introduit l'un et l'autre des ferments de révolution spirituelle et morale. Leur Dieu, auquel ils s'adressent directement et dans le fond de leur conscience, est supérieur à tous les autres et son pouvoir est universel.

L'originalité de la secte pythagoricienne, prolongement et élargissement de l'Orphisme, tient autant aux théories

201. § 21.
202. Xénophane, frag. 7 chez Diogène Laërce, VIII, 36.
203. Cf. J. Burnet, *op. cit.*, p. 100.
204. Cf. A. Delatte, *Vie de Pythagore*, p. 173.

métaphysiques et scientifiques qu'elle a adoptées qu'au mode de vie qu'elle offre à ses adeptes. Il s'agit d'un Ordre « contemplatif » qui conduit par l'ascèse et la connaissance à la « contemplation de la Vérité », c'est-à-dire de Dieu. Malgré les persécutions, le succès de l'Ordre montre bien qu'il offrait à la fois une cohésion rationnelle et une mystique scientifique, propres à séduire une élite intellectuelle soucieuse de faire coïncider science et religion.

C'est un exemple unique dans l'Antiquité païenne et les rapprochements que l'on peut faire concernent, naturellement, les doctrines et les communautés chrétiennes. On peut noter que déjà Flavius Josèphe avait comparé les Esséniens (secte juive) et les Pythagoriciens[205]. Les ressemblances avec les monastères médiévaux sont nettes : vie monastique sévère, recherches théologiques et scientifiques. Des analogies pourraient être faites aussi avec les préoccupations et le mode de vie de certaines sectes modernes[206]. On comparera cependant plus volontiers Pythagore à un Père Abbé qu'à un gourou et sa maison à un monastère qu'à un ashram !

Précisons enfin que, si nous avons gardé tant de témoignages sur ce mouvement original, c'est que contrairement à l'Orphisme et aux sectes dionysiaques, la religion n'était qu'un aspect des préoccupations pythagoriciennes.

Comme nous l'avons signalé au début de cette étude, le Pythagorisme a marqué l'histoire de la pensée jusqu'à nos jours parce qu'il a donné naissance à la philosophie en tant que spéculation rationnelle et a contribué à l'essor de la science grecque. Nous devons aux Pythagoriciens, sinon à Pythagore lui-même, les recherches sur les triangles (le fameux théorème n'en est qu'un aspect !), sur les racines carrées, l'arithmétique, le « positivisme » comme attitude de pensée et, en astronomie, l'héliocentrisme si l'on en croit Copernic.

---

205. *Guerre des Juifs*, II, 119-161, notamment § 155 et *Contre Apion*, I, 162-163. L'auteur a aussi affirmé que le philosophe de Samos, grand admirateur de la loi juive, en avait introduit de nombreux préceptes dans sa philosophie.

206. Cf. la Nouvelle Acropole, l'Église de scientologie ou le groupe de Saint-Erme.

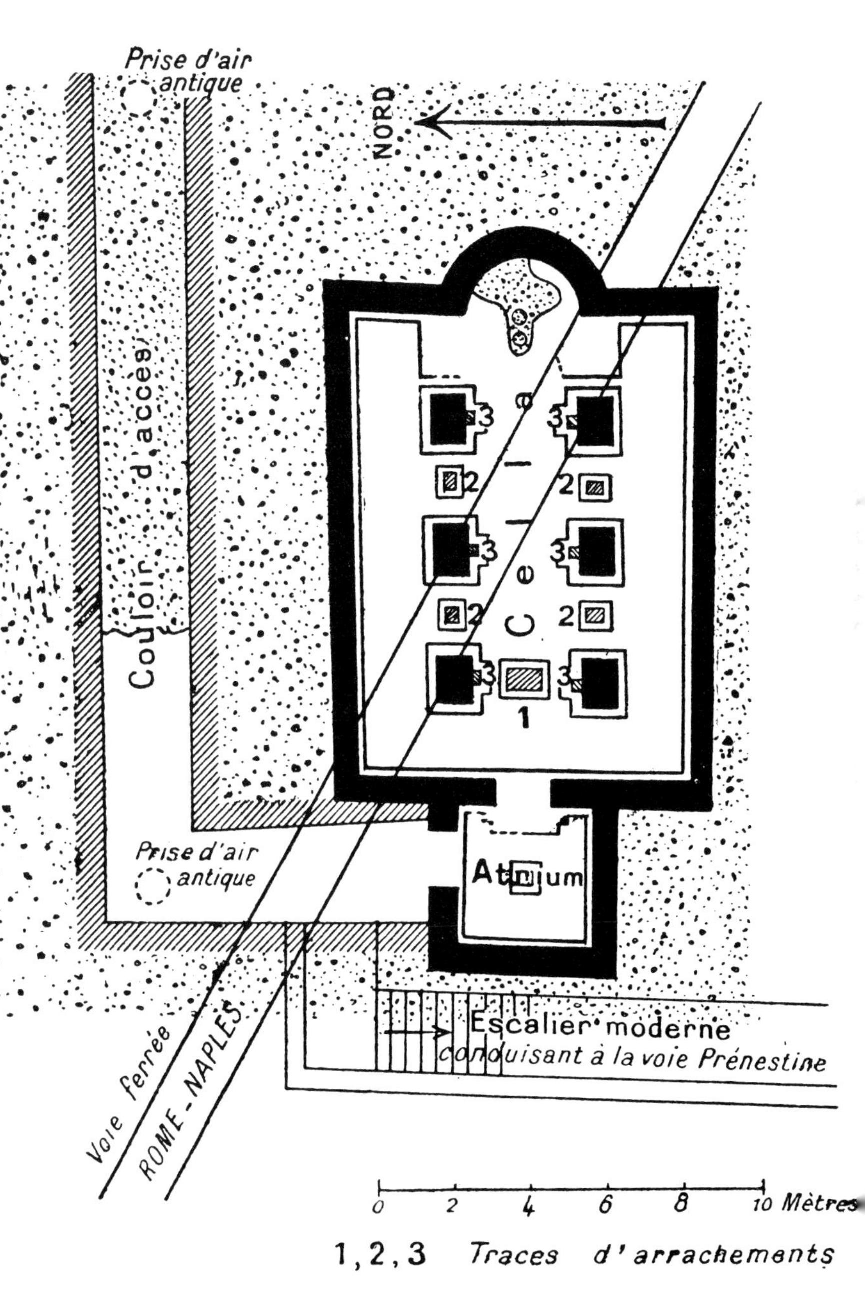

IX — Plan de la Basilique de la Porte Majeure

Ce plan est clairement celui d'une basilique, précédée d'un *atrium*, avec trois nefs et une abside. Un long corridor de 60 m de long sur 2 m de large y menait dans l'Antiquité. L'accès actuel est moderne. (Plan extrait de J. Carcopino, *La basilique pythagoricienne de la Porte Majeure).*

X — Statue d'Isis

La belle déesse est ici représentée dans le costume de ses prêtresses : elle porte le « chiton » amplement drapé, tient d'une main le sistre et de l'autre un vase contenant l'eau du Nil. On notera l'élégant classicisme de cette œuvre. *(Musée National de Naples. Photo de l'Institut Allemand de Rome)* (cf. p. 254).

« Philolaos le Pythagoricien dit que la terre se meut autour du feu (central) en un cercle oblique, de même que le soleil. Partant de là, j'ai commencé, moi aussi, à penser à la mobilité de la terre[207]. »

L'Orphisme et le Pythagorisme paraissent donc presque être aux antipodes des cultes marginaux que nous avons étudiés précédemment.

Aux excès de toutes sortes qui caractérisent le culte de Dionysos et celui d'autres divinités qui lui sont apparentées ou qui sont originaires d'Asie Mineure, s'oppose l'austérité des deux derniers mouvements. Le « mode de vie » orphique ou pythagoricien suppose le plus souvent une vie communautaire et le respect d'un certain nombre de prescriptions, notamment d'interdits alimentaires qui coupent les fidèles de la société. Le refus, au moins partiel, du sacrifice sanglant et de la consommation rituelle et collective des chairs marginalise les sectateurs de ces croyances.

Aux rites très extérieurs d'un culte centré sur une divinité et assuré par un clergé spécialisé, s'oppose la foi toute personnelle d'adeptes rassemblés autour de la Révélation d'un fondateur plus ou moins légendaire. L'Évangile orphico-pythagoricien n'a pas besoin d'un clergé car il exige le lien direct entre l'homme et la Divinité.

Pas plus que les premiers mais pour d'autres raisons ils n'ont pu être intégrés dans la religion officielle et restèrent nettement marginaux.

---

207. Lettre au pape Paul III, citée par Dreyer, *Planetary Systems*, 1873, p. 314.

DEUXIÈME PARTIE

SECTES RELIGIEUSES DANS LA ROME RÉPUBLICAINE ET AU DÉBUT DE L'ÉPOQUE IMPÉRIALE

par Gérard FREYBURGER

Dans la civilisation grecque, nous l'avons vu[1], la religion était avant tout le fait de la cité. Les dieux étaient considérés principalement comme les protecteurs de la collectivité. Même si cela n'excluait pas de la part des individus une dévotion plus particulière pour telle ou telle divinité du panthéon national, les aspirations personnelles étaient fort secondaires. Nous ne reprendrons pas cette analyse pour Rome. Les faits y sont foncièrement les mêmes et se révèlent encore plus tranchés qu'en Grèce. Cela pour deux raisons surtout : à cause du grand conservatisme de la religion romaine et de ses structures archaïques d'une part ; à cause du caractère religieux marqué des devoirs civiques dans la Ville d'autre part[2].

Conservatisme de la religion romaine

La religion romaine est remarquable par le nombre de traits archaïques qu'elle présente encore à l'époque classique.

D'idéologie et de tempérament très conservateurs, les Latins ont gardé des modes de pensée issus de la plus ancienne tradition indo-européenne. G. Dumézil en a restitué un certain nombre de la façon la plus spectaculaire, en comparant la religion des Latins à celle de l'Inde ancienne, de deux peuples qui ont nécessairement quitté tôt le berceau indo-européen commun pour essaimer aussi loin qu'ils l'ont fait. La comparaison s'est révélée fructueuse. Elle a en par-

1. Cf. *supra*, pp. 19-28.

2. On trouvera des mises au point récentes sur ces faits chez Y. Lehmann, *La religion romaine des origines au Bas-Empire*, Paris, 1981 (P.U.F., éd. Que sais-je ?) et chez J. Scheid, *Religion et piété à Rome*, Paris, 1985 (éd. La Découverte).

ticulier fait apparaître que la religion romaine archaïque était ordonnée selon « l'idéologie des trois fonctions », c'est-à-dire que sa structure reflète la disposition en trois domaines des principaux éléments et rouages du monde et de la société[3]. Tripartition fonctionnelle qui est à l'origine du système des castes encore en vigueur il y a peu de temps en Inde. Il existe bien d'autres correspondances suggestives entre le domaine de l'Inde et celui de Rome. Ainsi le mot *flamen*, « prêtre » a bien des chances de correspondre au sanskrit *brahman*.

Les Romains étaient très attachés à l'exactitude du rite. Le mot *religio* exprimait pour eux à la fois l'idée de « scrupule » au sens surtout de respect des données de la tradition (étymologie *legere* « recueillir »), et celle de lien (étymologie *ligare* « lier ») avec le dieu, c'est-à-dire de relations entre les hommes et les divinités par les actes du culte[4]. Ils préservèrent avec soin les cultes établis qui avaient fait la preuve de leur efficacité, parfois même s'ils étaient privés. La tradition rapporte que celui d'Hercule de l'*Ara Maxima*, privé jusqu'à la fin du IVe siècle, fut pris en charge et assuré par l'État lorsque les deux familles dont il relevait ne voulurent plus l'assurer. La même tradition affirmait que si Flaminius fut vaincu à Trasimène en 217 avant J.-C., ce fut en bonne partie parce qu'il négligea de prononcer les vœux solennels auxquels il était tenu. D'une manière générale, le délit religieux d'un individu était grave pour la collectivité tout entière, car c'était contre elle que risquait de se déchaîner en représailles la colère des dieux[5]. Et la religion romaine supposait encore le respect de prescriptions autres que strictement rituelles. Elle imposait tout un ensemble de règles de conduite, dictées par la « coutume des anciens », qu'il fallait observer pour être en paix avec les dieux. Si Rome fut prise par les Gaulois en 390 avant J.-C., c'est, disait-on, parce que la cité n'avait pas respecté à leur égard le « droit des ambassadeurs »[6].

---

3. *La religion romaine archaïque*, Paris, 1969, p. 166 et suiv.
4. Cf. R. Schilling, *L'originalité du vocabulaire religieux latin,* dans *Rites, cultes, dieux de Rome*, Paris, 1979, pp. 39-41.
5. Sur les rapports entre le délit religieux et la société, cf. l'étude éclairante de J. Scheid, *Religion et piété à Rome*, p. 17 et suiv.
6. Au lieu de rester neutre, l'ambassade romaine prit part à la bataille qui eut lieu entre les Gaulois et les alliés des Romains.

A cela venaient s'ajouter les devoirs proprement civiques, également indissociables de la religion.

Devoirs civiques et religion à Rome

La nation romaine en tant que telle a maintes fois dans l'histoire fait preuve d'ouverture en matière religieuse.

Les Romains étaient pleins de pragmatisme dans ce domaine comme dans d'autres. Convaincus de l'importance des forces célestes et de ce que la réussite humaine n'est possible qu'avec leur concours, ils firent une place dans leur panthéon à celles qui s'étaient révélées efficientes. Deux exemples sont célèbres : Au début du IVe siècle avant J.-C., lors du siège de la ville étrusque de Véies, on « évoqua » par des promesses flatteuses la divinité tutélaire de la cité, Junon Reine ; une fois la victoire remportée, on transporta solennellement la statue de la déesse à Rome, sur l'Aventin, où un sanctuaire lui fut dédié et où elle fut désormais honorée. En 204, ce fut la « Mère des dieux » (Cybèle), vénérée à Pessinonte en Phrygie, sous la forme d'une pierre sacrée, qu'on introduisit à Rome, sur la foi d'un oracle qui promettait le succès à cette condition. La pierre fut amenée en grande pompe et installée sur le Palatin. Le culte de Cybèle fut célébré dans l'Urbs comme il l'était en Phrygie, mais défense expresse fut faite aux citoyens d'y prendre part. C'étaient des prêtres et des prêtresses d'origine phrygienne qui l'assuraient. On les voyait parcourir la Ville, suivis d'un cortège d'eunuques dansant de façon étrange au son des tambourins, des cymbales, des trompettes et des flûtes.

Mais de tels enrichissements du panthéon ne pouvaient pas être le fait d'initiatives privées. C'étaient les autorités et, en définitive, le sénat, qui prenaient la décision. On n'entrait pas en religion romaine comme on devient chrétien ou musulman ! Tout citoyen de l'Urbs devait accomplir les rites établis s'il voulait réellement faire partie du corps civique et surtout exercer des fonctions publiques. Les actes religieux des individus étaient nécessairement surveillés et contrôlés par l'État, puisque, nous l'avons dit, on pensait que la survie même de la collectivité dépendait de leur bonne exécution. Cependant des *religiones externae* avaient déjà séduit les âmes de la plèbe dans le passé ancien de Rome. Ainsi en 430, année d'une très dure sécheresse, les édiles reçurent mandat d'y mettre bon ordre[7]. En 212, à plus de deux cents ans de distance, même situation et même réaction du sénat[8]. A chaque fois, un édit précisa qu'il était interdit de sacrifier autrement que selon le rite ancestral. L'inquiétude constante de l'État romain était que de pareilles pratiques marginales n'aboutissent à l'abandon des rites publics, à la « désagrégation de la religion » *(dissolutio religionis)* traditionnelle. Car ces rites, cette religion avaient fait leurs preuves. C'est par eux surtout que Rome avait atteint sa puissance. Horace dit à son adresse :

> *« C'est parce que tu te subordonnes aux dieux que tu commandes : tels doivent être le principe et la fin de ta conduite*[9]. »

On comprend que dans un tel contexte l'existence des sectes ait spécialement posé problème à Rome. Cette religion pour l'essentiel tournée vers la collectivité ne pouvait répondre aux aspirations mystiques des individus. La divination était à Rome affaire de technique, non pas de contact personnel du prêtre avec les dieux. Point de pythie en transes, mais d'austères augures, « *quindecemvirs* » ou haruspices, qui cherchaient à connaître la volonté des dieux ou à prédire l'avenir selon des procédés qu'on croyait scientifiques. L'État assurait un contrôle sur leur activité : le Pythagoricien Vatinius se vit reprocher vertement d'avoir préféré la divination privée à celle de l'État. Quant au mysticisme proprement dit, il n'a jamais pu entrer dans les cadres officiels romains, même au moyen de voies détournées, comme ce fut le cas en Grèce par le biais des mystères d'Éleusis. Non pas certes que les Latins n'aient pas connu de véritable sentiment religieux. Ils avaient au contraire un sens élevé du mystère de la divinité. Mais leur tradition excluait totalement que ce mystère fût appréhendé par

7. Tite-Live, IV, 30, 11.
8. *Ibid.*, XXV, 1.
9. Horace, *Odes*, III, 6, 5-6.

l'extase ou par des pratiques secrètes et des « discours sacrés » réservés à des initiés.

Nous allons surtout nous arrêter à deux de ces sectes que la république romaine ou le principat jugèrent dangereuses pour leur survie. Elles étaient issues de deux grands courants que nous avons déjà rencontrés en Grèce : celui de Dionysos (les adeptes des « bacchanales ») et celui de Pythagore. Cependant autant leurs structures que leurs relations avec l'État s'avèrent à bien des égards originales par rapport aux précédents helléniques et révélatrices de l'ensemble du mouvement « sectaire » dans les sociétés bien organisées.

CHAPITRE I

Les Bacchants de Rome

En 186 avant J.-C. éclata à Rome une affaire grave, celle des « Bacchanales », due aux activités d'un thiase bachique. A cette occasion eut même lieu la première véritable persécution religieuse de l'histoire romaine. L'Urbs sortait de l'épreuve la plus dure qu'elle eût jamais connue : la guerre contre Hannibal avait causé de véritables hécatombes dans le corps des citoyens et suscité un afflux de population étrangère. D'autres conflits avaient immédiatement succédé à ce dernier : guerre contre Philippe de Macédoine, guerre contre Antiochus III de Syrie. Pourtant, après la paix de Magnésie signée avec ce souverain en 190, on pouvait espérer enfin connaître le repos. Mais Rome s'abandonna fréquemment pendant les périodes de tranquillité au démon de ses dissensions internes. L'affaire des Bacchanales se greffe sur tout un climat politique et social. Climat exceptionnel, qui permit l'éclosion d'un groupe tout à fait semblable à nombre de nos sectes modernes.

L'AFFAIRE

Notre information se fonde surtout sur deux documents, de premier ordre : un récit très circonstancié de Tite-Live, écrit environ cent cinquante ans après l'événement, et une longue inscription contemporaine de l'affaire donnant le texte du sénatus-consulte édicté à cette occasion. Il est intéressant d'en prendre connaissance intégralement, car ils relatent les faits d'une manière fort vivante et même pittoresque.

Le récit de Tite-Live[1]

« L'année suivante[2] détourna les consuls, Spurius Postumius Albinus et Quintus Marcius Philippus, de l'armée ainsi que du soin des guerres et des provinces : ils durent réprimer une conjuration interne... Un décret chargea les deux consuls d'enquêter sur les associations secrètes liées par serment. »

Histoire d'un culte qui dégénère

« L'affaire partit d'un Grec obscur qui vint en Étrurie : il ne connaissait rien aux arts que le peuple le plus cultivé de tous[3] nous a apportés en grand nombre pour le raffinement des esprits et des corps. C'était un sacrificateur de second ordre et un devin. Il n'était pas homme à plonger les esprits dans l'erreur avec des rites publics, en professant ouvertement son activité et son enseignement : les cérémonies dont il était le prêtre étaient secrètes et nocturnes. Il s'agissait d'un culte à mystères, d'abord révélé seulement à un petit nombre et qui ensuite se répandit de plus en plus, parmi les hommes et les femmes. On ajouta à la religion les plaisirs du vin et de la bonne chère, afin de séduire les esprits d'un plus grand nombre. Une fois que le vin, la nuit, la réunion pêle-mêle des hommes et des femmes, des femmes jeunes et des femmes plus âgées, eurent effacé toute limite que comporte la pudeur, commencèrent d'abord de se produire des dépravations de toute sorte, chaque adepte ayant à portée de main un plaisir répondant à son principal penchant naturel. Il n'y avait pas un seul type de délit, pas seulement des relations coupables, dans la confusion, d'hommes libres et de femmes ; mais il y avait aussi de faux témoins, de faux cachets, de faux testaments et de fausses

1. XXXIX, 8-19.
2. C'est-à-dire 186 av. J.-C.
3. A savoir les Grecs.

dénonciations, qui sortaient de la même officine. Du même lieu provenaient des empoisonnements et des meurtres à l'intérieur des familles, à tel point que parfois ne subsistaient même plus les corps à ensevelir. Les forfaits étaient entrepris avec audace, souvent par la ruse, le plus souvent par des voies violentes. Celles-ci demeuraient cachées du fait que, en raison des hurlements et du vacarme des tambourins et des cymbales, on ne pouvait entendre aucune voix appelant au secours au milieu des attentats à la pudeur et des assassinats. [9] *Ce honteux fléau passa d'Étrurie à Rome, comme par la contagion d'une épidémie. Au début, l'étendue de la ville, assez grande et capable d'absorber de tels maux, les dissimula. Mais finalement une dénonciation parvint, essentiellement de la façon que voici, au consul Postumius. »*

Scandale à la suite du refus d'un jeune homme de se faire initier

Publius Ebutius, fils d'un chevalier romain[4]*, ayant perdu son père avant l'âge de la majorité, puis ses tuteurs, avait été éduqué sous la tutelle de sa mère Duronia et de son beau-père T. Sempronius Rutilius. Duronia était toute dévouée à son mari et celui-ci se trouvant dans l'impossibilité de rendre des comptes de la gestion de cette tutelle, désirait soit supprimer son pupille, soit se l'assujettir par quelque lien. Un seul moyen pour le corrompre : les Bacchanales. La mère fait venir le petit jeune homme et lui apprend que « pendant sa maladie, elle a fait vœu de l'initier dès son rétablissement aux mystères de Bacchus. Les dieux l'ayant exaucée dans leur bonté, elle voulait l'acquitter. Cela nécessitait de sa part dix jours de continence. Le dixième jour, il devait dîner, puis prendre un bain de purification, et elle le conduirait au sanctuaire ».*

Il était une courtisane bien connue, l'affranchie Hispala Fecenia. Bien que ne méritant pas de gagner sa vie de la façon à laquelle elle avait été habituée quand elle était une petite esclave, elle subvenait, même après avoir été affranchie, à ses besoins de la même manière. Elle eut avec Ebutius, étant donné leur voisinage, une liaison qui n'était en rien préjudiciable au bien ou à la réputation du jeune

4. Le texte dit exactement « dont le père avait accompli son service militaire avec un cheval fourni par l'État ».

homme. Hispala l'avait en effet aimé et recherché la première, et comme les siens ne lui fournissaient toute chose que chichement, c'est la générosité de la petite courtisane qui l'entretenait. Qui plus est, elle était à ce point sous l'emprise de son amour que, lorsqu'après la mort de son patron, elle ne fut plus sous la puissance de personne, elle institua par testament, ayant demandé un tuteur aux tribuns et aux préteurs, Ebutius son seul héritier.

[10] *Alors qu'ils s'étaient donné ces gages d'amour et qu'ils n'avaient rien de secret l'un pour l'autre, voilà que le jeune homme lui dit en plaisantant de ne pas s'étonner s'il découchait pendant quelques nuits. « C'était, expliqua-t-il, pour une raison religieuse ; afin d'acquitter un vœu fait pour sa santé, il voulait se faire initier aux mystères de Bacchus. » Quand la femme entendit cela, elle s'écria bouleversée : « Les dieux t'en gardent ! », affirmant que la mort était préférable pour elle et pour lui à cette résolution. Et l'affranchie d'en détourner les menaces et les dangers sur la tête de ceux qui le lui avaient recommandé. Le jeune homme étonné tant de ses propos que de son émoi, l'invite à mettre fin à ses imprécations. C'était sa mère qui, avec l'accord de son beau-père, lui avait donné cet ordre. Hispala répliqua : « Ton beau-père donc (ta mère, en effet, je n'ai peut-être pas le droit de l'accuser) est bien pressé de ruiner ta pudeur, ta réputation, tes espoirs et ta vie par ce forfait. » Comme Ebutius s'étonnait encore davantage et lui demandait de quoi il retournait, elle pria les dieux et les déesses de ne pas lui retirer leur bienveillance et leur indulgence si, contrainte par son amour, elle révélait des mystères qui devaient être tus, et raconta : « Elle était entrée du temps où elle était esclave dans ce sanctuaire pour accompagner sa maîtresse, mais elle ne s'y était plus jamais rendue depuis qu'elle était libre. Elle savait que c'était un lieu où l'on accomplissait des débauches de toute espèce ; depuis deux ans déjà, il était établi qu'on n'y avait plus initié aucune personne âgée de plus de vingt ans. Dès que quelqu'un y est introduit, il est livré comme une victime aux prêtres ; ceux-ci le mènent en un endroit retentissant de hurlements, des accents de voix mêlées et du choc des cymbales et des tambourins, afin qu'on ne puisse entendre la voix de personne appelant au secours alors que l'on attente à sa pudeur. » Elle le pria ensuite et le supplia d'éviter cela par n'importe quel moyen, et de ne pas se précipiter là où il lui faudrait d'abord subir tout ce qu'il y a de plus abominable, puis l'accomplir lui-même. Elle ne laissa pas partir le jeune homme avant qu'il lui eût donné sa parole qu'il s'abstiendrait de ces cérémonies.*

[11] *Lorsqu'il rentra chez lui et que sa mère lui indiqua ce qu'il devait faire pour ce qui était des cérémonies ce jour-là et ce qu'il devait faire ensuite les jours suivants, il rétorqua qu'il ne ferait rien de tout cela et qu'il n'avait pas l'intention de se faire initier. Son beau-père assistait à la discussion. La femme aussitôt s'écrie : « Il est incapable de se passer du lit d'Hispala pendant dix nuits. Gâté par les charmes et les poisons de cette vipère, il n'a de respect ni pour sa mère, ni pour son beau-père, ni pour les dieux. » Querellé d'un côté par sa mère, de l'autre par son beau-père, il fut jeté à la rue avec quatre esclaves. Il se rendit alors chez Ebutia, sa tante paternelle, et lui raconta pourquoi sa mère l'avait jeté dehors. Puis, à l'instigation d'Ebutia, il alla trouver le consul Postumius et, tous témoins écartés, lui rapporta l'affaire.*

Les autorités sont alertées

Le consul renvoya le jeune homme en l'invitant à revenir le voir deux jours plus tard. Lui-même prit des renseignements auprès de sa belle-mère, Sulpicia, une grande dame : « Connaissait-elle une femme âgée du nom d'Ebutia, domiciliée sur l'Aventin » ? Sulpicia ayant répondu par l'affirmative et lui ayant assuré que c'était une personne honnête et de mœurs antiques, il lui dit qu'il avait besoin de la rencontrer et lui demanda de la faire venir. Ainsi mandée, Ebutia se rendit chez Sulpicia. Le consul survint peu après comme par hasard et fit porter la conversation sur Ebutius, fils de son frère. Des larmes montèrent aux yeux d'Ebutia ; elle se mit à déplorer le sort du jeune homme qui se trouvait alors chez elle, privé de ses biens par ceux qui devaient le moins le faire, chassé par sa mère parce qu'il refusait, le bon garçon — que les dieux l'assistent —, de se faire initier à un culte dont on disait qu'il était obscène.

[12] *Le consul estimait avoir assez enquêté sur le compte d'Ebutius et considérait qu'il méritait créance. Il renvoya Ebutia et demanda à sa belle-mère de faire venir chez elle, de l'Aventin également, l'affranchie Hispala, nullement inconnue du voisinage : il voulait à elle aussi lui poser des questions. Hispala fut terrorisée à cette nouvelle : elle était convoquée chez une femme si importante et si respectable sans savoir pourquoi ! Lorsqu'elle vit dans l'entré de Sulpicia les licteurs, l'escorte du consul et le consul en personne, elle manqua d'expirer. Elle fut introduite à l'intérieur*

de la maison, où le consul l'interrogea avec l'aide de sa belle-mère : « Si, lui dit-il, elle pouvait prendre la résolution de dire la vérité, elle n'avait rien à craindre. Elle en aurait la promesse solennelle soit de lui-même, soit de Sulpicia, une personne de cette qualité. Mais elle devait lui révéler ce qui se passait habituellement dans le bois sacré de Stimula, pendant le culte nocturne des Bacchanales. » En entendant cela, la femme fut saisie d'un tel effroi et d'un tel tremblement de tout son corps qu'elle resta longtemps sans pouvoir ouvrir la bouche. Enfin, reprenant ses esprits, elle déclara qu'« elle avait été initiée, encore toute jeune fille et esclave, avec sa maîtresse, mais que cela faisait des années, depuis son affranchissement, qu'elle ignorait absolument ce qui s'y passait ». Le consul la félicita de ne pas nier avoir été initiée. « Mais le reste, lui dit-il, elle devait le révéler avec la même sincérité. » Comme elle prétendait ne rien savoir de plus, il l'avertit que « si elle était convaincue de mensonge par quelqu'un d'autre, elle ne rencontrerait ni la même bienveillance ni la même reconnaissance que si elle avouait par elle-même ; or, il lui avait tout raconté, celui qui avait été informé par elle ». [13] *La femme, ne doutant pas, comme c'était la vérité, qu'Ebutius eût divulgué le secret qu'elle lui avait confié, se jeta aux pieds de Sulpicia et se mit d'abord à la supplier elle « de ne pas faire de propos tenus par une affranchie à un amant une affaire sérieuse, pis où il y irait de sa vie : si elle les avait tenus, c'était non pas qu'elle sût quelque chose mais pour effrayer son ami ».*

A ces mots, Postumius se mit en colère et s'écria : « Maintenant encore, elle croit badiner avec son amant, Ebutius, et ne se rend pas compte qu'elle parle dans la maison d'une femme infiniment respectable et avec le consul ! » Et Sulpicia de relever la malheureuse épouvantée, et tout à la fois de l'exhorter et de calmer la colère de son gendre. Hispala, recouvrant enfin ses sens, se plaignit beaucoup de la perfidie d'Ebutius qui la récompensait ainsi du très grand service qu'elle lui avait rendu, et déclara qu'« elle avait grand peur des dieux, dont elle révélait des mystères cachés, et bien plus encore des hommes qui allaient la mettre en pièces de leurs propres mains, si elle parlait. Elle faisait donc à Sulpicia, elle faisait au consul la prière de l'envoyer quelque part en dehors de l'Italie, où elle pourrait passer le reste de sa vie en sûreté ». Le consul l'exhorta à avoir du courage. « Il aurait soin de faire en sorte, dit-il, qu'elle habitât à Rome en sécurité. »

Révélations d'une initiée

Alors Hispala expose l'origine du culte : « Au début, ç'avait été un sanctuaire de femmes ; l'usage était de n'y admettre aucun homme. Trois jours étaient fixés dans l'année pour les initiations aux mystères bachiques qui se faisaient en plein jour. Il était de coutume que des matrones fussent faites prêtresses à tour de rôle. Tout cela fut modifié par la prêtresse campanienne Paculla Annia, qui prétendit agir sur un avertissement des dieux. C'est elle en effet qui, la première, initia des hommes — ses propres fils Minius et Herennius Cerrinius —, d'autre part rendit le culte de diurne qu'il était, nocturne, enfin organisa des initiations non plus trois jours par an, mais cinq jours tous les mois. »

Depuis que les cérémonies sont célébrées par une foule mêlée, que des hommes sont mélangés aux femmes et qu'en outre la nuit offre une liberté sans contrôle, il n'est aucun forfait, aucune ignominie qu'on n'y ait perpétrés. Les actes de débauche se font plus souvent entre hommes qu'entre hommes et femmes. Si certains supportent mal le déshonneur et sont trop peu zélés pour commettre des méfaits, on les immole en guise de victimes : ne rien considérer comme impie, voilà l'essentiel de la religion qui les lie entre eux. Les hommes, l'esprit comme égaré, font des prophéties en gesticulant d'une manière frénétique, les femmes, dans la tenue des bacchantes, les cheveux épars, descendent en courant jusqu'au Tibre avec des torches ardentes, les plongent dans l'eau et, comme il se trouve du soufre vierge avec de la chaux vive à l'intérieur, les en ressortent toutes allumées ; on raconte que certains individus qui sont attachés à des machines et qui disparaissent ainsi dans des grottes dissimulées, ont été enlevés par les dieux. Il s'agit en fait de ceux qui ont refusé de se lier aux autres par serment, de participer à des forfaits ou de subir le déshonneur.

Il s'agit d'une foule immense, en quelque sorte d'un autre peuple : il s'y trouve un certain nombre de personnes de haut rang, hommes et femmes. Depuis deux ans, il a été décidé qu'on n'« initierait plus personne âgé de plus de vingt ans ; on est à l'affût des jeunes gens susceptibles d'endurer la folie et la débauche ».

[14] *Sa déposition achevée, Hispala se jeta encore une fois aux genoux du consul et répéta sa prière d'être envoyée au loin. Postumius demanda à sa belle-mère de libérer quelqu'endroit de sa demeure, afin qu'Hispala s'y établît. On donna à l'affranchie un appartement en haut de la maison, après avoir fermé l'escalier donnant sur l'extérieur et ouvert*

un accès par l'intérieur. On y transporta immédiatement tous ses biens et on y fit venir ses esclaves. Ebutius fut invité à déménager chez un client du consul.

Mesures prises par le sénat

Ainsi, lorsque les deux informateurs furent sous sa protection, Postumius fit au sénat un rapport où il exposa toute l'affaire point par point : ce qui d'abord avait été porté à sa connaissance, ce qu'ensuite il avait découvert. Une immense terreur s'empara des sénateurs, qui craignaient à la fois pour l'État au cas où ces associations liées par serment et ces réunions nocturnes apporteraient quelque préjudice ou quelque péril caché, et pour leur maison propre, si quelqu'un de chez eux se trouvait impliqué dans le délit.

Cependant le sénat vota des remerciements à Postumius pour avoir mené les investigations dans cette affaire avec un soin exceptionnel et absolument sans bruit. Ils confièrent ensuite aux consuls la mission de mener en affaire extraordinaire[5] *une enquête sur les bacchanales et les cérémonies nocturnes ; ils les chargèrent de veiller à ce que les indicateurs, Ebutius et Fecenia, ne subissent aucun préjudice de leurs déclarations et de susciter d'autres informateurs par la promesse de récompenses. Quant aux prêtres de ce culte, hommes ou femmes, ils devaient être recherchés non seulement à Rome mais par toutes les places publiques des villes et des régions, afin d'être placés sous l'autorité des consuls. Il fut en outre édicté à Rome, et le texte de l'édit fut envoyé dans toute l'Italie, « qu'il était interdit à quiconque avait été initié aux mystères bachiques de se réunir et de s'assembler pour en célébrer les cérémonies et d'accomplir quelque acte que ce fût d'un tel culte ; qu'avant toute chose, une enquête devait être ouverte concernant les personnes qui s'étaient réunies ou associées par serment en portant la débauche et l'infamie ». Tel était le décret du sénat.*

Les consuls donnèrent l'ordre aux édiles curules de rechercher tous les prêtres de ce culte et de les placer, une fois pris, en liberté surveillée en vue de l'enquête ; les édiles de la plèbe devaient faire en sorte qu'il n'y eût pas de cérémonies célébrées en cachette. Les triumvirs aux affaires capitales eurent mandat de disposer des sentinelles à travers

5. C'est-à-dire en priorité sur toutes les autres affaires et sans doute avec des procédures d'exception.

la ville pour qu'il n'y eût aucune réunion nocturne ; afin de parer aux incendies, on adjoignit aux triumvirs des « quinquevirs » de part et d'autre du Tibre, avec la charge de veiller chacun sur les bâtiments de sa circonscription.

L'affaire est exposée au peuple

[15] *Les magistrats une fois envoyés à ces tâches, les consuls convoquèrent le peuple en assemblée et montèrent à la tribune. Après avoir récité la formule solennelle de prière que les magistrats ont coutume de dire avant de s'adresser au peuple, Postumius commença ainsi : « Jamais nous n'avons eu d'assemblée, citoyens, pour laquelle cette prière solennelle aux dieux fût à la fois si adaptée et à tel point nécessaire ; elle doit vous rappeler que les dieux que vos ancêtres vous ont appris à honorer, vénérer et prier, sont ceux qui nous entourent et non ceux qui s'emparent des esprits par des religions dépravées et étrangères, qui les aiguillonnent jusqu'à la folie et les poussent ainsi à toute sorte de forfaits et à toute sorte de dérèglements. Pour ma part, je ne parviens pas à savoir ce que je dois taire ni jusqu'où je dois parler : je crains d'encourager, si quelque chose vous demeure caché, la négligence, et de répandre en vous, si je dévoile tout, une terreur excessive. Quoi que je dise, sachez que j'en dirai moins que la noirceur et l'importance de la chose ne le méritent.*

Notre souci sera qu'on en apprenne assez pour que toutes précautions soient prises. Qu'il existe depuis longtemps des Bacchanales dans toute l'Italie et à présent en de nombreux points même de Rome, vous le savez, j'en suis sûr, non seulement par les bruits qui courent, mais encore par les crépitements et les hurlements nocturnes qui résonnent dans toute la ville ; mais vous ignorez de quoi il retourne : certains croient qu'il s'agit de quelque culte religieux, d'autres de divertissements et d'ébats tolérés, ne concernant de toute façon que peu de personnes. Si, pour ce qui est de leur nombre, je vous dis qu'ils sont plusieurs milliers, il est certain que vous allez être immédiatement saisis de panique si je n'ajoute qui sont ces gens, à quelle espèce d'individus nous avons affaire. D'abord une grande partie d'entre eux sont des femmes, source de ce fléau ; ensuite les hommes de la société sont tout à fait semblables à des femmes : des êtres qui ont subi la débauche et qui l'infligent, des exaltés, étourdis de veilles, de vin, de vacarme et de clameurs nocturnes. Les forces de cette association sont encore nulles à l'heure qu'il est, mais elles augmentent considérablement, car ses adeptes deviennent chaque jour plus nombreux. Vos ancêtres ont voulu que vous n'ayez pas même vous — en dehors du cas où l'armée était conduite aux comices, l'étendard planté sur la citadelle, la plèbe convoquée en assemblée par les tribuns ou le peuple appelé par l'un ou l'autre magistrat à se réunir — le droit de vous assembler n'importe comment, au petit bonheur. Ils étaient d'avis que, où que fût la foule, celle-ci devait avoir un guide légitime. De quelle nature pensez-vous que sont ces réunions qui d'abord sont nocturnes, où ensuite se mêlent les hommes et les femmes ? Si vous saviez à quel âge on y initie les hommes, vous seriez saisis non seulement de pitié, mais encore de honte pour eux. Estimez-vous, citoyens, que des jeunes gens initiés par un pareil serment doivent devenir soldats ? Qu'à la sortie d'un sanctuaire de débauche on doive leur confier des armes ? Ces recrues souillées de leurs propres dépravations et de celles des autres, combattront-elles les armes à la main pour la vertu de vos épouses et de vos enfants ?

[16] *Tout cela serait cependant de moindre importance si ces gens n'étaient qu'amollis par des turpitudes (c'était là un déshonneur qui les concernait essentiellement eux-mêmes), s'ils avaient écarté leurs mains des crimes, leur esprit des perfidies. Jamais il n'a existé un tel fléau dans l'État, touchant à autant de personnes et à autant de choses. Sachez que tout ce qui a été commis ces dernières années en matière de débauche, en matière de fourberie, en matière d'attentat provient de cet unique sanctuaire. Et ces individus n'ont pas encore montré tous les forfaits qu'ils ont juré ensemble d'accomplir. L'association impie s'en tient jusqu'ici à des délits privés parce qu'elle n'a pas encore assez de force pour accabler l'État. Le mal croît et se répand tous les jours. Il est déjà trop grand pour se borner à une destinée privée : c'est la tête de l'État qu'il vise. Si vous n'y prenez garde, citoyens, il pourra désormais succéder à cette assemblée tenue en plein jour, convoquée régulièrement par un consul, une autre assemblée, pareille, ayant lieu la nuit. Pour l'instant, chacun pris à part, ils vous craignent, vous tous réunis en assemblée ; mais quand vous serez dispersés dans vos maisons et dans vos terres, ils se rassembleront et délibéreront de leur salut en même temps que de votre perte. Alors, chacun d'entre vous devra les craindre réunis.*

Vous devez donc les uns et les autres souhaiter que tout le monde dans vos familles soit demeuré dans le bon sens.

Si la sensualité, si la folie y a entraîné quelqu'un vers cet abîme, il faudra considérer qu'il est de ces gens avec lesquels il a juré d'accomplir n'importe quelle infamie, n'importe quel forfait, et non plus des vôtres. Je ne suis même pas sûr qu'il n'y en ait pas jusque parmi vous, citoyens, que l'égarement n'ait entraînés dans cette voie, car rien ne présente une apparence plus trompeuse qu'une religion dépravée. Lorsque des actes scélérats s'abritent derrière la majesté des dieux, on craint de porter atteinte, en châtiant les méfaits des hommes, à quelque prérogative divine qui s'y trouve mêlée. D'innombrables décrets des pontifes, sénatus-consultes et enfin oracles d'haruspices vous ôtent ce scrupule. Combien de fois a-t-on donné ainsi mission aux magistrats du temps de vos pères et de vos aïeux d'interdire la célébration de cultes étrangers, d'écarter les sacrificateurs et les devins du forum, du cirque et de la ville, de rechercher et brûler les livres prophétiques, de supprimer toute procédure de sacrifice différente de celle de la coutume romaine ! Ils jugeaient en effet, ces excellents connaisseurs de tout le droit, tant divin qu'humain, que rien ne désagrège autant la religion que lorsqu'on sacrifie non pas selon le rite national, mais selon un rite étranger. Voilà ce que j'ai pensé devoir vous dire, afin qu'aucune superstition ne vienne troubler vos esprits quand vous nous verrez anéantir les bacchanales et disperser les assemblées criminelles. Tout cela, nous le ferons avec la faveur et le bon vouloir des dieux. C'est parce qu'ils s'indignaient de voir leur majesté bafouée par des actions scélérates et des turpitudes, qu'ils ont fait sortir celles-ci du fond des ténèbres et les ont fait apparaître au grand jour, et ce n'est pas pour qu'elles demeurent impunies qu'ils ont voulu les dévoiler, mais pour qu'elles soient châtiées et réprimées.

Le sénat nous a chargés, mon collègue et moi-même, d'une enquête sur cette question en affaire extraordinaire. Nous accomplirons quant à nous avec diligence ce qui nous incombe ; et nous avons confié l'organisation des factions de nuit à travers la ville à des magistrats inférieurs. Vous aussi, il convient que vous exécutiez avec zèle, conformément à vos devoirs et là où chacun sera, les ordres qui vous seront donnés et que vous mettiez vos efforts à ce que la fourberie des coupables ne cause ni péril ni trouble. »

[17] *Les consuls firent ensuite lire les sénatus-consultes et promirent des récompenses aux indicateurs qui leur amèneraient des coupables ou donneraient des noms d'absents. Ils firent proclamer que « si quelqu'un s'enfuyait après avoir été accusé, ils lui fixeraient un certain délai ; s'il ne répon-*

dait pas au jour fixé à la citation, il serait condamné par contumace. Si quelqu'un était accusé alors qu'il se trouvait en dehors du territoire de l'Italie, ils lui donneraient un délai plus important pour le cas où il voudrait venir plaider sa cause ». Ils firent savoir ensuite qu'« il était interdit à quiconque de vendre ou d'acheter quoi que ce fût pour s'enfuir ; il était défendu de recevoir chez soi, de cacher ou d'aider d'aucune façon des fuyards ».

La répression

L'assemblée levée, la Ville fut la proie d'une grande terreur, et celle-ci ne resta pas confinée à l'intérieur de l'enceinte et du territoire romains ; c'est à travers toute l'Italie qu'on se mit progressivement à trembler lorsque ceux qui avaient des hôtes à Rome reçurent des lettres d'eux les informant du sénatus-consulte, de l'assemblée et de l'édit des consuls. Beaucoup de fugitifs furent pris par les triumvirs et ramenés dans la ville la nuit qui suivit l'assemblée où l'affaire avait été révélée, du fait que des gardes avaient été placés autour des portes ; nombreux furent les noms donnés par les dénonciations. Certaines des personnes incriminées, des hommes et des femmes, se suicidèrent. On disait que plus de sept mille personnes des deux sexes avaient juré fidélité à l'association. Il était connu que les chefs de cette dernière étaient les Romains, plébéiens, Marcus et Caius Atinius, le Falisque Lucius Opiternius et le Campanien Minius Cerrinius. C'est eux qui étaient à l'origine de tous les forfaits et de tous les scandales ; c'est eux qui étaient les prêtres les plus importants et les dépositaires de ce culte. On fit en sorte qu'ils fussent arrêtés le plus vite possible. Déférés devant le consul, ils avouèrent en ce qui les concernait et ne tardèrent pas à passer aux dénonciations. [18] *Cependant, un tel mouvement de fuite hors de la ville s'était produit que les préteurs Titus Maenius et Marcus Licinius furent contraints, étant donné que beaucoup de gens perdaient leurs procès et leurs biens*[6]*, de remettre les actions en cours de trente jours par un décret du sénat, jusqu'à ce que les consuls eussent achevé leurs enquêtes. L'absence en outre des accusés (ceux dont les noms avaient été signalés ne répondaient pas à Rome aux citations et étaient introuva-*

6. Du fait que les délais étaient perturbés pour l'ensemble des affaires judiciaires par la priorité donnée à la répression des Bacchanales.

bles) obligea les consuls à faire le tour de l'ensemble des lieux de juridiction, d'y enquêter et d'y conduire les débats.

Ceux qui n'avaient été qu'initiés et qui s'étaient contentés de prononcer, selon les formules sacrées et en les répétant après un prêtre, les prières qui contenaient le serment impie de commettre n'importe quel forfait et n'importe quelle infamie, mais qui n'avaient accompli aucun des actes auxquels ils s'étaient engagés par leur serment ni à l'encontre d'eux-mêmes ni à l'encontre d'autrui, ils les laissèrent en prison ; ceux en revanche qui s'étaient souillés dans les débauches et les assassinats, qui s'étaient corrompus en rendant de faux témoignages, en falsifiant les cachets, en substituant des testaments ou en se livrant à d'autres méfaits encore, ceux-là ils les condamnaient à la peine capitale. Plus nombreux furent les condamnés exécutés que ceux qu'on jeta en prison. Ils étaient une multitude dans l'un et l'autre cas, d'hommes et de femmes. Les femmes jugées coupables étaient remises à leur famille ou à ceux qui détenaient la puissance sur elles, avec obligation d'exécuter eux-mêmes en privé la sentence. S'il ne se trouvait personne en mesure de le faire, l'exécution était publique. Les consuls eurent ensuite mission de faire disparaître les Bacchanales dans toute l'Italie, sauf dans les cas où un autel ou une statue y étaient consacrés de longue date. Pour l'avenir, il fut ensuite stipulé par un sénatus-consulte que « toutes les Bacchanales étaient interdites, tant à Rome qu'en Italie. Si quelqu'un considérait un culte de ce type comme consacré et nécessaire et pensait ne pouvoir s'en dispenser sans impiété et sans sacrilège, il devait en faire déclaration devant le préteur urbain et celui-ci devait consulter le sénat. Si un vote du sénat acquis en présence d'au moins cent sénateurs en donnait l'autorisation, il pouvait célébrer les rites, à la condition que les participants au sacrifice ne fussent pas plus de cinq, qu'il n'y eût pas de caisse commune et pas de dignitaire du culte ou de prêtre ».

[19] *Un autre sénatus-consulte, joint à ce dernier, fut décrété sur la proposition du consul Quintus Marcius, indiquant que « toute la question concernant les informateurs des consuls serait déférée au sénat lorsque Spurius Postumius aurait achevé ses enquêtes et serait rentré à Rome ». Il fut décidé que le Campanien Minius Cerrinius serait envoyé à Ardée*[7] *pour y être emprisonné, avec recommandation aux magistrats de cette ville de le maintenir sous une surveillance particulièrement attentive, afin d'empêcher non seulement*

7. Ville proche de Rome.

qu'il s'enfuît, mais encore qu'il eût l'occasion de se donner la mort. Spurius Postumius vint à Rome quelque temps après. Sur sa proposition, fut voté un sénatus-consulte concernant les récompenses à donner à Publius Ebutius et à Hispala Fecenia, grâce à qui on avait été mis au courant des bacchanales. Ce sénatus-consulte spécifia que « chacun d'entre eux recevrait cent mille as[8] *des questeurs urbains, pris dans le trésor public ; que le consul demanderait aux tribuns de faire dès que possible à la plèbe la proposition d'acquitter Publius Ebutius de ses obligations militaires... qu'Hispala Fecenia aurait le droit de faire abandon de ses biens, de les aliéner, celui de se marier hors de sa* gens[9] *et celui de se choisir un tuteur qui agirait comme s'il avait été désigné par le testament d'un mari*[10] *; celui d'épouser un citoyen né libre sans que ce dernier eût à subir pour cela de préjudice ou de flétrissure ; que les consuls et les préteurs en exercice et à venir devaient veiller à ce qu'on ne fît aucun tort à cette femme et à ce qu'elle vécût en sécurité. C'était là la volonté du sénat qui jugeait bon qu'il en fût ainsi ».*

Toutes ces propositions furent portées devant la plèbe et exécutées conformément au sénatus-consulte. Les consuls furent chargés de s'occuper de l'impunité des autres indicateurs et des récompenses à leur donner.

Le texte du sénatus-consulte[11]

Par une chance tout à fait exceptionnelle dans l'histoire des textes antiques, le récit livien peut être contrôlé par un document épigraphique d'une certaine longueur, la table dite de Cigala : En 1640, un certain Giovan Battista Cigala, seigneur de Tirioli en Calabre, découvrit dans le terrain où il faisait construire son château des vestiges archéologiques, parmi lesquels une plaque de cuivre portant, gravé, le sénatus-consulte. Le texte fut publié au XVIIIe siècle. La plaque se trouve actuellement au musée de Vienne, en Autriche. Voici son texte :

---

8. Somme qui correspond au « cens » minimum de la première classe, qui permet à Ebutius de retrouver la condition de son père et donc de réparer les torts que lui avait causés la gestion de son beau-père.

9. Privilège important pour une affranchie qui était tenue de se marier dans la « famille » de son ancien patron.

10. Ces droits sortent Hispala de sa condition d'affranchie et lui enlèvent la flétrissure donnée par le métier de courtisane.

11. *CIL*, I 2 581.

« Les consuls Quintus Marcius, fils de Lucius, et Spurius Postumius, fils de Lucius, ont consulté le sénat aux nones d'octobre[12] *dans le temple de Bellone. Ont assisté à la rédaction du décret Marcius Claudius, fils de Marcus, Lucius Valerius, fils de Publius et Quintus Minucius, fils de Caius. Les mesures suivantes furent édictées au sujet des Bacchanales, à l'adresse des confédérés :*

« Il est interdit à quiconque d'entre eux de célébrer des Bacchanales. S'il se trouve certains pour déclarer qu'il est nécessaire pour eux de le faire, ils doivent se rendre auprès du préteur urbain à Rome, et notre sénat statuera après avoir entendu leurs raisons, au moins cent sénateurs devant être présents lors de la délibération. Il est interdit à tout homme, citoyen romain, Latin ou allié, de participer aux mystères de Bacchus sans s'être présenté au préteur urbain et en avoir reçu de lui l'autorisation, après assentiment du sénat, cent sénateurs au moins étant présents lors de la délibération. » Décret du sénat.

« Qu'aucun homme ne soit prêtre de ce culte. Qu'aucun homme ni aucune femme n'en exerce la direction ; que personne n'y tienne une caisse commune, que personne n'y crée de dignitaire, ni principal, ni subalterne, homme ou femme ; il est interdit désormais de s'associer à ce titre par serment, de faire en commun des vœux, de contracter mutuellement des engagements et des promesses, d'engager réciproquement sa foi ; que personne ne célèbre le culte en cachette ; que personne ne le célèbre, ni en public, ni en privé, ni en dehors de la ville, sans s'être présenté au préteur urbain et en avoir reçu de lui l'autorisation, après assentiment du sénat, cent sénateurs au moins étant présents lors de la délibération. » Décret du sénat.

« Il est interdit que plus de cinq personnes en tout, hommes et femmes, célèbrent ce culte, que les hommes y participant soient plus de deux, les femmes plus de trois, sans un avis du préteur urbain et du sénat comme il est écrit plus haut. »

Il est stipulé que vous devez publier ces dispositions à l'assemblée du peuple pendant une période d'au moins trois marchés, et, pour que vous connaissiez la décision du sénat, la voici : s'il y a des contrevenants aux arrêts mentionnés ci-dessus, la peine capitale doit être prononcée contre eux. Le sénat a jugé bon que vous fassiez graver ce texte sur une tablette de bronze, que vous la fassiez afficher en un lieu où on pourra en prendre connaissance très facilement, et que

---

12. Le 7 octobre 186.

s'il y a des Bacchanales, en dehors du cas où elles comportent un caractère sacré[13], *vous les supprimiez selon la procédure indiquée ci-dessus, dans un délai de dix jours après réception des tablettes. Dans le territoire des Teurani*[14]. »

VALEUR DE CES DOCUMENTS. VÉRITÉ ET RHÉTORIQUE DANS LE RÉCIT DE TITE-LIVE

Si le texte du sénatus-consulte est d'une remarquable précision, un véritable décret de police, le récit de Tite-Live est au contraire haut en couleur. Les historiens modernes l'ont bien entendu examiné avec beaucoup d'attention[15], et leurs avis divergent sur le crédit qu'on peut lui accorder. Toutefois, si l'on considère l'ensemble des études menées à son propos, on peut aujourd'hui considérer qu'il a des chances de comporter une grande part de vérité.

Tite-Live est assurément un rhéteur de talent, et le public pour lequel il écrivait était friand d'éloquence, de morceaux de bravoure. N'oublions pas que la rhétorique constituait l'essentiel de ce que nous appelons de nos jours l'enseignement supérieur. Or le sujet des Bacchanales est un fort beau sujet. Tite-Live ne pouvait manquer l'occasion qui

13. C'est un des cas où le sénat permet leur maintien cf. Tite-Live XXXIX, 18, 7 cité *supra*, p. 183.

14. Il existe encore quelques autres textes qui font allusion à l'affaire ; voir plus bas, p. 204 et suiv.

15. La bibliographie est riche. Les deux études les plus importantes sont A. Bruhl, *Liber-pater, Origine et expansion du culte dionysiaque à Rome et dans le monde romain*, Paris, 1953, pp. 83-116 et A. Festugière, « Ce que Tite-Live nous apprend sur les mystères de Dionysos », *Mélanges de l'École française de Rome*, LXVI, 1954, pp. 79-99 repris dans *Études de religion grecque et hellénistique*, Paris, 1972, pp. 89-109 ; nous leur avons beaucoup emprunté. Il faut citer aussi T. Frank, « The bacchanalian cult of 186 B.C. », *Classical Quarterly* XXI, 1927, pp. 128-132 ; G. Meautis, « Les aspects religieux de l'affaire des Bacchanales », REA 1940 *(Mél. Radet)* pp. 476-485 ; Y. Béquignon, « Observations sur l'affaire des bacchanales », *Rev. Arch.* XVII, 1941, pp. 184-198 ; G. Traditi, « La Questione dei baccanali a Roma nel 186 a.C », *La Parola del Passato* IX, 1954, pp. 265-287 ; ainsi que quelques points de vue récents, que nous citons au cours de notre exposé et regroupons dans notre bibliographie générale.

lui était ainsi offerte de composer un tableau de choix ; il le pouvait d'autant moins qu'il était lui-même intimement persuadé du caractère dangereux, mortel même pour la société romaine, de tels rites.

Il faut reconnaître que certains passages de son récit présentent la secte des Bacchants romains d'une façon singulièrement sommaire : il ne se serait agi que d'un ramassis de pervers consommés ! Or, est-il concevable, par exemple, que ces gens aient fait retentir leurs cymbales et leurs tambourins surtout pour étouffer les appels au secours des malheureux dont on violait la pudeur ? Est-il imaginable que les sectateurs qui supportaient mal le déshonneur ou qui se montraient seulement trop lents à l'infliger à d'autres aient tout simplement été immolés en guise de victimes ? Et que dire de l'affirmation du consul Postumius, selon laquelle *« tout ce qui a été commis ces dernières années en matière de débauche, en matière de fourberie, en matière d'attentat provient de cet unique sanctuaire »* ?

Les accusations de faux témoignages, de faux cachets, de faux testaments et de fausses dénonciations laissent également sceptique. On a lancé de telles attaques contre les sectes de toutes les époques. L'accusation de stupre a été proférée contre les Templiers, contre le clergé espagnol pendant la guerre d'Espagne et contre le clergé allemand sous Hitler. Les premiers chrétiens se sont vu reprocher des crimes de toute sorte.

On est enfin frappé de l'aspect léger et anecdotique, au regard d'une affaire aussi importante, de l'épisode des amours d'Ebutius et d'Hispala, principaux témoins à charge. Tout cela n'a-t-il pas un peu l'allure d'un roman-feuilleton, écrit selon les poncifs les plus classiques du genre ? Comme Blanche-Neige est persécutée par sa marâtre, Ebutius, jeune homme innocent, est poursuivi par le second mari de sa mère, dilapideur cynique de ses biens. Il est protégé par une maîtresse plus âgée que lui, au cœur large, qui subvient à ses besoins et fait même de lui son légataire universel[16]. Quoi de plus attendrissant ? Tite-Live

---

16. Cf. G. Méautis, *Aspects religieux de l'affaire des Bacchanales*, pp. 477-478.

n'aurait-il pas pour cette histoire pris ses modèles dans la Comédie Nouvelle, chez Ménandre ou chez Térence ? D'autant plus qu'en fin de compte Hispala n'est jamais qu'une courtisane — dont l'éloge étonne de la part de Tite-Live — et Ebutius ce que nous appellerions un « gigolo », qui n'hésite pas, pour assurer son avenir, à mettre sa maîtresse dans une situation bien périlleuse et peut-être à envoyer sa mère au supplice ! Ajoutons qu'il obtiendra entre autre récompense pour ses services envers l'État de ne pas accomplir ses obligations militaires...

Et pourtant, un examen attentif montre que l'ossature du récit livien est solide.

Il y a d'abord le texte épigraphique du sénatus-consulte des Bacchanales. Ce texte permet à deux millénaires de distance une exceptionnelle vérification du sérieux de Tite-Live, comme la découverte des Tables Claudiennes à Lyon a permis de mettre à l'épreuve la conscience de Tacite. Or, on s'accorde à admettre que la confrontation est tout à l'honneur de Tite-Live, qui n'a trahi ni la lettre ni l'esprit du décret sénatorial. Il y a ensuite les vraisemblances juridiques. Certes les condamnations à mort entraînées par la procédure d'enquête utilisée dans l'affaire supposaient normalement un vote de l'assemblée du peuple, ce dont Tite-Live ne nous dit rien. Mais divers indices nous autorisent à supposer que le peuple a été en fait consulté sur le sort des prisonniers[17]. Surtout, les accusations lancées par le consul à l'encontre des Bacchants sont des crimes bien connus de droit commun qui, même s'ils ne sont que des calomnies, tombent effectivement sous le coup de la loi romaine. Les sources enfin de Tite-Live sont sérieuses : l'historien latin a manifestement consulté les archives officielles tenues par les pontifes, et a sans doute eu entre les mains le rapport même que fit Postumius au sénat.

Ne peut-on pas toutefois craindre que ce rapport ait été mensonger ? Si les sources de Tite-Live sont authentiques, mais si elles ne rapportent qu'une énorme mystification destinée à justifier une répression utile au consul et au sénat, nous ne sommes guère plus avancés pour notre propos !

---

17. Cf. Y. Béquignon, *Observ. sur l'Affaire des Bacch.*, p. 195.

L'historien S. Reinach écrivait au début de ce siècle :

> « *Tout fait présumer que la relation officielle des événements, complaisamment reproduite par Tite-Live, n'est qu'un tissu de mensonges, destiné à couvrir, comme ils l'avaient motivée en apparence, la conduite inique et barbare du sénat romain*[18]. »

On est actuellement beaucoup plus prudent. S'il est certain que l'attitude du sénat fut sans aménité et qu'il y eut dans l'affaire toutes sortes de dénonciations malveillantes et de règlements de compte personnels, il n'est pas vraisemblable que l'enquête n'ait pas été menée d'une façon approfondie, et que la secte n'ait pas prêté de quelque manière le flanc à la critique. Un passage en tout cas du récit de Tite-Live, les déclarations d'Hispala au consul[19], offre toute la sécheresse d'un véritable rapport d'enquête. Or quel avantage la courtisane aurait-elle eu à ne pas dire la vérité ? Elle était prisonnière du consul, et tous ses dires étaient bien faciles à vérifier.

Nous pouvons donc espérer, en prenant certaines précautions, tirer du récit livien, surtout s'il est confirmé par d'autres sources, des renseignements authentiques sur la composition de la secte et sur les rites qu'elle pratiquait.

LES BACCHANALES ROMAINES : LE THIASE LES INITIATIONS, LE CULTE

Le thiase

Les adeptes des « Bacchanales » romaines, c'est-à-dire des « fêtes bacchiques »[20], constituaient sans nul doute un ou des thiases du type de ceux que nous avons observés en

---

18. *Revue Archéologique*, 1908, I, p. 249.
19. § 13-14 *supra*, p. 177.
20. En latin, *bacchanal*, désigne aussi le lieu où ces fêtes étaient célébrées. Mais nous n'emploierons le terme français que dans son sens habituel.

Grèce[21], célébrant des orgies et échappant au contrôle des autorités civiles. Nous savons que le Dionysisme était depuis fort longtemps un mouvement puissant en Italie du sud et qu'il a même touché Rome dès le début du VIe siècle avant J.-C.[22]. On a supposé avec vraisemblance que la prise de Tarente par les Romains en 208 avant J.-C. — vingt-deux ans avant l'affaire des Bacchanales — en a précipité le succès : sur les 30 000 prisonniers faits à Tarente, beaucoup se retrouvèrent sans nul doute à Rome[23]. Or Tarente et Locres étaient de hauts lieux du Dionysisme (le texte du sénatus-consulte des Bacchanales a été trouvé entre Locres et Crotone). Tite-Live nous apprend par ailleurs que des mouvements de résistance de Bacchants eurent lieu dans cette région les années qui suivirent l'édit du sénat[24]. Rappelons enfin que deux des grands-prêtres de la secte en 186 — dont le plus grand, Minius Cerrinius — étaient campaniens (issus donc d'un contrée fort imprégnée d'influences helléniques), de même qu'avait été campanienne Paculla Annia, leur mère et l'instigatrice des importantes réformes que connut l'association. On peut dès lors supposer que, si un certain nombre de membres du groupe étaient originaires d'Étrurie (région d'où serait venu le prêtre fondateur du culte), un plus grand nombre encore l'était du sud de l'Italie.

La secte était constituée de personnes des deux sexes. A l'origine, nous l'avons vu, les thiases dionysiaques étaient réservés aux femmes. Hispala Fecenia attribue l'introduction des hommes dans le culte romain à Paculla Annia. La participation masculine est effectivement attestée ailleurs et est même courante au IIe siècle[25]. Mais Paculla associa aussi des hommes aux fonctions sacerdotales : nous connaissons quatre noms pour 186. Cette réforme pourrait même être la plus intéressante — et la plus durable — de celles que fit la prêtresse : on observe en effet que la mixité existe déjà à cette époque en Grèce dans la hiérarchie sacer-

---

21. Cf. *supra*, p. 61 et suiv.
22. Cf. J. Bayet, *Histoire politique et psychologique de la religion romaine*, Paris, 1969, (2e éd.), p. 153.
23. Cf. T. Frank, *The bacchanal cult of 186 b.C.*, p. 129 et suiv.
24. Cf. *infra*, p. 204.
25. Cf. A. Festugière, *Ce que T.L. nous apprend...*, p. 92.

dotale[26]. L'inscription de Torre Nova[27], provenant des environs de Rome, cite toute une série de prêtres et de prêtresses, comme une chose désormais tout à fait naturelle. Il est fort possible que les quatre officiants du culte des Bacchanales aient eu surtout pour fonction d'initier les nouveaux adeptes du sexe masculin. Mais la secte comptait certainement encore d'autres prêtres. Le sénatus-consulte laisse supposer qu'il s'y était constitué toute une hiérarchie, que les autorités romaines jugèrent essentiel de dissoudre. Il y existait en outre une organisation financière ; elle était même assurément puissante, puisque le sénat eut à cœur également de la supprimer. Nous savons que dans les thiases grecs chaque membre était astreint à une cotisation. Il ne pouvait qu'en être de même à Rome.

L'association était implantée *« en de nombreux endroits de la Ville »*, atteste Tite-Live. Mais son point d'ancrage principal était *« le bois de Stimula »*, sur l'Aventin. Le choix de cet endroit n'est nullement fortuit. *« Stimula »* était une déesse dont le nom provenait, croyait-on, de *stimulus*, l'« aiguillon » : une telle divinité ne pouvait que plaire à des adeptes de danses extatiques... Il s'agissait d'autre part d'un lieu — comportant encore un « espace vert » important — de vieille tradition dionysiaque : les Romains l'appelaient aussi « bois de Sémélé » (mère de Bacchus) et une légende disait, selon Ovide, que *« les Ménades d'Ausonie »* y avaient autrefois habité[28]. Surtout, on était là, au bord du Tibre, dans un quartier populaire et cosmopolite, relativement à l'abri des contrôles des autorités, tout en étant assez près du fleuve pour qu'on pût l'atteindre au cours des cérémonies.

L'initiation

La déposition d'Hispala indique que, depuis deux années avant l'enquête, on n'initiait plus dans la secte que des « jeunes » n'ayant pas dépassé l'âge de vingt ans. Plusieurs

---

26. Voir *supra*, pp. 70 et suiv. On notera que le « Grec obscur » qui introduisit le culte à Rome était déjà un homme.
27. *Supra*, p. 65 et note 67.
28. *Fastes*, VI, 504.

monuments figurés, dont celui de notre planche V[29] corroborent l'affirmation : les nouveaux initiés qu'on y voit sont des jeunes gens ou même des enfants. Si on les prenait si jeunes, ce n'était certainement pas pour abuser de leur pudeur ! On voulait selon toute vraisemblance leur garantir, s'ils mouraient, la félicité dans l'au-delà. Ebutius quant à lui, qui était mineur, devait avoir moins de dix-sept ans, guère moins cependant, car son tuteur s'inquiétait d'avoir sous peu des comptes à lui rendre[30].

Tite-Live nous apprend qu'un néophyte pubère était tenu à une abstinence sexuelle de dix jours avant l'initiation (c'est ce qui provoquera le petit drame familial !) ; le dixième jour, après un repas et un bain de purification[31], Ebutius devait être conduit au sanctuaire par sa mère. Tout cela est très vraisemblable et comporte des parallèles dans d'autres cérémonies d'esprit proche[32].

Une fois arrivé au sanctuaire, le myste était pris en charge par des prêtres[33]. Ceux-ci l'invitaient en particulier à prêter un serment solennel : c'est Tite-Live qui nous l'apprend, et le renseignement qu'il nous donne est des plus utiles pour la connaissance des rites dionysiaques en général. Le néophyte devait jurer en répétant après un prêtre des paroles tirées d'un formulaire sacré[34]. En quoi consistait ce serment ? Quelle réalité recouvrait l'engagement exigé de « *commettre n'importe quel forfait et n'importe quelle infamie* » ? Nous sommes malheureusement réduits à des hypothèses. Toutefois le peu que nous savons des serments propres à d'autres cultes à mystères permet d'entrevoir l'essentiel de son contenu.

Il comportait d'abord une promesse de secret. Un serment de mystères du Ier siècle après J.-C. qui nous est par-

---

29. Cf. F. Cumont, *Les religions orientales dans la paganisme romain*, Paris, 1963 4, p. 202 et pl. XVI.
30. La fin de la tutelle se plaçait à la puberté du pupille. Celle-ci devait être dûment constatée. Mais le beau-père d'Ébutius n'était certainement pas pressé de le faire.
31. § 9, *supra*, p. 173.
32. Cf. A. Festugière, *op. cit.*, p. 85.
33. § 10, *supra*, p. 174.
34. § 18, *supra*, p. 183.

XI — Procession isiaque

Sistres, canopes, papyrus liturgique et serpent sacré sont portés en procession solennelle par les adorateurs d'Isis. Ce cortège rappelle beaucoup celui du « *navigium* » dans le récit d'Apulée. *(Photo Musée du Vatican)* (cf. p. 266-267).

XII — Cérémonie isiaque

Sur cette fresque est figuré le moment culminant de la grande liturgie isiaque, le rite au cours duquel l'eau sainte de vie est présentée aux initiés rangés devant le temple de part et d'autre de l'autel où sont représentés les animaux du sacrifice. On remarquera le décor « nilotique » de l'architecture (sphinx) et le grand-prêtre rasé, en robe blanche, sortant de l'iséum. *(Fresque de Pompéi, Institut Allemand de Rome, photo Anderson)* (cf. pp. 258 et suiv).

venu dit : « *Que (le Père) introduise le myste, le place au milieu du "diathema"* (?) *et lui fasse prêter serment par le héraut Astyadamas* » (il faut entendre que le myste répétera les paroles prononcées par le héraut). Puis : « *Je jure, par le dieu qui a séparé et divisé la terre du ciel... et le corps de l'âme, en toute franchise et bonne foi, de conserver en secret les mystères qui m'ont été transmis par le très pieux père Sarapion...* »[35]. Les initiés des Bacchanales romaines prononçaient ensuite de graves imprécations contre eux-mêmes en cas de manquement : Hispala affirme « *avoir grand peur des dieux dont elle révélait des mystères cachés* ». On menaçait aussi les traîtres de représailles humaines : la courtisane dit craindre encore davantage les hommes « *qui allaient la mettre en pièces de leurs propres mains si elle parlait* »[36].

Il est clair que le serment contenait par ailleurs, outre l'élément négatif de ne pas divulguer les choses vues et entendues, celui, positif, de promettre fidélité au dieu. Le serment de mystères dont nous avons déjà parlé stipule : « *Je jure aussi de conserver et garder les dieux que j'adore*[37]. » Un argument important pour l'existence de cet élément positif dans le serment de la secte romaine est l'exclamation indignée du consul Postumius devant l'assemblée du peuple : « *Estimez-vous, citoyens, que des jeunes gens initiés par un tel serment doivent devenir soldats* » ?[38]. Si le magistrat redoutait que les recrues initiées aux Bacchanales fussent infidèles au serment militaire, c'est qu'il savait qu'elles avaient prêté un serment de fidélité concurrent de cet engagement[39] : fidélité à Bacchus, bien sûr, et c'est là, de la part des adeptes du bois de Stimula, un aspect véritablement mystique de leur association, mais aussi de fidélité et d'obéissance aux prêtres ainsi qu'à la communauté tout entière. Autrement on ne comprendrait pas pourquoi les autorités affirmèrent avec tant de force que les mystes devaient obtempérer à n'importe quel ordre ni pourquoi elles déplorèrent si fort la valeur collective de leur serment.

35. Cf. A. Festugière, *op. cit.*, p. 97.
36. § 13, *supra*, p. 176.
37. Cf. A. Festugière, *op. cit.*, p. 97.
38. § 15, *supra*, p. 180.
39. Cf. *infra*, p. 199.

Aussi bien les auteurs du sénatus-consulte que Tite-Live emploient le terme de *coniuratio*, exactement « action de jurer ensemble ». Les nombreux suicides de Bacchants au cours de l'enquête, notés par Tite-Live, et la crainte des autorités d'un suicide du grand-prêtre Minius Cerrinius pourraient en découler. Ces faits évoquent l'« association de la mort en commun » d'Antoine et de Cléopâtre[40], voire, à notre époque, la tuerie de Guyana... En fait, les Bacchants de Rome s'unissaient par des liens sacrés de toute sorte : le sénatus-consulte leur interdit de « *faire en commun des vœux, de contracter mutuellement des engagements et des promesses, d'engager réciproquement leur foi* ». Y a-t-il eu surenchère dans la secte, volonté d'empêcher par tous les moyens les défections ? La dernière indication nous fait supposer que, comme dans le culte de Mithra[41], l'entrée du nouveau myste dans la communauté était sanctionnée par un rite d'accueil comportant en particulier un échange solennel de poignées de main, acte dont la force religieuse était restée grande à Rome[42]. On peut présumer que le néophyte joignait avec gravité la main droite du prêtre qui avait reçu son serment, puis celle de chacun des membres du groupe, en signe d'entente perpétuelle et d'alliance indéfectible.

L'initiation proprement dite était nécessairement précédée d'un minimum d'instruction. Nous ne savons rien de son ampleur ni de sa durée. Mais la première fresque de la Villa des Mystères de Pompéi (planche VI) présente un enfant nu, lisant un texte sacré, debout à côté d'une femme qui le dirige dans sa lecture : il s'agit probablement d'un jeune Bacchant, plus précisément d'un de ces « *enfants ayant encore son père et sa mère* » dont parle l'inscription de Torre Nova[43]. Il est certain que l'association possédait des « textes sacrés ». On se souviendra du papyrus rapportant l'édit de Philopatôr, souverain d'Égypte, enjoignant à tous ceux qui initiaient aux mystères de Dionysos dans le

---

40. Cf. *supra*, p. 72 et suiv.
41. Cf. *infra*, p. 318.
42. Cf. G. Freyburger, *Fides, étude sémantique et religieuse depuis les origines jusqu'à l'époque augustéenne*, Paris, 1986, Les Belles Lettres, p. 136 et suiv.
43. Cf. *supra*, p. 65.

pays de se présenter devant un fonctionnaire royal, de lui faire connaître de qui ils avaient reçu leur culte et la teneur de leur « *discours sacré* »[44]. Or cet édit date de la fin du IIIe siècle avant J.-C., donc des années qui précédèrent l'affaire des Bacchanales.

La meilleure image de l'initiation elle-même nous est donnée par un stuc décorant une villa de l'époque d'Auguste, découverte à Rome, près de la Farnésine, actuellement exposé au Musée des Thermes (planche V). On y voit de part et d'autre de la scène de hauts piliers. Celui de droite est entouré d'une bandelette, au pied de celui de gauche se trouve une tête de bouc. Celle-ci signale que l'épisode représenté a été précédé d'un sacrifice. Au milieu se tient le jeune initié, un enfant, le visage caché par son manteau ramené par-dessus la tête et tenant en main un thyrse ; il pourrait en outre être pourvu d'un phallus artificiel. Derrière lui se trouve une femme chargée de le conduire (« mystagogue »), la main droite posée sur sa tête et se retournant vers une Bacchante (à droite de l'image) tenant un tambourin, comme pour lui donner un ordre. Entre elles, sur un socle bas, on voit la « ciste » (corbeille sacrée). Devant le jeune initié, un Silène (dans la réalité, c'était un prêtre ou une prêtresse), s'apprête à découvrir les objets sacrés placés dans le fameux « van » (ici en grande partie détruit). Sous le voile qui les dissimule, on distingue un phallus dressé. Nous savons qu'il s'y trouvait aussi des fruits. Sur d'autres images, le myste porte le van sur la tête ou en reçoit le contenu sur sa personne, la tête inclinée[45]. Le dévoilement du van est également évoqué sur les fresques de la Villa des Mystères (cf. planche VI). Sur cette représentation, on voit en outre à droite une femme dont le visage marque l'effroi. Image, selon toute vraisemblance, de la Pudeur blessée[46] lorsque l'initié, le visage débarrassé du voile, aperçoit le phallus. Les tambourins devaient couvrir le cri d'étonnement et de pudeur blessée qu'il poussait alors. Il était désormais apte à participer aux « orgies » bachiques. A gauche de la scène de notre planche V, on voit encore

44. Cf. F. Cumont. *Les rel. orient.*, p. 196.
45. Cf. S. Reinach, *Répertoire des reliefs grecs et romains*, t. II, Paris, 1912, p. 287 ; F. Cumont, *Les rel. orient.*, p. 202 et pl. XV.
46. Cf. G. Méautis, *Aspects rel. de l'Aff. des Bacch.*, p. 484.

une branche d'arbre, symbole de la nature chère aux Bacchants. De telles scènes ont eu lieu sous les arbres du bois de Stimula. Elles y ont même été fréquentes puisque les dignitaires de la secte avaient jugé nécessaire de procéder à des initiations cinq jours tous les mois.

Le culte

En quoi consistaient les cérémonies du culte proprement dit ?

Après avoir célébré ensemble un sacrifice, les sectateurs des Bacchanales se mettaient à table, la viande étant fournie par les victimes. Tite-Live parle des « *plaisirs du vin et de la bonne chère* »[47]. Ce repas s'accompagnait de vin, produit consacré à Bacchus. Tout le monde en buvait, les hommes et les femmes, et on peut présumer que les quantités n'étaient pas chichement mesurées. Les fidèles ainsi mis en train se mettaient alors, une fois la nuit tombée, à danser et à s'adonner à ce qu'on appelle couramment des « Bacchanales ». Le but visé était, rappelons-le, de parvenir à un état de transes, afin d'être saisi, possédé par la divinité et de s'identifier à elle pendant quelque temps. Nous avons beaucoup de représentations de danses bachiques. Le sarcophage du Musée du Vatican de notre planche VII montre bien, même si les motifs en sont stylisés, l'atmosphère qui y régnait. On voit sur ce monument des hommes et des femmes d'âge divers dansant seuls ou en groupe avec beaucoup d'animation et parfois un air d'extase. Deux femmes font voler d'élégants voiles comme sur la fresque de la Villa des Mystères. La nudité de certains danseurs confère à la scène une indéniable atmosphère de sensualité, atmosphère que l'on observe aussi sur le relief de la planche II. Les évolutions se faisaient au son d'un orchestre. Tite-Live parle d'« *un vacarme de tambourins et de cymbales* »[48]. Le tambourin apparaît sur la planche V et la cymbale sur la planche II. On trouve aussi ailleurs d'autres instruments, en

47. § 8, *supra*, p. 172.
48. § 8, *supra*, p. 173.

particulier des flûtes[49] ou des sonnettes[50]. La musique, croyait-on, purifiait les âmes[51]. Combinée à une douce ébriété, elle donnait en outre le sentiment d'une libération des soucis d'ici-bas, d'un avant-goût des joies d'outre-tombe.

Arrivés au paroxysme de l'« enthousiasme » bachique, les sectateurs poussaient des hurlements. Les femmes, rapporte Tite-Live, sortaient du bois sacré et couraient jusqu'au Tibre en brandissant des torches ardentes qu'elles plongeaient dans l'eau et qu'elles ressortaient ensuite toujours allumées. Ces torches étaient probablement des tubes de métal dans lesquels on avait enfoncé le combustible. Emblèmes caractéristiques des Bacchantes, de tels luminaires contribuaient puissamment à créer une ambiance trouble, pleine de mystère et quasi miraculeuse. Des hommes *« l'esprit comme égaré, faisaient des prophéties en gesticulant d'une manière frénétique »*[52]. La prêtresse Paculla Annia eut l'idée d'apporter les réformes qui furent les siennes *« comme sur un avertissement des dieux » (tanquam deum monitu)*[53], c'est-à-dire à la suite d'une véritable « révélation » et sans doute d'une extase prophétique. Comme le dit Philon d'Alexandrie, *« les Bacchantes et les Corybantes cultivent leur délire jusqu'à ce qu'ils voient l'objet de leur désir »*[54]. Tout cela n'est pas sans rappeler la manière dont certaines sectes modernes prétendent « parler en langues ». Celle du *Groupe de Saint-Erme*, par exemple, qui pratique de telles expériences, espère découvrir la volonté de l'Esprit Saint en ouvrant une bible au hasard[55].

Les Bacchanales romaines comportaient encore d'autres rites. Il est probable qu'on y représentait le drame sacré du meurtre de Dionysos enfant, déchiré par les Titans. Des

---

49. Cf. F. Cumont, *Les rel. orient.*, p. 202.
50. Sur un sarcophage de Krzeszowice, près de Varsovie, de provenance sans doute italienne, cf. R. Gostkowski, « Bacchants romains sur un sarcophage de Krzeszowice », *Eos* XXXI, 1928, p. 329.
51. Cf. F. Cumont, *op. cit.*, p. 203.
52. § 13, *supra*, p. 177.
53. § 13, *supra*, p. 177.
54. Cf. *supra*, p. 74.
55. O. Braconnier, *Radiographie d'une secte au-dessus de tout soupçon*, Paris, 1982, p. 105 et suiv.

symbolismes et des expériences de toute sorte devaient aider les sectateurs à surmonter les terreurs de la mort et de l'au-delà. Ainsi, si l'on en croit le rapport d'Hispala chez Tite-Live, il existait une grotte — à l'intérieur ou à proximité du santuaire — où disparaissaient certains individus préalablement attachés à une machine ; on disait qu'« *ils étaient enlevés par les dieux* »[56]. La courtisane affirme que ce traitement était réservé aux fidèles rétifs. Mais il n'est pas sûr qu'elle ait bien compris — ou plus exactement tout compris. Il est plus vraisemblable qu'on voulait représenter par ce moyen une « descente aux Enfers », à l'image de celle qu'aurait faite jadis Dionysos. Plusieurs héros grecs furent ravis de la sorte par les dieux, selon la légende : Œdipe, Amphiaraos, Aristaios, Rhésos... Notons qu'Aristaios se serait rendu à la fin de ses courses en Thrace auprès de Dionysos, aurait participé à des « orgies » et aurait disparu dans les flancs du mont Hémus ; Rhésos aurait vécu comme « homme devenu dieu » dans une caverne de la montagne dionysiaque du Pangée[57].

Il n'y a rien d'invraisemblable à ce qu'il y ait eù une caverne — naturelle ou artificielle — dans le bois de Stimula. L'inscription de Torre Nova signale que ce thiase en possédait une[58]. La machine n'a rien d'extraordinaire non plus. Pausanias, géographe du IIe siècle après J.-C., raconte qu'il descendit lui-même dans l'antre de Trophonios, autre héros ravi par les dieux. Il parvint, dit-il, par une échelle mince et légère dans un premier trou maçonné, au fond duquel on découvrait entre le sol et la maçonnerie une ouverture très étroite. Le dévot s'accroupissait là, passait d'abord les pieds, puis les genoux. Aussitôt, tout le reste du corps était entraîné et précipité vers le fond, tout comme si l'on disparaissait emporté par le tourbillon d'un torrent violent et très rapide. Après un temps plus ou moins long, on remontait à la surface du premier trou, les pieds les premiers. Nul ne mourait dans cette épreuve, sauf les sacrilèges. Mais on restait quelque temps en proie à la terreur, sans avoir conscience de soi ni de l'entourage. C'est plus

56. § 13, *supra*, p. 177.
57. Pour tout ce passage, voir A. Festugière, *op. cit.*, pp. 94-96.
58. Cf. *supra*, p. 68.

tard seulement qu'on reprenait ses esprits et que le rire revenait. L'auteur précise enfin qu'il ne parle pas par ouï-dire, mais qu'il a fait lui-même l'expérience[59]. Il est vraisemblable que la remontée de l'initié, les pieds les premiers, des profondeurs de la grotte se soit faite par quelque mécanisme comparable à celui dont parle Tite-Live. Le parallèle est des plus suggestifs.

Il est difficile de savoir avec précision ce qu'ont pu rechercher les Bacchants de Rome au fond d'une telle grotte. Les dévots de Trophonios y allaient entendre une réponse d'oracle. Toutefois l'indication d'Hispala selon laquelle des hommes y étaient ravis par les dieux permet de penser que la « descente aux Enfers » ainsi représentée conférait au myste qui l'avait subie une consécration, ou au moins une semi-consécration divine, comme celle attribuée à Rhésos ou celle des initiés d'Éleusis[60]. L'inscription de Torre Nova signale en tête de la liste des mystes un « héros ». Peut-être était-ce un « *Bacchant en son vivant héroïsé, possédant, par une mort et une renaissance symboliques, une garantie certaine de félicité posthume* »[61].

Si donc l'on admet, comme nous l'avons fait, que beaucoup d'informations données par Tite-Live sont exactes, les adeptes des Bacchanales romaines se révèlent comme des Bacchants particulièrement intransigeants, sans doute partisans d'un retour aux sources anciennes du Dionysisme[62]. L'importance — et certainement la dureté — qu'ils ont données au serment d'initiation, les courses nocturnes des femmes brandissant des torches comme les ménades de la tradition la plus reculée et les scènes de délire prophétique rapportées par un témoin oculaire, en sont des indices sérieux.

59. IX, 39, 11-14.
60. Cf. *supra*, p. 34-35.
61. A. Festugière, *op. cit.*, p. 96.
62. Bien que la démonstration soit difficile, cf. C. Gallini, *Protesta e integrazione nella Roma antica*, Bari, 1970, p. 21 et suiv. Mais ce retour avait-il en soi un caractère révolutionnaire ? J.-M. Pailler, « La spirale de l'interprétation : les Bacchanales », *Annales, Économies, Sociétés, Civilisations*, sept.-déc. 1982, p. 937, pense au contraire que l'évolution du mouvement bachique à Rome est due à des contaminations orientales.

Ne doit-on pas dès lors penser qu'une partie des accusations formulées contre la secte fut fondée ? N'est-il pas probable que les dirigeants de l'association ne purent pas toujours, dans l'« enthousiasme » des membres — adeptes, ne l'oublions pas, du culte du phallus — tenir de telles troupes, et que les *stupra* dont parle à plusieurs reprises l'historien latin furent une conséquence effectivement fréquente de l'exubérance des Bacchants de Rome[63] ? On pensait dans l'Antiquité que, d'une manière générale, les cérémonies nocturnes ouvertes aux deux sexes étaient des occasions d'unions peu légitimes. C'est là le thème d'une pièce de Ménandre et surtout de deux pièces de Plaute, contemporain de l'affaire[64]. L'héroïne de la *Cistellaria* a même été séduite, la nuit, par un marchand ivre, au cours de Dionysies[65]. Il y a toutes les apparences que cette opinion reposait sur une bonne part d'expérience. Les bosquets du bois de Stimula ont probablement plus d'une fois connu de furtifs ébats...

Il est peut-être permis d'aller au-delà et d'imaginer que, lors de la représentation du meurtre de Dionysos, « *dans l'emportement de leur fureur sacrée, les Bacchants ont parfois mis en pièces des victimes humaines* »[66]. On sait que les Bacchantes de la Grèce archaïque auraient dépecé de leurs propres mains des taureaux pour se nourrir de leur chair crue[67] et qu'une tradition antique assure que, primitivement, les victimes étaient humaines[68]. Précisément Tite-Live écrit que le corps des personnes assassinées disparaissait maintes fois[69] et Hispala affirme, nous l'avons dit, que, si elle divulguait les secrets de la secte, « *des hommes allaient la mettre en pièces de leurs propres mains* »[70]. Les Bacchants de Rome seraient-ils allés si loin dans leur « retour aux sources » ? En l'absence d'indications plus pré-

---

63. R. Turcan, « Religion et politique dans l'affaire des Bacchanales », *Rev. de l'hist. des Relig.*, 1981, p. 16 estime que les initiations ont peut-être comporté des manipulations sexuelles.

64. *L'Arbitrage* de Ménandre, l'*Aulularia* et la *Cistellaria* de Plaute.

65. Cf. *supra*, p. 57.

66. Cf. F. Cumont, *Les rel. orient.*, p. 198.

67. Sur le rite de l'omophagie, voir *supra*, p. 56.

68. Cf. *supra*, *ibid.*

69. § 8, *supra*, p. 173.

70. § 13, *supra*, p. 176.

cises, faisons-leur grâce de ce grief. La population de Rome en formulait déjà suffisamment à leur encontre.

REJET DE LA SECTE PAR LA SOCIÉTÉ ROMAINE

La répression des Bacchanales fut sans nul doute pour une part une opération intéressée et partisane. L'affaire permit au consul Postumius de marquer les annales de Rome et au sénat, comme nous allons le voir, de raffermir son *auctoritas* menacée par un laxisme grandissant. Mais il est clair qu'une large majorité de la population romaine était en 186 hostile et — selon toutes les apparences profondément — à la secte, qu'on jugeait dangereuse. Les documents dont nous disposons permettent de percevoir cette hostilité non seulement dans la classe dirigeante, mais encore dans celle du petit peuple.

La classe dirigeante

Les Bacchanales heurtaient les dirigeants de l'Urbs pour des raisons religieuses, morales et politiques.

La deuxième guerre punique, dont le souvenir était encore vif en 186, avait été pour Rome une épreuve certes militaire, mais aussi religieuse. On avait douté des dieux de la cité. Au plus fort de la tourmente, un oracle des livres sibyllins, confirmé par une prédiction de la Pythie de Delphes, promit la victoire si l'on introduisait dans la Ville le culte de Cybèle. C'était un culte bien oriental, nous l'avons dit, célébré selon des rites bizarres par des prêtres phrygiens. Le sénat en limita autant qu'il put les manifestations et les effets, mais la terreur était alors telle qu'il obéit à l'oracle. Lorsque Carthage fut enfin vaincue, il jugea manifestement indispensable de veiller à ce que ce type de culte ne se répandît pas au détriment de la religion officielle. Il est probable que nombre de particuliers avaient par ailleurs pris l'habitude de se tourner vers diverses divinités exotiques, plus propres à satisfaire la piété privée et à conjurer les terreurs personnelles[71].

Les Bacchanales apparurent comme le type même des rites qu'il fallait éliminer sans tarder. Cela d'autant plus qu'il s'agissait d'une association secrète, où les membres étaient liés par serment, d'une *coniuratio*. Or ce fait était grave pour les autorités de l'Urbs : le discours du consul au peuple le montre abondamment[72]. L'esprit civique romain reposait en effet pour une bonne part sur le serment militaire, par lequel les recrues juraient solennellement d'obéir à leurs chefs et de se protéger les unes les autres. Elles étaient liées entre elles au moyen d'un lien sacré que l'on concrétisait à l'occasion par des échanges de poignées de main[73]. Au IIe siècle avant J.-C., le serment était resté un engagement de la plus grande importance pour les Romains. Polybe, historien grec qui arriva à Rome peu après l'affaire des Bacchanales, l'atteste et oppose leur scrupule religieux à la légèreté des Grecs[74]. Le serment d'initiation des Bacchants comportait donc effectivement le risque de conduire des citoyens à se sentir plus liés envers les prêtres de la secte qu'à l'égard de la patrie. Du point de vue de la religion et de la cohésion nationale, il constituait un danger réel. Caton l'Ancien, qui ne peut pas ne pas avoir joué un rôle actif dans la répression, porta sans doute ses attaques sur ce thème : nous savons qu'il prononça un discours concernant précisément une « conjuration »[75] et l'on admet généralement qu'il s'agit des Bacchanales. M. Aemilius Lepidus, le consul de l'année précédente, envoyé en 201 à Alexandrie auprès de Ptolémée Épiphane, fils de Ptolémée Philopatôr, (l'auteur du fameux édit réglementant les mystères de Dionysos dans son pays[76]), et qui allait devenir en 180 « Grand Pontife », pesa assurément aussi d'un poids important dans le débat.

---

71. Cf. Les « décrets des pontifes, les sénatus-consultes et les oracles d'haruspices » de Tite-Live, § 16, *supra*, p. 181.

72. § 15-16, *supra*, p. 180. Cf. à ce sujet R. Turcan, *Religion et politique dans les Bacchanales*, p. 22.

73. G. Freyburger, *Fides...*, p. 202 et suiv.

74. VI, 56.

75. Festus, p. 280 (édition Lindsay).

76. Cf. *supra*, p. 70-71.

Les raisons morales ne furent pas moins importantes. La fin d'une guerre aussi dure que l'avait été celle contre Hannibal avait tout naturellement entraîné un relâchement dans les mœurs. On voulut enfin, après les épreuves subies, profiter de la vie ! Cette aspiration était apparue au grand jour en 195 avant J.-C. : un projet de loi préconisait l'abrogation de la loi Oppia, votée pendant la guerre, qui interdisait en particulier aux femmes le port de bijoux précieux et de vêtements chatoyants[77]. Les femmes se ruèrent en foule vers le forum pour appuyer le projet. Caton parla contre, montrant les immenses dangers d'un relâchement moral. Mais la pression était trop forte : la loi fut abrogée.

La découverte — non pas des Bacchanales, déjà bien connues, mais de leur contenu exact et du nombre de leurs adeptes — arriva au plus mauvais moment pour la secte. On reprochait précisément à l'« hellénisme » depuis la deuxième guerre punique d'altérer la tradition nationale. Bientôt un jeune homme aussi bien né que Scipion Émilien allait douter de la « coutume des anciens » et avec lui tout le « Cercle des Scipions »[78]. Térence allait écrire des pièces pleines de talent dans cet esprit. Bien des gens trouvaient qu'il était temps de réagir. Or, au cours des Bacchanales, les femmes, par exemple, buvaient couramment du vin, alors que la tradition leur interdisait formellement cette boisson qu'on croyait maléfique et abortive, et qu'elle autorisait les parents des dames de « bonne famille » à leur donner un baiser sur la bouche, afin de vérifier que leur haleine était pure de vin...[79].

Des considérations politiques importantes, enfin, entrèrent dans les raisons du pouvoir.

L'aspect cosmopolite du groupe avait déjà de quoi l'inquiéter. On y trouvait des gens de toutes les classes, de la noblesse aux esclaves. Or la société romaine était très hiérarchisée : les devoirs, mais aussi les possibilités d'action de chacun, dépendaient étroitement du rang qui lui était

77. Tite-Live XXXIV, 1, 3.
78. Cf. P. Grimal, *Le siècle des Scipions, Rome et l'hellénisme au temps des guerres puniques*, Paris, 1975, (2e éd.), pp. 256-257.
79. P. Grimal, *L'amour à Rome*, Paris, 1979 (2e éd.), pp. 82-83.

reconnu[80].

Mais ce qui inquiétait surtout le sénat, c'était l'origine géographique d'une bonne part des sectateurs. La Campanie, l'une des sources de son recrutement, s'était révélée d'une grande félonie pendant la guerre contre Hannibal : Capoue avait offert sans vergogne ses délices aux Puniques (ce dont elle fut ensuite durement châtiée). Tarente, autre patrie d'origine de nombreux adhérents à la secte, se révéla à l'expérience encore plus menaçante. Tite-Live nous apprend que beaucoup de Bacchants cités en justice en 186 se réfugièrent dans cette région. Une révolte finit par y éclater en 184, qu'il fallut écraser, et nombre de rebelles furent condamnés sur place ou envoyés à Rome pour être jugés[81]. Mais elle reprit de plus belle en 182. En 181, le sénat ordonna au préteur Lucius Duronius de prendre des mesures énergiques contre ce fléau *« afin d'éviter qu'il s'étendît plus largement »*[82].

La crainte d'une révolte du sud de l'Italie n'était certes pas sans fondement[83] ; le lien entre un tel soulèvement et les Bacchanales non plus : le Dionysisme n'exprimait-il pas une aspiration à une totale liberté ?

Les classes populaires

Le peuple avait ses raisons aussi de se méfier de la secte. Nous en avons le témoignage par de nombreuses allusions de Plaute, issu lui-même du peuple et écrivant pour un vaste public, en bonne partie populaire.

L'auteur comique composa en particulier une pièce au titre transparent : *Les Bacchides*. Les « Bacchis » sont deux courtisanes, expertes en séduction et parfaitement cyniques. Elles mettent la main sur un jeune homme de bonne

80. Cf. Cl. Nicolet, *Le métier de citoyen romain*, Paris, 1976, p. 82 et suiv.
81. XXXIX, 41, 6-7.
82. XL, 19, 9.
83. On a même proposé que la conjuration pouvait impliquer l'Italie entière : cf. J.-L. Voisin, « Tite-Live, Capoue et les Bacchanales », *Mél. de l'Éc. Franç. de Rome*, 96, 1984, p. 647 et suiv.

famille, Pistoclère, sortant frais émoulu d'une stricte éducation. Il se révolte bien entendu à cause d'elles et va jusqu'à injurier son précepteur. Un de ses camarades est séduit à son tour et les deux mauvais garçons extorquent de grosses sommes d'argent à leurs pères. Lorsque ceux-ci s'en aperçoivent et veulent aller à grand bruit récupérer leur progéniture dévoyée chez les deux courtisanes, celles-ci déploient un tel talent que les deux vieillards tombent eux aussi dans leurs filets : « *Menez-nous où vous voulez*, disent-ils piteusement aux Bacchides à la fin de la pièce, *nous sommes vos esclaves*[84]. » La morale est claire et la condamnation ne fait pas de doute. Or dans l'esprit de l'auteur, les trop habiles courtisanes sont bien des représentantes de nos sectatrices. Pistoclère en effet s'écrie, d'abord effarouché lorsque la première d'entre elles s'approche : « *Vois-tu, Bacchis, je crains les Bacchantes et ton bacchanal*[85]. » Le précepteur proclame quant à lui : « *Les Bacchis ! Ah ce ne sont pas des Bacchis, mais des Bacchantes déchaînées. Loin de moi ces sœurs maudites qui sucent le sang des hommes*[86]. »Les critiques modernes hésitent sur la date de la comédie. Il nous semble cependant que Plaute pouvait difficilement produire une telle pièce après la sanglante répression de 186 : comme il mourut vraisemblablement en 184, il n'aurait pu dans cette hypothèse la faire jouer que très peu de temps après l'affaire, à un moment où les plaies étaient encore trop vives, pour qu'on écrivît une comédie sur ce thème. Sans doute antérieure de peu au scandale, la pièce de Plaute a dû en fait contribuer à le provoquer, un peu comme les *Nuées* d'Aristophane ont précipité la fin de Socrate.

Plaute fait encore quelques allusions aux Bacchanales dans d'autres comédies, allusions qui précisent les griefs formulés par le peuple contre la secte. Le précepteur des *Bacchides*, rappelons-le, traite les Bacchantes de débauchées et peut-être de criminelles *(« qui sucent le sang des hommes »)*. Dans l'*Amphitryon*, elles sont qualifiées de démentes. Sosie conseille à son maître de laisser Alcmène se calmer et la compare à une Bacchante déchaînée :

---

84. V. 1205.
85. V. 53.
86. V. 371-372.

« Que veux-tu qu'on fasse ? Tu ne sais pas ? Si on contrarie une Bacchante dans ses Bacchanales, de folle qu'elle est, on la rendra plus folle encore, elle redoublera ses coups. Si on cède, on en est quitte pour un seul[87]. »

Dans le *Miles Gloriosus*, il apparaît que les Bacchants se reconnaissaient par des moyens secrets compris d'eux seuls. Une femme y déclare : *« Le mot d'ordre, si tu es de nos Bacchanales !* » A quoi l'interlocuteur répond : « *Il y a une femme qui aime un homme*[88]. »Un passage du *Stichus* fait peut-être référence à l'insécurité qui régnait à Rome par suite des excès des Bacchants[89]. Dans la *Casina*, Lysidame, rentrant chez lui mal en point à la suite d'un guet-apens galant et interrogé par sa femme sur les raisons de son état, le met sur le compte des Bacchantes. Mais la servante et l'épouse lui répliquent que ce n'est pas possible « *car maintenant, par Castor, les Bacchantes ont fini leurs jeux* »[90]. Cette pièce, elle, est certainement postérieure à 186.

Les sectateurs des Bacchanales furent jugés à l'époque si dangereux que la réprobation générale dont ils devinrent l'objet après l'enquête de Postumius a franchi les siècles et a duré tant qu'a existé l'empire romain. Cicéron approuve la sévérité du sénat à cette occasion[91], saint Augustin encore, d'habitude peu tendre pour les païens, lui reconnaît de la sagesse en la circonstance[92].

Décidément l'histoire aura été sans indulgence pour les Bacchants de Rome. Pouvait-il cependant en être autrement ? Quoi qu'il en soit, la répression fut efficace. Les mystères de Dionysos ne réapparaissent en Italie que cent cinquante ans plus tard, au temps de César. Mais c'étaient des Bacchanales désormais assagies et sans danger pour la morale et la religion de Rome.

---

87. V. 702-705.
88. V. 1016.
89. Cf. A. Bruhl, *Liber pater*, p. 112.
90. V. 980.
91. *De Legibus*, II, 37.
92. *Cité de Dieu*, VI, 9.

CHAPITRE II

Les Pythagoriciens de Rome

Peu d'années après le scandale des Bacchanales, éclata une autre affaire, moins grave certes mais significative aussi et non sans lien avec celle de 186. En 181 avant J.-C., rapporte Tite-Live, furent mis au jour au cours de travaux agricoles deux coffres de pierre portant des inscriptions grecques et latines, selon lesquelles l'un de ceux-ci contenait la dépouille de Numa Pompilius, deuxième roi de Rome (715-672 avant J.-C. ?), l'autre des « livres » de ce souverain. Lorsqu'on les ouvrit, on s'aperçut que le premier était vide ; le deuxième en revanche renfermait bien des livres, sept en latin traitant du droit pontifical et sept autres en grec *« concernant la philosophie qui a pu être celle de ce temps »*. Valérius Antias, historien du Ier siècle avant J.-C., affirme qu'ils étaient pythagoriciens, Numa passant pour avoir été un auditeur de Pythagore. Ces livres circulèrent dans Rome et finirent par tomber entre les mains du préteur Quintus Pétilius qui tenait dans sa dépendance le propriétaire de la terre où avait eu lieu la découverte, Lucius Petilius, qu'il avait fait scribe à l'époque de sa questure. Les ayant lus, le magistrat déclara que l'essentiel de leur contenu était dangereux pour la religion de la cité et qu'il allait les jeter au feu ; il autorisa toutefois le propriétaire à défendre son bien en justice. L. Pétilius eut recours aux tribuns, qui renvoyèrent l'examen de la question au sénat, lequel s'en tint à la déclaration jurée du préteur attestant que « *ces livres ne devaient être ni lus ni conservés* ». La haute assemblée décréta alors qu'on les brûlerait le plus tôt possible en public, en indemnisant le propriétaire. Celui-ci refusa la somme proposée[1].

Cet autodafé doit certainement être interprété comme une déclaration d'hostilité contre la secte pythagoricienne. Certes, comme le fait remarquer Tite-Live, Numa, à supposer qu'il ait jamais existé, n'a pu être l'auditeur de Pythagore. Mais Valérius Antias atteste que bien des gens l'ont cru, et il existait en effet tout un courant de croyances mettant en rapport Numa et Pythagore[2]. On devine la main de Caton l'Ancien dans l'opération : ce sont deux Petelii qui poursuivirent et chassèrent de la scène politique Scipion l'Africain, ennemi juré de Caton et ouvert aux principes pythagoriques[3]. Le sénat eut d'autant plus de raisons de le suivre qu'il y a des liens entre le Pythagorisme et le Dionysisme[4], entre cette affaire donc et celle des Bacchanales.

Les Pythagoriciens connurent un grand succès à Rome. Considérons leur histoire de plus près ; nous examinerons ensuite, successivement, le monument remarquable qu'est la basilique certainement pythagoricienne de la Porte Majeure[5] et la liturgie qui s'y est déroulée, avant de rassembler les éléments attestant l'hostilité que la secte rencontra.

LE MOUVEMENT ET LES HOMMES

Nous avons vu plus haut l'influence qu'eut Pythagore à son époque, c'est-à-dire au VIe siècle avant J.-C., et jusqu'à la fin du siècle suivant sur ses contemporains[6]. Cette influence pénétra peu à peu à Rome et s'épanouit de 50

---

1. Tite-Live, XL, 29.
2. Cf. L. Ferrero, *Storia del pitagorismo nel mondo romano (dalle origini alla fine della repubblica)*, Turin, 1945, p. 142 et suiv.
3. Cf. *infra*, p. 209.
4. Par l'intermédiaire de l'Orphisme ; cf. *supra*, p. 76 et suiv. et 117-118.
5. Cf. J. Carcopino, *La basilique pythagoricienne de la Porte Majeure*, Paris, 1943 (9e éd.), p. 182.
6. Cf. *supra*, p. 154 et suiv.

avant J.-C. à 50 après J.-C. environ, suscitant plusieurs « grands maîtres » de l'Ordre.

Pénétration progressive du Pythagorisme dans la Ville

L'historien de Tarente Aristoxène nous apprend que, dès la fin du IVe siècle avant J.-C., « *le discours sacré de Pythagore est connu chez les Latins* »[7]. Tarente fut un haut lieu du Pythagorisme et a influé sur Rome de bonne heure[8]. Cicéron affirme qu'un poème du fameux Appius Claudius Caecus, constructeur de la via Appia qui allait mener de Rome à Brindes, censeur en 312 avant J.-C., lui « semble pythagoricien »[9]. Opinion vraisemblable, si l'on examine le cadre général, politique et culturel, de l'activité de ce personnage[10]. Vers la même époque, on voit l'une des plus grandes familles de Rome, les Aemilii — celle de M. Aemilius Lepidus, consul de 187 dont nous avons déjà parlé — abandonner son surnom de *Mamercinus* pour prendre celui de *Mamercus*, prétendu fils de Pythagore[11]. Pendant la troisième guerre contre les Samnites (début du IIIe siècle avant J.-C.), comme on consultait la Pythie de Delphes, celle-ci prescrivit d'élever deux statues sur le forum, l'une à Pythagore, l'homme le plus sage de la Grèce, l'autre à Alcibiade, le plus brave[12].

Le « Pythagoricien » le plus célèbre de la fin du IIIe siècle est Scipion l'Africain, que Cicéron fait apparaître à Scipion Émilien au cours de son fameux « songe » dans le *De Republica*. Il s'agit là certes d'un dialogue totalement fictif, mais qui peut difficilement avoir été en désaccord flagrant avec les opinions réelles du vainqueur d'Hannibal. Or nombre de propos que Cicéron lui attribue, l'importance donnée au rêve comme moyen réel de connaissance et la théorie de l'immortalité astrale qu'il professe, orientent très

7. Jamblique, *Vie de Pythagore* 152. Sur Aristoxène, cf. *supra*, p. 135.
8. L. Ferrero, *op. cit.*, p. 126 et suiv.
9. *Tusculanes*, IV, 4.
10. L. Ferrero, *op. cit.*, p. 172.
11. Plutarque, *Vie de Numa*, 8, 19.
12. Pline, *Histoire Naturelle*, XXXIV, 26.

nettement, au-delà de l'influence platonicienne, vers celle de Pythagore. Le poète Ennius, protégé de Scipion et imprégné de cet enseignement, le mot en scène disant :

> « *S'il est permis à un mortel de monter jusqu'aux espaces où siègent les dieux, c'est pour moi seul que s'ouvre la plus grande porte du ciel*[13]. »

D'ailleurs l'action politique de l'Africain — position personnelle affirmée, heurts avec une partie de l'aristocratie, appui sur la faveur populaire — n'est pas différente en substance de celle d'Appius Claudius et pourrait bien être inspirée de la doctrine[14]. Caton l'Ancien lui-même tient dans le *De Senectute* de Cicéron des propos conformes à la philosophie de Pythagore ; nous savons d'autre part qu'il fut en 209, à Tarente, l'hôte du Pythagoricien Néarque dont il écouta l'enseignement[15], et Cicéron lui fait pratiquer l'examen de conscience quotidien « *à la manière des Pythagoriciens* »[16]. Mais il est douteux que le rude conservateur ait adhéré à la religion ou à l'ésotérisme de la secte, qu'il a probablement combattue en 181. Ce sont certains aspects de la morale liée à cette philosophie et peut-être quelques-unes de ses propositions métaphysiques qui l'ont séduit, du moins au soir de sa vie[17]. Quant à Scipion Émilien, il paraît également avoir été sensible à la doctrine du sage de Crotone, mais plus comme à un fait de culture que comme à une foi religieuse[18].

Ainsi, malgré une documentation très fragmentaire, nous pouvons constater que le Pythagorisme était bien représenté à Rome aux IIIe et IIe siècle avant J.-C., et cela dans les milieux dirigeants de la cité. Mais son aspect véritablement religieux, organisé, y fut toujours tenu dans une certaine suspicion : rappelons-nous la chute fracassante de Scipion l'Africain, dont l'« hellénisme » pourrait bien avoir comporté une mystique pythagoricienne sincère, et surtout

---

13. Sénèque, *Lettres à Lucilius*, 108, 34.
14. L. Ferrero, *op. cit.*, p. 196.
15. Plutarque, *Vie de Caton l'Ancien*, 2, 3.
16. *De Senectute*, 38.
17. Cf. L. Ferrero, *op. cit.*, p. 217.
18. *Ibid.*, p. 255.

l'autodafé des livres « pythagoriciens » de Numa en 181. Nous ne savons malheureusement rien de la manière dont vécut et fonctionna l'Ordre à Rome pendant ces deux siècles. Il est certain que le « discours sacré » de Pythagore se transmit toujours selon la méthode sûre fixée par le Maître, c'est-à-dire par le secret et la sélection. On ne comprendrait pas autrement l'absence de solution de continuité qu'on observe entre le Néopythagorisme et la doctrine primitive. Cependant cette doctrine pourrait bien avoir été pour maint Romain de ces époques plus une morale ou une référence philosophique qu'une véritable croyance appuyée sur un engagement personnel dans une communauté de foi.

Il en fut tout autrement au Ier siècle avant J.-C. et sans doute jusqu'au milieu du Ier siècle après, époque qui fut l'apogée du mouvement à Rome.

Les grandes loges pythagoriciennes

Son succès à cette époque est en partie dû à l'action du philosophe Posidonius d'Apamée (135-50 avant J.-C.)[19], stoïcien certes, mais aussi diffuseur à travers le monde des idées et des doctrines de Pythagore. A tel point que la plupart des philosophes — académiques, stoïciens, péripatéticiens — pythagorisèrent de quelque façon à Rome[20].

L'enseignement de Posidonius toucha en effet beaucoup de Romains, et parmi eux les plus grands hommes d'État de la République dont Pompée. Cicéron d'autre part, élève lui aussi de ce philosophe, nourrit personnellement et répandit autour de lui une grande admiration pour Pythagore. Persuadé que beaucoup d'institutions romaines étaient inspirées de sa doctrine[21], il recueillit avec piété dans son traité sur les *Lois* et dans celui sur les *Devoirs*, les plus nobles préceptes et les plus beaux exemples des Pythagoriciens[22]. Passant par

19. Cf. G. Méautis, *Recherches sur le Pythagorisme*, Neuchâtel, 1922, p. 19.
20. Cf. J. Carcopino, *La basilique pythagoricienne de la Porte Majeure*, p. 190.
21. *Tusculanes*, IV, 2-4.
22. *De Legibus*, I, 33 et *De Officiis*, I, 56.

Métaponte, en Italie du sud, il ne voulut pas descendre chez son hôte avant d'avoir vu l'endroit où le Maître avait rendu le dernier soupir[23]. L'exemple du philosophe stoïcien Diodote, qui fut l'hôte de Cicéron pendant de nombreuses années et pratiquait au domicile de l'orateur la lyre « *à la façon des Pythagoriciens* » ainsi que la géométrie[24], permet d'imaginer que ce mouvement de pensée était entré dans le quotidien de maintes existences et confirme combien les « intellectuels » en étaient facilement imprégnés, sans peut-être toujours en avoir conscience.

Cependant, outre ce mouvement général et pour bien des individus superficiel, il exista des groupes pythagoriciens plus exigeants sur le plan de la pratique et de la religion, qu'on peut appeler des « loges ». Nous connaissons avec quelques détails celle de Nigidius Figulus et celle des Sextii, et avons quelques renseignements sur celles qui suivirent.

La loge de Nigidius Figulus

L'homme

Né vers l'an 100 avant J.-C., Publius Nigidius Figulus, issu d'une famille plébéienne, occupe déjà une place importante au sénat en 63, lors de la conjuration de Catilina. Il avait acquis cette place grâce à ses qualités intellectuelles et à son savoir, mais plus encore par son prestige personnel, par son courage et sa loyauté[25]. Cicéron fut, on le sait, chargé de réprimer le complot. Or, lui-même reconnut, atteste Plutarque, « *qu'il prit les plus belles et les plus grandes décisions par lesquelles il rétablit l'État, en tant que consul, avec le philosophe Publius Nigidius* »[26]. En effet, afin de mener son enquête dans les meilleures conditions d'efficacité et d'objectivité, il demanda à Nigidius de faire partie de la commission des trois sénateurs chargés de recueillir les dénonciations[27]. Comme il hésitait ensuite à

---

23. *De Finibus*, V, 4.
24. *Tusculanes*, V, 113.
25. Cicéron, *Pro Sulla*, 41-42.
26. Plutarque, *An seni respublica gerenda sit*, 27.
27. Cicéron, *Pro Sulla*, 41.

faire exécuter immédiatement les conjurés, c'est encore ce dernier qui l'y poussa[28]. Préteur en 58, Nigidius est alors considéré comme l'un des soutiens les plus solides du parti conservateur[29]. En 52, il est légat en Asie. Détail révélateur de sa fidélité : à l'expiration de son mandat, il reste quelque temps à Éphèse, pour avoir l'occasion de rencontrer Cicéron en route pour la Cilicie[30].

En 49, lorsque César envahit l'Italie et déclenche la guerre civile, il se range tout naturellement du côté de Pompée et des *Optimates*. Il suit la retraite pompéienne, se trouve à Capoue au début de février 49[31] et sur le champ de bataille de Pharsale en 48[32]. Après la défaite, il est exilé, sans être pourtant abandonné de tous. Cicéron, à qui César a pardonné, essaie par tous les moyens d'obtenir son rappel. Mais l'entreprise se révèle difficile. En septembre 46, il écrit :

> « *Moi qui auparavant pouvais aider des hommes obscurs, voire des coupables, je ne peux même pas faire de bonnes promesses à Publius Nigidius, de tous les hommes le plus savant, le plus probe, jadis très influent, mon intime ami*[33]. »

Il ne se décourage cependant pas et multiplie les interventions auprès des amis du dictateur. Il ne peut toutefois aboutir à temps. Nigidius meurt en exil. Saint Jérôme signale son décès à une année correspondant à 45 avant J.-C., avant donc les Ides de mars[34].

L'enseignement et la pratique religieuse

« *Pythagoricien et mage* », Nigidius Figulus fut un grand maître de l'Ordre. La secte qu'il dirigea fut à la fois un

---

28. Plutarque, *Cicéron*, 20.
29. Cicéron, *Ad Quintum Fratrem* I, 1, 2 (= éd. Les Belles Lettres, lettre n° LIII).
30. Cicéron, *Timée*, I, 2. Il aida aussi l'orateur pendant son exil (*Fam.*, IV, 13).
31. Cicéron, *Ad Atticum*, VII, 24.
32. Cf. Lucain, *Pharsale*, I, 639. Son bannissement peut être interprété comme le signe de sa présence lors de la bataille elle-même.
33. *Ad Familiares*, IV, 13, 3.
34. *Chron. ad a. 45 : Nigidius Figulus Pythagoricus et Magus in exilio moritur.*

temple du savoir, une communauté religieuse et un groupe politique.

Cicéron écrit de son ami dans un passage important pour nous du *Timée* :

> « *Cet homme fut à la fois paré de toutes les connaissances dignes d'un homme libre et un chercheur vif et attentif pour tout ce que la nature dissimule ; bref, mon avis est qu'après les illustres Pythagoriciens dont l'enseignement s'est de quelque façon éteint après avoir fleuri pendant plusieurs siècles en Italie et en Sicile, il est l'homme qui s'est levé afin de le renouveler*[35]. »

Pour nous en tenir au domaine profane, nous savons qu'il a écrit un ouvrage sur la nature humaine *(De hominum natura)*, un autre sur les animaux *(De animalibus)*, un autre encore sur les vents *(De ventis)*. Il écrivit aussi sur la rhétorique et sur la grammaire, domaine auquel il appliquait une logique rigoureuse. Ainsi, pour les mots de la quatrième déclinaison latine, il n'utilisait pas (et Varron faisait de même) au génitif singulier la forme en *-us*, mais une forme en *-uis* (*domuis, senatuis*, etc.) par une analogie digne d'intérêt avec le datif en *-ui*[36].

Son principal domaine d'étude était assurément l'astronomie : son surnom de *Figulus*, « potier », proviendrait de ce qu'à son retour de Grèce, il affirma connaître la vitesse du mouvement de rotation de la terre[37]. Il est en outre l'auteur d'un ouvrage sur la sphère céleste *(De sphaera)*. Mais l'astronomie était pour lui, comme sans doute les autres disciplines, non pas une science en soi, mais un moyen de connaître le mouvement même de la nature et par là en particulier l'avenir. Son séjour en Asie lui a sans nul doute permis de s'initier aux techniques de l'astrologie pratiquée en Orient. Celles-ci, éclairées par la méditation des préceptes pythagoriciens, l'ont convaincu qu'il existe de grands cycles dans l'évolution des choses, cycles dont il cherchait les manifestations en interprétant les événements majeurs de son temps. Il avait en même temps le sentiment

---

35. I, 1.
36. Aulu-Gelle, *Nuits Attiques*, IV, 16, 1.
37. *Scolie de Lucain*, I, 639. Par analogie avec la roue du potier.

qu'un destin général est plus fort que la volonté des hommes[38]. Tout cela cependant il ne le disait pas ouvertement, d'une façon clairement intelligible par tout un chacun. C'est en des termes sibyllins et subtils qu'il s'exprimait[39]. Nigidius était certes un savant, mais plus encore un prêtre dans la plus stricte tradition pythagoricienne.

Le mage

Profondément religieux, Nigidius a composé un *De diis*[40], réflexion originale sur les dieux de la mythologie grecque et sur les premières divinités romaines. Cicéron atteste dans le *Timée* que l'objectif qu'il visait était la restauration de la doctrine pythagoricienne dans sa pureté primitive. C'est chez lui que se déroulaient les réunions et nombreux étaient les participants[41]. On peut présumer que lui-même commentait dans ces assemblées qu'il présidait les arcanes du « *discours sacré* » tant d'Orphée[42] que de Pythagore. On célébrait là probablement aussi l'ensemble des mystères et du culte pythagoriciens, dont nous examinerons la liturgie plus bas. Signalons que dans la controverse de l'école sur le caractère sanglant que doivent ou non comporter les sacrifices[43], il avait choisi la première formule[44]. Il était d'ailleurs un spécialiste de l'examen de la fressure des victimes sacrifiées[45].

Persuadé comme beaucoup de Romains, nous l'avons dit, que la science et la religion permettent de connaître l'avenir, Nigidius acquit une solide réputation de devin. Il écrivit sur la prédiction privée *(De augurio privato)* et sur les songes *(De somniis)*. Deux prophéties qu'il fit sont restées célèbres. En 63 avant J.-C., comme Octavius, père du futur Auguste, arrivait en retard au sénat et que, interrogé par notre homme sur les causes de son arrivée tradive, il lui

---

38. Cf. les prophéties citées *infra*, p. 216.
39. Aulu-Gelle, *N.A.* XXI, 14, 3.
40. Cf. Macrobe, *Sat.* III, 4, 6.
41. *Scolie de Cicéron, In Vatinium*, p. 317 (Orelli).
42. Cf. Servius, *Comment. Bucol.*, IV, 10. Sur les rapports de l'Orphisme et du Pythagorisme, cf. *supra*, p. 128 et 133.
43. Cf. *supra*, p. 146-147.
44. Cf. Aulu-Gelle, *N.A.* XVI, 6, 12.
45. Il est l'auteur d'un traité *De extis*.

apprit que sa femme venait de lui donner un fils, Nigidius lui annonça, après s'être enquis de l'heure exacte de la naissance : « *Tu as engendré un maître qui régnera sur nous.* » Octavius, bon républicain, aurait même parlé de rentrer chez lui pour tuer l'enfant immédiatement. Son interlocuteur l'en dissuada. Il lui affirma, considérant l'arrêt du destin comme inexorable, « *qu'il était impossible que celui-ci subît pareil sort* »[46]. En 49, ensuite, lorsque César eut franchi le Rubicon et que de toutes parts on s'indignait et on s'affolait, le même Nigidius, si l'on en croit Lucain, déclara que, ou bien le mouvement des étoiles n'avait aucun sens, ou bien une ère nouvelle s'annonçait au-delà de la catastrophe immédiate[47]. Peu importe de savoir si ces prophéties ont été réellement prononcées ou si elles ont été inventées par la suite. Le fait même que la propagande césarienne et celle d'Auguste les aient répandues atteste le prestige de Nigidius en matière de divination.

Le « mage » était encore à l'occasion un véritable Saint-Antoine païen. Il nous est dit qu'il aida un des Fabii à retrouver sa bourse égarée contenant la somme importante de cinq cents deniers[48]. Le plus intéressant pour nous est le procédé qu'il utilisa, et l'épisode peut être considéré comme authentique, car Apulée, qui le rapporte, affirme le tenir de Varron, contemporain de Nigidius et peut-être membre de sa secte. Nigidius « *excita des enfants par une incantation* » et leur fit indiquer ainsi où était enterrée la bourse avec une partie de l'argent et comment le reste avait été distribué. En d'autres termes, il les hypnotisa. Apulée ajoute en effet que les âmes des enfants peuvent plus facilement que d'autres « *être endormies et sortir d'elles-mêmes jusqu'à l'oubli des circonstances présentes* »[49]. L'« incantation » *(carmen)* par laquelle était obtenu l'état d'hypnose était probablement réalisée par la répétition d'une même formule, chantée et peut-être accompagnée de musique. Le procédé est utilisé par des modernes[50].

---

46. Dion Cassius, XLV, 1, 3-5 ; cf. Suétone, *Auguste*, 94, 5.
47. Lucain, *Pharsale*, I, 639 et suiv.
48. Environ 6 000 de nos francs. Cf. Apulée, *Apologie*, 42.
49. *Ibid.*, 43.
50. Cf. G. Méautis, *Recherches sur le Pythagorisme*, p. 36 et suiv.

Ces informations nous permettent de deviner l'atmosphère qui entourait Nigidius Figulus. Celui-ci était un mage authentique, qui exerçait sur son entourage un véritable charme magique, tant par son savoir que par ses qualités de cœur et par sa troublante personnalité. Mais pouvons-nous en savoir plus sur son entourage ?

Les membres de la secte

Étant donné le secret qui entourait les groupes pythagoriciens, nous sommes bien entendu réduits à des hypothèses, d'autant qu'il a dû exister à Rome un certain nombre de chapelles du même type, sans lien nécessaire entre elles.

On peut toutefois penser que Vatinius, consul en 47, contre qui Cicéron prononça un discours qui nous a été conservé et dans lequel il est dit clairement que ce personnage était pythagoricien[51], fut un disciple de Nigidius. Il est possible aussi que Varron, l'illustre érudit, fit partie du cercle, car nous savons qu'il voulut se faire enterrer suivant le rite de l'école, c'est-à-dire dans un cercueil de terre cuite et sur un lit de feuilles de myrte, d'olivier et de peuplier noir[52]. Il y a bien des chances qu'il en fut de même pour Salluste. On attribuait en effet à Cicéron, à l'époque impériale, une phrase pleine de fiel à son encontre : le jeune Salluste, aurait-il dit, loin d'avoir cherché à s'amender de ses premières erreurs, « *passa dans la confrérie sacrilège de Nigidius* »[53]. Cicéron, très ami de Nigidius, n'a certainement pas tenu textuellement de tels propos. Mais il pourrait bien, l'exemple de Vatinius le prouve, avoir critiqué en public le Pythagorisme de Salluste.

Quoi qu'il en soit, ce groupe nombreux était secret. Il est désigné, dans le contexte polémique de la phrase attribuée à Cicéron, par un terme proche de notre mot « secte », à savoir celui de *sodalicium*, « confrérie », avec la connotation péjorative de « société secrète ». Ailleurs il est écrit que César refusa le retour de Nigidius, parce qu'« *on l'accusait d'avoir certaines activités secrètes* »[54]. Les mem-

51. Cf. *infra*, p. 231.
52. Pline, *Histoire Naturelle*, XXXV, 160.
53. *In Sall. invectio*, 5, 4. Cf. *Mnemosyne*, 1913, p. 23 et suiv.
54. Dion Cassius, XLV, 1, 3-5.

bres de l'association étaient assurément unis par des liens puissants, celui sans nul doute d'un serment d'initiation, celui aussi d'une ascèse commune, en particulier de jeûnes rigoureux[55]. Nigidius était fort sensible à l'idée de « solidarité ». Ainsi, jouant sur les mots pour en tirer leur sens profond, il affirmait qu'*« un frère est en quelque sorte un autre soi-même », frater... quasi fere alter*[56].

Constituée d'éléments rendus étroitement solidaires par la participation à une connaissance supérieure, à un morale et à des rites communs et en partie secrets, la secte avait enfin une coloration politique précise. Nigidius Figulus a toujours été un élément convaincu du parti conservateur. Il joignit sa voix en 63 avant J.-C. à celle de Caton le Jeune pour demander la tête des conjurés. Une telle attitude n'est nullement en contradiction avec celle du Pythagorisme primitif de Crotone et de l'ensemble de la Grande-Grèce. Elle soulevait en revanche plus de difficultés par rapport à la tradition romaine, certes ouverte à l'éclectisme intellectuel, mais hostile aux rites religieux célébrés en marge du culte public. Or Nigidius, ancien préteur et gouverneur de la province d'Asie, était un personnage officiel ; Vatinius exercera le consulat. Qui plus est, lorsque César, issu du parti des *populares*, prit le pouvoir, le groupe fut catalogué comme d'opposition. Nous avons vu que son chef suivit Pompée avec fidélité. Nous pouvons présumer qu'il continua de diriger la loge depuis son exil, et que l'esprit qui y régnait demeurait favorable aux pompéiens et à la république traditionnelle.

On comprend donc que César, malgré la sympathie qu'il paraît avoir éprouvée pour Nigidius[57], ait jugé que son retour à Rome eût été trop dangereux pour le régime qu'il venait de créer, et l'ait laissé mourir en exil. Sa secte se trouvait aux yeux du pouvoir parmi les *« guère recommandables »*[58]. On peut penser que l'indication de *« pythagoricien et mage »*, rapportée par saint Jérôme,

55. Isidore, *Étym.* XX, 2, 10.
56. Aulu-Gelle, *N.A.* XII, 10, 4.
57. *Ad Fam.* IV, 13.
58. *Scolie Ad Cic. in Vatin.*, p. 317 (Orelli).

reproduit une accusation officielle[59], portée dès l'époque de César pour justifier le maintien de la relégation de Nigidius.

La loge des Sextii

Afin d'assurer les bases du nouveau régime, César entreprit une tentative d'assimilation de divers groupes intellectuels, tentative qui ne fut pas sans résultat. Mais il essuya un véritable camouflet de la part du Pythagoricien intransigeant que fut Sextius le père[60]. L'événement avait dû faire du bruit ; encore un siècle plus tard, Sénèque note à son sujet :

> *« Sextius le père rejeta les honneurs. Sa naissance l'appelait aux fonctions publiques : il n'accepta point le rang de sénateur qui lui offrait Jules César*[61]. »

Il manifesta le même dédain pour l'argent[62]. Notre homme dirigea une loge pythagoricienne sans doute à partir de 40 avant J.-C.[63]. Un certain nombre de similitudes entre cette loge et celle de Nigidius suggèrent qu'elles se succédèrent[64]. A. Sextius le père en tout cas succéda dans la direction du groupe Sextius le fils, qui se distingua également par un vaste savoir.

Leur enseignement était tout à fait conforme aux grandes lignes de la tradition pythagoricienne :

> *« Sextius le père et Sextius le fils ont surtout fait porter leur activité en matière de philosophie sur l'exercice de la sagesse et ils ont exprimé l'opinion suivante concernant toute âme : toute âme est, selon eux, incorporelle... sans étendue, elle pénètre et contient le corps qui l'enveloppe*[65]. »

---

59. Cf. L. Ferrero, *Storia del pitagorismo*, p. 292.
60. Cf. Saint Jérôme, *Chron. ad a. 1 p. Chr.*
61. *Lettres à Lucilius*, 98, 13.
62. Pline, *N.H.* XVIII, 273-274.
63. Cf. J. Carcopino, *La basil. pyth.*, p. 192. Sur la loge, cf. *infra*, p. 220-221.
64. Cf. L. Ferrero, *Storia...*, p. 360.
65. Claudianus Mamertus, *De statu animae*, II, 8.

Sextius le père s'astreignait tous les jours à un examen de conscience sans complaisance :

> « *La journée écoulée, une fois retiré dans sa chambre pour le repos de la nuit, il interrogeait son âme : "De quel mal t'es-tu guérie aujourd'hui ? Quel vice as-tu combattu ? En quoi es-tu meilleure ?"*[66]. »

D'autre part, s'il préconisait le régime végétarien, c'était non pas en raison de la théorie de la métempsycose, mais parce que ce régime était à son avis plus sain[67]. Sextius le fils écrivit quant à lui des ouvrages portant sur les sciences naturelles et les disciplines médicales[68]. Sénèque signale encore à propos de Sextius le père qu'il s'exprimait en des termes vigoureux, se rapprochant en cela du stoïcisme[69] ; il aimait la métaphore militaire[70] et aussi l'observation concrète : plus d'un coléreux a été guéri, faisait-il par exemple observer, en voyant dans une glace son visage tuméfié par la passion[71]. Pour ce qui est des dieux enfin, il les voyait non pas comme de lointaines divinités du cosmos mais comme des forces secourables proches de l'individu :

> « *Les dieux,* écrivait-il, *ne sont point dédaigneux ni jaloux. Ils ouvrent leur seuil et à qui veut monter jusqu'à eux tendent leur main... Dieu descend chez les hommes. Non, la relation est plus étroite : il descend en eux*[72]. »

Les Sextii ont rassemblé autour d'eux une véritable « secte ». C'est à propos de leur groupe que le terme *secta* apparaît pour la première fois avec cette acception en latin. Sénèque écrit :

> « *La secte récente* (noua secta) *des Sextii, dont l'énergie était bien romaine, après avoir commencé avec un magnifique élan, s'est éteinte à ses débuts mêmes*[73]. »

---

66. Sénèque, *De ira*, III, 36, 1.
67. *Lettres à Lucilius*, 108, 18.
68. Pline, *N.H.* XXXII, 26.
69. *Lettres à Lucilius*, 64, 2.
70. *Ibid.*, 59, 7.
71. *De ira*, II, 36, 1.
72. *Lettres à Lucilius*, 59, 7.
73. *Nat. Quaest* VII, 22, 2.

On peut imaginer qu'elle avait en gros les mêmes activités que celle de Nigidius. Une remarque de Sénèque donne peut-être un renseignement supplémentaire. « *Sextius le père*, dit cet écrivain, *philosophait avec des mots grecs, mais selon des mœurs romaines*[74]. » Sa secte pourrait bien avoir agi de même et avoir fait un usage habituel de cette langue pour ses activités d'enseignement et de culte, ce qui — quoique le grec fût courant à Rome — aurait encore accentué le caractère original et mystérieux du groupe. Parmi ses membres, on peut compter le médecin Celse « *qui suivit les Sextii* »[75].

Sur le plan politique, le refus de Sextius le père d'accepter la dignité sénatoriale fut plein de signification et lourd de conséquence pour l'association tout entière. Le philosophe « *comprenait en effet que ce qui pouvait être donné pouvait aussi être enlevé* »[76]. C'était là une attitude de défiance manifeste à l'encontre du nouveau régime, un refus catégorique d'adhérer à l'idéologie de la toute-puissance inhérente au nouveau pouvoir. Ni les Sextii ni leur chef n'eurent à souffrir de persécution pour autant, à notre connaissance. Mais le témoignage de Sénèque atteste que, livrée à elle-même et au moins boudée par les milieux dirigeants de l'État, elle perdit peu à peu son audience et finalement beaucoup de ses membres.

Échec en fin de compte que cette tentative originale d'un élitisme en rupture ouverte avec le pouvoir, échec grave pour l'avenir même du Pythagorisme à Rome.

Il y aura encore quelques grands maîtres du Pythagorisme à Rome au début de notre ère, et des Pythagoriciens au-delà de cette période. Il faut citer parmi eux Sotion, qui inspira à Sénèque « *l'amour de Pythagore* »[77] et Modératus de Gadès, qui enseigna sous Néron[78]. Deux dialogues de Plutarque mettent encore en scène à la fin du Ier siècle après J.-C. un certain Lucius, élève de Modératus. Ce Lucius déclare en particulier, alors qu'on l'interroge sur la raison

74. *Lettres à Lucilius*, 59, 7.
75. Quintilien, *Institution oratoire*, X, 1, 124.
76. *Lettres à Lucilius*, 98, 13.
77. *Lettres à Lucilius*, 108, 17.
78. Cf. J. Carcopino, *La basil. pyth.*, p. 104.

pour laquelle les Pythagoriciens ne mangent pas de poisson, que la véritable cause de cette défense est *« encore maintenant »* cachée et secrète[79].

Néanmoins, après le grand succès qu'avait connu le Pythagorisme à Rome à la fin de l'époque républicaine, sous César et à l'époque d'Auguste, le mouvement décline inexorablement. Les communautés qui en sont issues paraissent avoir été en butte à de constantes tracasseries de l'autorité impériale et à une hostilité affirmée de l'opinion publique[80].

De tout cela, la basilique de la Porte Majeure a bien des chances de constituer un témoignage archéologique, un témoignage saisissant même pour notre propos.

LA BASILIQUE DE LA PORTE MAJEURE

Le monument

En 1917, à une centaine de mètres de l'actuelle Porta Maggiore de Rome, le ballast s'affaissa sous les rails de la ligne de chemin de fer Rome-Naples. Un sondage effectué aussitôt fit apparaître que les rails reposaient sur un vide creusé par une vaste construction souterraine, couvrant une surface de plus de quatre ares. La forme de cette construction est exactement celle d'une basilique constituée de trois nefs, séparées les unes des autres par deux rangées de trois piliers, voûtées en berceau (planche VIII). Celle du milieu est plus grande que les autres et aboutit à une abside qui comporte un siège central et une grande décoration (sur stuc) comme les futures basiliques chrétiennes. L'ensemble de cette salle mesure environ 12 mètres de long, 9 mètres de large et un peu plus de 7 mètres de haut. Elle est précédée d'un vestibule *(atrium)* couvert d'un arc de cloître lui-même percé d'une ouverture (« lucernaire ») qui permettait à la lumière du jour d'entrer. On accédait à ce vestibule par un long corridor de 60 mètres faisant un angle droit

79. Cf. G. Méautis, *Rech. sur le Pyth.*, pp. 25-26.
80. Cf. *infra*, p. 231 et suiv.

(cf. planche IX). L'édifice peut être daté, en particulier grâce au décor : ainsi la coiffure d'un buste de femme ou le style des reliefs en stuc conduisent au milieu du Ier siècle après J.-C.

Mais cette basilique a été pillée et abandonnée soudainement. J. Carcopino, qui a mené à son sujet une enquête passionnante[81], fait remarquer qu'il reste des traces d'emplacements où devaient être fixés des bustes ou du mobilier, qui ont été retirés. D'autre part, le pavement ne présente aucune trace d'usure et les murs aucun graffito. Nulle trace de fumée autour des tenons qui soutenaient les lampadaires ; des marques d'inachèvement au contraire sur plus d'un point de l'ornementation. « *Elle* (la basilique) *fut la victime d'une raison morale, ou, si l'on préfère, de la raison d'État, d'une sentence fulminée contre ses occupants, d'un interdit jeté sur son usage, et à la muette protestation qu'exhalent ses salles dénudées répondent comme un écho grossissant, les rumeurs de l'histoire*[82]. »

Quelles sont ces rumeurs ? Les textes font apparaître que le règne de Claude fut ponctué d'un certain nombre de poursuites pour raisons religieuses. En 49 après J.-C., les Juifs de la Ville se virent retirer le droit de se réunir et les agitateurs furent expulsés[83]. En 52, un sénatus-consulte chassa les « devins » *(mathematici)*[84]. La même année, l'aristocrate Spurius Scribonianus fut exilé pour avoir cherché à connaître la fin du Prince « *en consultant les Chaldéens* » *(per Chaldaeos)*[85]. En 53, un autre grand, T. Statilius Taurus, accusé de « *superstitions magiques* » se donna la mort[86]. Or une urne funéraire, trouvée dans le colombaire de la famille Statilia, présente une singulière scène d'initiation ; bien plus, ce tombeau n'est distant de la basilique que d'une soixantaine de mètres et s'érige sur un terrain qui a bien des chances d'avoir appartenu à la famille ; enfin, Claude achevait la même année la construc-

81. *La basilique pythagoricienne de la Porte Majeure*, Paris, 1943.
82. *Ibid.*, p. 63.
83. Pour les sources, *ibid.*, p. 64, note 2.
84. Tacite, *Annales*, XII, 52, 5.
85. Tacite, *Annales*, XII, 52, 1.
86. *Ibid.*, 59, 2. Il faut toutefois noter que les Pythagoriciens réprouvaient le suicide. Cf. *infra*, p. 225.

tion de ses nouveaux aqueducs qui passaient à proximité immédiate[87]. La relation, établie par J. Carcopino, entre la chute précipitée de Statilius Taurus et l'abandon soudain du monument est lumineuse. Comme le note P. Grimal, « *si la certitude ne peut être atteinte, la probabilité qui résulte des rapprochements convergents établis par l'historien devient si forte qu'elle équivaut pratiquement à cette certitude impossible* »[88].

Destination du monument

Les avis divergent encore sur la destination du bâtiment. Certains modernes l'ont interprété comme un tombeau. Hypothèse fort douteuse, étant donné qu'on n'y a trouvé aucune trace ni d'inhumation, ni d'incinération, alors que les fouilles ont fait apparaître des restes de sacrifices et l'emplacement probable d'un autel. Le spécialiste compétent qu'est F. Coarelli penche pour une basilique « funéraire »[89]. Point de vue en définitive proche de celui de J. Carcopino, car l'auteur pense également qu'il s'agit d'un lieu de culte, qui pouvait bien être pythagoricien. Nous suivons quant à nous, après beaucoup d'autres, J. Carcopino dans son raisonnement et jugeons probable que la basilique de la Porte Majeure était un lieu de culte pythagoricien. Il est vrai que la très grande diversité des motifs décoratifs dont elle est couverte est à première vue pour le moins surprenante. Aucune progression, aucun ordre ne sont visibles pour un œil profane. Que viennent faire ces pygmées difformes au milieu de portraits d'hommes et de dieux respirant la plus grande gravité ? Trois thèmes permettent d'ordonner et de comprendre l'ornementation : celui de la mort qui environne les hommes, celui du salut promis aux initiés pour l'éternité et celui de l'initiation elle-même[90]. Le premier est en particulier illustré par les nombreuses représentations de tombeaux ou par la scène très éclairante d'Alceste marchant

---

87. Cf. J. Carcopino, *op. cit.*, pp. 67-74.
88. *Jérôme Carcopino, un historien au service de l'humanisme*, Paris, 1981, p. 187. Il demeure certes une controverse sur la datation archéologique du monument, qui pourrait être légèrement antérieur. Mais cela n'est pas essentiel pour notre propos.
89. *Guida archeologica di Roma*, Rome, 1974, p. 216.
90. Cf. J. Carcopino, *La basil. pyth.*, p. 94.

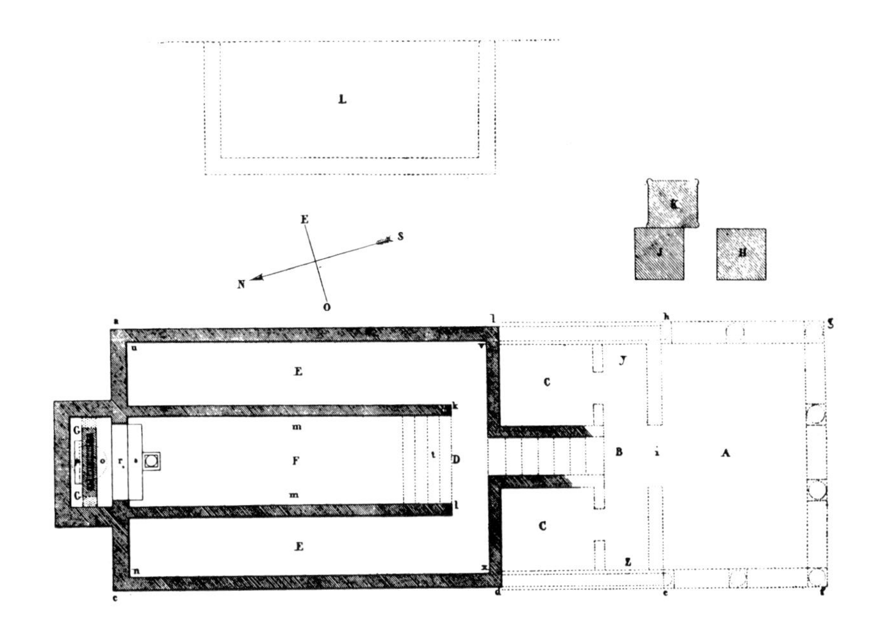

XIII — Plan du *mithraeum* de Heddernheim et reconstitution d'un *mithraeum de Carnuntum*

Le plan du premier *mithraeum* montre bien la tripartition de l'espace, la « nef » centrale destinée aux cortèges, et les bas-côtés réservés aux agapes. La coupe de la seconde caverne reconstitue un *mithraeum* et son mobilier liturgique : au centre, le bas-relief de la tauroctonie ; au devant, un autel ; de part et d'autre Cautès et Cautopatès. (Plan extrait de F. Cumont, *TMMM* t. II, fig. 248 et 430) (cf. p. 313).

XIV — Mithra tuant le taureau

Ce beau bas-relief provenant du mithriacisme oriental montre la scène rituelle de la tauroctonie : le jeune dieu, coiffé du « pileus », immole le taureau en se détournant, tandis que le scorpion essaie d'empêcher ce sacrifice salutaire. Sur la gauche, on notera le corbeau-messager. Tout autour de la scène centrale, les signes du zodiaque... L'action regénératrice du rite et le banquet de Mithra semblent évoqués par une corbeille de pains ou de fruits. *(Relief de Sidon. Musée du Louvre.)* (cf. pp. 301-302).

vers l'Hadès ; le deuxième par les allégories du banquet des élus ou l'image d'une Leucippide ou de Ganymède entraînés vers l'éternité ; le troisième par le tableau du début d'une initiation (femmes lisant un *volumen* ou écoutant une lecture) ou le portrait d'Ariane, purifiée par l'amour de Dionysos et élevée au rang des déesses. A ces thèmes répondent des motifs antithétiques, d'où les scènes grotesques qui représentent la vulgarité d'une existence aveuglée par des divertissements puérils ou par l'attrait des fausses sciences.

Les sectateurs du monument ont illustré leurs convictions en puisant dans plusieurs cultes à mystères. Cependant la divinité considérée par eux comme suprême était certainement Apollon, figure divine qui ressort au centre de la composition principale dans l'abside[91]. Or Apollon est le dieu privilégié des Pythagoriciens. La scène représente par ailleurs Sappho sautant dans la mer de Leucade et accueillie par Apollon dans l'au-delà[92]. La légende voulait en effet que la poétesse de Lesbos eût à ce point brûlé d'amour pour le jeune et beau Phaon qu'elle se suicida ainsi. Mais que vient faire l'image d'un suicide sur le stuc principal de la basilique ? J. Carcopino a eu la chance et l'immense mérite de trouver un texte de Pline l'Ancien donnant la clé de l'énigme. Parlant d'une certaine herbe qui aurait eu des vertus aphrodisiaques, le naturaliste affirme :

> « *Telle fut la raison de l'amour de Sappho pour Phaon de Lesbos, sujet qui a donné lieu à beaucoup de billevesées non seulement des mages mais encore des Pythagoriciens*[93]. »

Texte d'autant plus convaincant que, loin de refléter une quelconque spéculation subjective, il constitue une remarque documentaire, perdue au milieu de fiches de botanique, une observation donc parfaitement objective. Cette remarque pourrait être même une allusion aux avatars subis par notre monument : les « mages » ont maintes fois été associés aux Pythagoriciens dans des contextes polémiques.

---

91. *Ibid.*, p. 158 (cf. planche VIII).
92. *Ibid.*, p. 374.
93. Pline, *Histoire Naturelle*, XXII, 20.

Ainsi le sens général de l'allégorie est clair : la Sappho de la basilique ne se suicide pas — le suicide est réprouvé par les Pythagoriciens —, mais elle s'élance vers Apollon, animée d'un amour surnaturel : Phaon, « le brillant », est plus d'une fois assimilé au dieu du soleil, père mythique de Pythagore[94]. Le profane au contraire qui refuse de connaître la vérité pythagoricienne reste tristement assis sur le rivage terrestre, comme le personnage représenté à gauche sur la même image.

Cependant le bâtiment de la Porte Majeure laisse deviner non seulement les croyances de ses occupants, mais encore, selon l'expression de J. Carcopino, *« la liturgie pythagoricienne »* qu'ils célébraient.

LA « LITURGIE PYTHAGORICIENNE »

L'« antre » souterrain

Placée dans une zone de vastes jardins, la basilique offrait à ses fidèles l'atmosphère de calme et de recueillement que préconisait l'école[95]. Mais on l'avait de plus enfouie sous terre, profondément même, puisqu'elle se trouvait à 9 mètres au-dessous de la Voie Prénestine antique. Il avait du reste fallu procéder selon une technique fort originale : on avait d'abord creusé les tranchées du périmètre et coulé le blocage des murs extérieurs, puis foré des puits dans lesquels on superposa par le même procédé les assises des piliers, après quoi on déblaya les terres interstitielles et enfin on couvrit et orna l'édifice. Bref, on a construit de haut en bas ! Ce n'est pas pour des raisons de sécurité qu'on a agi ainsi, car des regards circulaires dans le corridor d'accès et le « lucernaire » de l'*atrium* étaient visibles de l'extérieur, mais pour une raison mystique. Porphyre atteste que *« les Pythagoriciens et après eux Platon appelaient le monde un antre et une caverne »*[96]. La tradition

---

94. Cf. J. Carcopino, *La basil. pyth.*, p. 381.
95. Jamblique, *Vie de Pythagore*, 96.
96. *De antro nympharum*, 8.

voulait du reste que Pythagore lui-même se fût aménagé en dehors de la ville la retraite d'une grotte souterraine qui était sa véritable maison de philosophie[97]. Le thème de la caverne est indissociable de celui de la lumière : « *Des choses pythagoriciennes, ne parle pas sans lumière* », écrit Jamblique[98]. Dans la basilique de la Porte Majeure, le motif le plus souvent reproduit sur les stucs est le candélabre et nous savons que les bas-côtés étaient éclairés par des lampes. Mais c'est la lumière du jour apportée à la *cella* au soleil couchant par le lucernaire de l'*atrium* (le lucernaire est actuellement bouché, mais on a essayé de reproduire l'effet primitif par un éclairage artificiel), qui donne tout son sens à l'enfouissement du monument : comme dans le mythe de la caverne de Platon, bien connu des Pythagoriciens, les détails des stucs apparaissent, lorsqu'on reproduit les conditions d'éclairage de l'Antiquité, dans toute leur « *blancheur chimérique* », tels les reflets pâles de la réalité transcendante[99].

C'est précisément le soir quand le soleil avait commencé à baisser et que les uns et les autres avaient achevé leurs activités privées ou publiques, que la communauté pythagoricienne devait se réunir pour célébrer ses principales cérémonies, destinées à s'achever avant le coucher du soleil[100]. Ils accédaient au sanctuaire, non pas par l'escalier qu'on emprunte actuellement (il est moderne), mais par la longue galerie dont nous avons parlé et dont une petite partie seulement a été dégagée. Ce sentier couvert répondait à l'impératif pythagoricien : « *Délaisse les grandes routes. Prends les sentiers*[101]. » Méditant les leçons de la veille et du matin et s'exhortant aux plus belles vertus, ils n'avaient le droit d'aller ensemble que par deux ou au plus par trois[102], ce à quoi répondent aussi les deux mètres de large de la galerie. Ils entraient dans le sanctuaire par une porte dirigée vers le nord : les Pythagoriciens admiraient Homère d'avoir introduit par la porte du nord les mortels dans la « Grotte des Nymphes »[103].

97. Cf. J. Carcopino, *La basil. pyth.*, p. 215.
98. *Vie de Pythagore*, 105.
99. J. Carcopino, *op. cit.*, p. 219.
100. Jamblique, *Vie de P.*, 96-98.
101. *Ibid.*, 105.
102. Porphyre, *Vie de Pythagore*, 32.
103. Cf. J. Carcopino, *La basil. pyth.*, pp. 227-228.

Les étapes du culte

Le culte pythagoricien comportait successivement des purifications, des libations, un sacrifice précédant un repas pris en commun, enfin une lecture pieuse complétée par un sermon. On relève des traces précises de ces activités dans la basilique.

Nous savons que les Pythagoriciens se purifiaient avec de l'eau[104]. Les socles adossés dans la grande nef aux six piliers qui la flanquent permettent de conjecturer que des amphores se dressaient là. En outre, les murs des bas-côtés en offrent plusieurs représentations, avec en général une grande palme feuillue, inclinée contre la panse : la palme servait à tirer l'eau lustrale et à en asperger les assistants[105].

Les Pythagoriciens accomplissaient leurs libations en invoquant Zeus Sôter, Héraclès et les Dioscures[106]. Si la basilique ne présente aucune image de Zeus, dont la majesté était difficile à représenter dans les petits tableaux utilisés, elle en montre de nombreuses d'Héraclès et des Dioscures. La libation devait être faite avec toutes sortes de précautions, dont celle de tenir avec soin le vase contenant le liquide par l'anse. Détail sur lequel Jamblique et Porphyre s'interrogent. Les sectateurs de la basilique se sont certainement pliés à cet impératif : toutes les scènes de libations qui apparaissent sur les stucs le respectent[107].

La communauté de la Porte Majeure offrait, comme la secte de Nigidius Figulus, des sacrifices sanglants. On a retrouvé, outre les traces d'un autel, le squelette d'un chien dans l'abside et des ossements de porcelets dans l'*atrium*. Pythagore lui-même, disent plusieurs textes, aurait sacrifié des cochons de lait[108].

La règle des Pythagoriciens voulait que le sacrifice fût la préface d'un repas en commun[109]. De ce repas étaient bannis

---

104. Jamblique, *Vie de Pyth.* 98 ; Diogène Laërce, VIII, 33. Pour nombre de ces rites pythagoriques, cf. *supra*, p. 147.
105. J. Carcopino, *op. cit.*, pp. 231-232.
106. Jamblique, *Vie de P.*, 155.
107. Cf. J. Carcopino, *op. cit.*, pp. 232-234.
108. *Ibid.*, pp. 234-244.
109. Jamblique, *Vie de P.*, 98.

les fèves, les poissons et les œufs[110]. Mais il comportait du vin, du pain, des gâteaux, des légumes crus et cuits, et même de la viande[111]. Suivant en cela une tradition déjà ancienne, les sectateurs de la basilique ne s'astreignaient plus à un régime exclusivement végétarien et mangeaient des animaux, en l'occurrence les gorets qu'ils avaient sacrifiés. Comment les repas étaient-ils organisés ? Le monument comportait (si l'on en croit les trous de scellement qui subsistent et les représentations sur les stucs) quatre tables de marbre. Les Pythagoriciens ne voulant pas de tablées de plus de dix convives[112] par respect pour ce nombre, on peut présumer que la communauté comportait au maximum quarante membres. Mais ils pouvaient être moins nombreux. Aux trois portraits qu'on a retrouvés sur les piliers de la *cella* et dont on peut penser qu'ils figurent des membres particulièrement éminents de l'association, les restitutions permettent d'en ajouter neuf autres. Mais le nombre de douze paraît insuffisant au regard des dimensions de l'édifice. En revanche, les vingt-huit représentations de tombeaux[113] sur les murs pourraient bien être significatifs : à cause de l'équivalence corps-tombeau *(sôma-sêma)* admise par les Pythagoriciens et surtout parce que ce nombre aurait été celui des premiers élèves de Pythagore lui-même[114]. L'importance du chiffre 7 dans l'école permet de supposer qu'ils se répartissaient en quatre tablées de ce nombre de convives.

Jamblique signale qu'après le repas, le membre le plus ancien de l'assemblée choisissait un texte de méditation et demandait au plus jeune de le lire. Nous savons que les Pythagoriciens possédaient comme les Dionysiaques des « discours sacrés » et qu'ils les attribuaient à Pythagore lui-même[115]. Des lectures de ce type sont figurées sur les stucs.

---

110. Diogène Laërce, VIII, 33. Sur les interdits alimentaires des Pythagoriciens, cf. *supra*, pp. 145-146.

111. Jamblique, *Vie de P.*, 98.

112. Jamblique, *Vie de P.*, 98.

113. Le nombre 28 est par ailleurs un argument important pour l'attribution du monument aux Pythagoriciens. Cf. à ce sujet J. Bousquet, « La confrérie de la Porte Majeure et l'arithmologie pythagoricienne », *Rev. des Ét. Grecques* LXIV, 1951, pp. 466-471.

114. *Anth. Pal.* XIV, 1.

115. Cf. *supra* p. 135 et J. Carcopino, *op. cit.*, p. 257.

On peut imaginer que l'assistance écoutait les vérités ainsi révélées dans un profond recueillement et qu'après une dernière libation et le sermon de l'Ancien chacun rentrait chez soi réconforté par la grande douceur de la fraternité pythagoricienne[116].

Il est clair que cet Ancien présidait les cérémonies proprement religieuses depuis la *cathedra* retrouvée au milieu de l'abside. C'est de là aussi qu'il dirigeait les initiations et probablement les opérations de divination chères aux Pythagoriciens. Une scène représentée sur la basilique montre deux femmes, dont l'une est voilée et tient un thyrse, se faisant face et saisissant chacune d'une main un vase placé entre elles. Il doit s'agir d'une scène de mantique, peut-être de nécromantie[117].

Le groupe qui fréquentait la basilique souterraine de la Porte Majeure se révèle donc à l'issue de cet examen comme une « communauté de prière et de recherche » — dirions-nous de nos jours — assurément authentique. Il nous apparaît certes, à l'instar du groupe de Nigidius Figulus et de celui des Sextii, comme une secte quelque peu originale, ayant en particulier imaginé un lieu de culte fort singulier. Mais cette secte ne présentait à première vue absolument aucun danger pour la société dans laquelle elle se trouvait. Pourtant elle a rencontré beaucoup d'hostilité, non seulement de la part du pouvoir, mais encore de l'ensemble de l'opinion publique.

HOSTILITÉ DU POUVOIR ET DE L'OPINION PUBLIQUE

César avait toutes sortes de raisons, nous l'avons dit plus haut, de se défier de la secte de Nigidius Figulus ; Auguste en eut autant à l'encontre de celle des Sextii, ces groupes abritant des aristocrates et des républicains

116. Cf. J. Carcopino, *op. cit.*, p. 258.
117. *Ibid.*, p. 262.

notoires. En 26 avant J.-C., Auguste fit expulser Anaxilaos de Larissa[118]. D'autres Pythagoriciens subirent certainement le même sort en 33 avant J.-C. lorsqu'Agrippa chassa ceux qui faisaient profession de magie[119], en 16 et en 52 après J.-C., quand Tibère et Claude reléguèrent les *mathematici*[120]. C'est qu'on pouvait tout craindre de ces groupes secrets et pleins d'idéal. D'autant plus qu'ils célébraient un culte totalement en marge de la religion officielle, laquelle avait été remise en honneur par Auguste et constituait l'un des fondements de ses réformes.

Les princes purent agir librement contre la secte, car ils étaient soutenus par l'opinion publique.

Ainsi Cicéron, pourtant ami intime de Nigidius Figulus, discrédite le Pythagorisme de Vatinius avec des arguments grossiers. Il lui reproche non seulement d'accomplir « *des rites inconnus et impies* », mais encore « *d'évoquer les âmes des enfers* » et d'« *apaiser les dieux mânes avec de la fressure d'enfants* » ! Les auspices officiels, ajoute-t-il, il les dédaignait[121] au profit bien sûr de la divination propre à la secte. L'orateur savait parfaitement qu'on n'immolait pas d'enfant dans les loges pythagoriciennes. Mais Cicéron est un excellent avocat, qui utilise tous les moyens utiles à sa cause. N'ignorant rien de la mauvaise réputation des adeptes de la doctrine, il attaque son adversaire à fond sur ce terrain, pensant qu'il en restera toujours quelque chose dans l'esprit des juges, de culture très moyenne. Vatinius était du reste, ailleurs qu'au tribunal, l'objet de toutes sortes de critiques du fait de son Pythagorisme[122]. C'est que le mauvais renom des fidèles du Maître était largement répandu. Le grand mime de cette époque, Labérius, obtint un succès resté célèbre en tournant en ridicule la théorie de la métempsycose, affirmant qu'un mulet devient homme et une femme vipère[123]. La secte pythagoricienne, affirme Sénèque, était « *détestée par la foule* » *(turbae invidiosa)*[124].

---

118. Saint Jérôme, *Chron. ad a. 26 a. Christ. : Pythagoricus et magus Urbe et Italia pellitur.*
119. Dion Cassius, XLIX, 43, 5.
120. Tacite, *Ann.* II, 32, 3 et XII, 52, 5.
121. Cicéron, *In Vatinium*, 14.
122. *Scol. ad Cic. in Vat.*, p. 317 (Orelli).
123. Tertullien, *Apologétique*, 48, 1.
124. *Nat. Quaest.* VII, 32, 2.

Pourquoi tant d'hostilité ? A cause d'abord du secret des initiations et des rites, bien sûr, aura mystérieuse qui ne plaît à aucune société, de quelque époque qu'elle soit. Le caractère ésotérique du « message » pythagoricien fut en particulier source d'incompréhension. Le Pythagoricien Lucius que Plutarque met en scène reste silencieux pendant toute une partie du dîner. Un convive exprime alors la crainte qu'il n'ait été froissé : ne lui aurait-on pas posé des questions auxquelles il n'avait pas le droit de répondre ? Lorsque Lucius reprend la parole, c'est pour dire qu'il ne révèlera qu'une partie de ce qu'il sait ![125]. De telles réticences ne pouvaient que susciter de la part des interlocuteurs une curiosité exacerbée et, par-delà, des soupçons et, bien vite, de l'agressivité.

Le rang social élevé de nombre de Pythagoriciens fut un autre motif de difficultés. La construction de la basilique de la Porte Majeure a coûté fort cher, d'autant plus que la longue galerie d'accès était couverte de stucs semblables à ceux de l'intérieur. Les vingt-huit membres qu'elle a dû abriter avaient certainement de gros moyens financiers. Plutarque de son côté met en scène dans le *De Genio Socratis* un certain Théanor, personnage censé avoir vécu au IVe siècle avant J.-C., mais qui est en réalité le portrait des Pythagoriciens de son temps. Or c'est un grand personnage, riche, accompagné d'un suite nombreuse et de bagages importants ; la dignité de son aspect extérieur et de ses vêtements, la noblesse, la douceur et la bienveillance de ses traits sont relevés par l'auteur, mais il est aussi réservé et aussi peu communicatif que Lucius[126].

Plus profondément, on leur faisait grief — non sans quelque raison — d'être des illuminés. Leur prétention d'être en contact avec les esprits[127] et les âmes des morts ne pouvait qu'agacer les intelligences positives. Dans le *De Genio Socratis* encore, un certain Galaxidore fait une sortie violente contre la superstition de ceux qui croient aux songes et contre Pythagore « *qui a rempli la philosophie de rêves, de mythes, de superstitions* ». Et il ajoute : « *Pour*

125. Cf. G. Méautis, *Rech. sur le pyth.*, p. 26.
126. *Ibid.*, p. 39.
127. Apulée, *De deo Socratis*, XX, 167.

paraître pieux et supérieurs aux autres, ils préfèrent écouter les inspirations que leur donnent les visions et les songes, au lieu de suivre la voie que leur indique la raison[128]. » Il est certain que l'opinion publique les traitait en outre de charlatans : ils étaient appelés « mages » et « astrologues ».

Mais c'est peut-être en définitive le végétarisme inhérent à la doctrine qui isola le plus la secte, qui la « marginalisa » par rapport au reste de la société. Certes la pratique était souple : les fidèles de la basilique de la Porte Majeure mangeaient de la viande, même s'ils n'en abusaient pas, et Sextius le père n'a pas fait de la métempsycose la première de ses préoccupations. Mais ce dernier et beaucoup d'autres avec lui respectaient le régime végétarien[129]. Or le végétarisme paraissait à beaucoup de gens une absurdité profonde, une attitude contre nature : on racontait qu'à Amycla, en Campanie, où l'on avait voulu épargner la vie de tous les animaux, on laissa se multiplier les serpents qui finirent par exterminer les habitants[130]. Plus grave, le végétarisme éloignait des sacrifices sanglants et l'abstention de boissons alcooliques interdisait de prendre part aux banquets où l'ivresse était presque un devoir[131].

Être pythagoricien dans toutes les règles de la doctrine revenait donc à se couper de beaucoup d'activités sociales et à ne pas craindre la « différence » par rapport aux autres hommes ! Quand on sait ce que représentait l'« image sociale » de chacun à Rome, le temps que prenaient les activités du forum et le poids de la religion traditionnelle, on mesure combien un « engagement » pythagoricien véritable était peu compatible avec la tradition et on comprend pourquoi la société romaine a tant regimbé devant ce mouvement.

*
* *

128. *De Genio Socratis*, 579 F — 580 C.
129. Cf. *supra*, p. 220.
130. Servius, *Ad Aen.* X, 664.
131. Cf. G. Méautis, *Rech. sur le Pyth.*, p. 41 ; sur le végétarisme, cf. *supra*, p. 145 et suiv.

La République romaine se heurta encore à d'autres sectes. Ainsi, en 133 avant J.-C., le préteur Cornélius Hispalus contraignit *« les Juifs qui avaient entrepris de corrompre par le culte de Jupiter Sabazius les mœurs romaines, de regagner leurs demeures »*[132]. Quels étaient ces nouveaux expulsés de l'État romain ? Des Juifs dissidents assurément, qui s'étaient laissé fortement helléniser au cours du IIe siècle avant J.-C., ayant été placés comme colons en Phrygie et en Lydie. Ils avaient élaboré dans ces régions un culte judéo-païen à Jupiter-Sabazius, c'est-à-dire à Sabazios, le dieu thraco-phrygien dont nous avons parlé plus haut[133], assimilé de quelque manière à Yahvé Sabaoth[134]. Une communauté de « sabaziastes » se forma à Rome. Elle fut jugée dangereuse et expulsée pour des raisons qu'on peut discerner. Le culte avait certainement conservé des aspects orgiaques de son origine païenne et phrygienne. Sur une série de bas-reliefs provenant d'une « synagogue » de Mysie, en Asie Mineure, qui s'est constituée quelques années après l'expulsion de Rome, on voit des thiasotes couchés sur un grand divan et faisant bonne chère ou un joueur de flûte faisant danser devant les convives, alors qu'un esclave puise du vin dans un cratère, des baladins, une femme et un homme nus[135]. Sur le tombeau d'un prêtre de la secte trouvé dans les catacombes de Prétextat, on lit la triple mention : *« mange, bois, divertis-toi »*. Exhortation à signification surtout mystique sans doute, mais qui rappelle aussi certaines pratiques en usage dans les orgies asiatiques, orgies dont le culte dérivait en partie[136]. La sévérité romaine à son endroit s'explique peut-être encore par le caractère sectaire des sabaziastes par rapport aux Juifs nationalistes, avec lesquels les autorités romaines étaient à l'époque en bons termes[137].

---

132. Valère-Maxime, 1, 3, 2 (selon Julius Paris).
133. Cf. *supra*, p. 80 et suiv.
134. Cf. F. Cumont, « Les mystères de Sabazius et le judaïsme », *Comptes rendus des séances de l'Académie des Inscriptions et Belles Lettres*, 1906, p. 65 et suiv.
135. *Ibid.*, p. 77 ; représentations dans Perdrizet, *Bulletin de correspondance hellénique*, XXIII, 1899, p. 592.
136. F. Cumont, *Les mystères de Sabazius*, pp. 75-77.
137. Cf. H. Janne, « Magiciens et religions nouvelles dans l'Ordre Romain », *Latomus*, I, 1937, pp. 42-43.

Les adeptes de la Déesse syrienne également apparurent au départ sous les traits de ce que nous appellerions une secte. On a pu faire, en se fondant sur Lucien et Apulée[138], un tableau piquant de leurs activités : « *Conduits par un vieil eunuque de mœurs équivoques, une troupe de jeunes gens maquillés court les grands chemins, portant sur un âne l'image parée de la déesse. Passent-ils dans un bourg ou devant une riche villa, aussitôt ils se livrent à leurs exercices sacrés. Au son strident de leurs flûtes syriennes, ils tournoient et se trémoussent convulsivement, la tête renversée, en poussant de rauques clameurs, puis quand le vertige les a saisis, que l'insensibilité est complète, ils se flagellent éperdument, se percent de leurs glaives, s'inondent de leur sang devant la foule rustique, dont le cercle se resserre autour d'eux, et font enfin parmi les spectateurs fascinés une fructueuse collecte*[139]. »

On croit voir les sectateurs de Krishna ou de Moon ! Nul doute que, dès une époque ancienne, les Romains ont vu défiler des groupes les plus variés de ce genre, sans bien sûr toujours réagir par la répression. A l'époque impériale, les autorités réprimeront de moins en moins. Deux sectes en particulier se sont épanouies sans beaucoup d'entraves pendant cette époque : celle d'Isis et celle de Mithra.

---

138. Leurs descriptions sont encore plus vraies pour l'époque républicaine où les fidèles du culte provenaient surtout des classes les plus humbles.

139. F. Cumont, *Les religions orientales*, p. 96.

TROISIÈME PARTIE

DES SECTES BIEN INSTALLÉES A L'ÉPOQUE IMPÉRIALE : LES ISIAQUES ET LES MITHRIASTES

par Jean-Christian TAUTIL

Une sorte de logique semble pousser nombre de sectes antiques à disparaître ou à s'intégrer de plus en plus dans la vie religieuse de la cité, parfois après des persécutions. C'est le cas de l'Isisme et, à un moindre degré, du Mithriacisme. Si les Pythagoriciens ou les Bacchants entrent sans difficulté dans la définition moderne d'une secte, il n'en est plus de même pour ces mouvements à partir du moment où le syncrétisme de l'époque impériale admit toutes les formes de religion : leur longue carrière les a progressivement institutionnalisés ; ils ont connu les faveurs du pouvoir et de l'intelligentsia, et ont fini par jouir de la paix religieuse dans une cohabitation tranquille. Mais tout ceci porte principalement sur l'appareil et sur les structures extérieures. Au cœur même de ces sociétés de salut, la métamorphose n'était certainement pas si grande. Leur intégration relativement avancée dans la société civile et religieuse romaine, leur importance et leur organisation leur confèrent indiscutablement des caractères d'« église ». Malgré tout, la permanence d'un enseignement fondamentalement marginal et d'une doctrine étrangère, un filtrage rigoureux par initiation constituent toujours le fondement de ces sectes parvenues. Le public romain traditionnel ne s'y trompa certainement pas. Les « intégristes » du Paganisme latin ne cessèrent de regarder avec suspicion ces religions qui s'écartent de la tradition latine, fondée sur la « coutume des ancêtres » et, comme le définit justement Cicéron « transmise par les dieux eux-mêmes ». La permanence d'un vieux « fonds commun » sectaire, qui survit en partie à l'installation et à l'usure, justifie donc amplement la place de l'Isisme et du Mithriacisme dans ce livre.

CHAPITRE I

Les Isiaques

L'Isisme apparaît dans l'histoire de Rome comme une secte bizarrement introduite dans son tissu religieux par le hasard des influences orientales. Les persécutions, nous allons le voir, se déchaînèrent à Rome à plusieurs reprises avant que la greffe isiaque ne s'implantât dans l'Empire.

Même lorsqu'il fut triomphant, l'Isisme resta toujours de quelque façon un mouvement marginal. Ni la tolérance des pouvoirs, ni la faveur du public et même des souverains n'en firent jamais un culte officiel de l'Empire. L'État n'en faisait pas les frais et il fut toujours desservi par des confréries privées, qui assuraient tous ses besoins et nommaient elles-mêmes leurs prêtres[1]. En dépit de son statut privilégié, il demeura jusqu'au bout une manière non romaine de croire et de célébrer.

On lit dans *l'Octavius* de Minucius Felix cette anecdote bien significative : au cours d'une promenade, Cécilius, un des protagonistes de ce dialogue entre chrétiens et païens, remarque une statue de Sérapis, parèdre d'Isis, et « *approchant la main de sa bouche selon l'usage du vulgaire superstitieux, y imprima un baiser de ses lèvres* »[2].

---

1. Cf. G. Lafaye, *Dict. Ant.*, art. *Isis*, p. 578.
2. Minucius Felix, *Octavius*, II, 4 (début du IIIe siècle après J.-C.).

Ce baiser à l'espagnole atteste la popularité de l'Isisme au second siècle de notre ère. A cette époque en effet, l'Isisme est solidement implanté dans tout l'empire ; il y a ses temples et ses chapelles jusqu'à l'intérieur du *pomoerium*[3] et sur les pentes du Capitole. Ses débuts romains avaient été bien plus modestes. Il ne sera pas inutile d'en rappeler les sources orientales.

LE CYCLE OSIRIEN

Les mythes de l'Égypte ancienne se transmettaient oralement aux initiés dans le secret des temples. La curiosité des voyageurs grecs et les travaux des archéologues nous en ont parfois dévoilé les grandes lignes. On a pu ainsi reconstituer des cycles de légendes dont le plus connu est celui d'Isis et d'Osiris.

Osiris, roi d'Égypte[4], règne en compagnie d'Isis son épouse, belle et bonne, un peu magicienne. Son frère Seth, méchant et naturellement jaloux, le met à mort et prend la précaution de le découper en 14 morceaux qu'il ira noyer dans le Nil. Isis, éplorée, n'aura de cesse qu'elle n'ait reconstitué le cher cadavre ; elle y parviendra finalement, à l'exception du sexe malencontreusement avalé par le poisson appelé oxyrhynque, certains disent par un barbeau. Isis parvient ensuite à ranimer Osiris et l'évente en revêtant la forme d'un beau milan. Le roi, gaillardement réveillé, concevra — on ne sait comment — un fils, Horus, avant de disparaître définitivement chez les morts dont il deviendra le souverain Maître. Isis élèvera le jeune Horus, qui régnera un jour sur l'Égypte après avoir triomphé des ruses de l'affreux Seth.

Deux courants religieux sortiront de ces mythes que nous devons forcément résumer : une tradition théologique, officielle et secrète, enseignée par les prêtres, développera le

---

3. *Pomoerium* : enceinte sacrée de Rome dans laquelle les dieux indigènes étaient seuls autorisés.

4. Étude claire dans *Histoire générale des Religions*, Quillet, Paris, 1948, pp. 240-245.

culte d'un Osiris agraire et infernal. Ce dernier garantit la fertilité du Nil et juge les âmes aux sombres bords où le fleuve prend sa source. Momie lui-même, Osiris réveille et réanime les momies[5]. C'est sous sa présidence que les embaumeurs de la vallée du Nil accomplissent leur lugubre besogne. Fardé du vert de l'incorruptibilité, Osiris tient le fouet et le crochet, symboles du « pasteur des ombres ». Ainsi le virent les historiens grecs ; le dieu leur parut à la fois Cérès et Pluton[6].

Isis, de son côté, donna naissance à une tradition plus populaire et riche de syncrétismes. Dans la mentalité collective des Égyptiens, elle fut l'épouse souffrante et la mère admirable. Ses charismes s'accrurent sans cesse avec le déroulement des siècles. On l'assimila à la vache Hathor[7]. Osiris protégeait les sources du Nil ; Isis passa pour en régler le cours terrestre. Chaque année, elle présidait à la reprise des navigations en envoyant des vents favorables.

Dernier élément d'une théodicée plus proche du cœur que des « dogmes », Horus fut associé au culte d'Isis et d'Osiris. Il composa la troisième personne d'une triade qui devint un jour alexandrine. Les Lagides (successeurs d'Alexandre) devaient à leur tour récupérer ces « religions » et en modifier très profondément les contours et la carrière.

Un détour par Alexandrie...

Alors que Ptolémée-Soter était occupé à bâtir sa nouvelle capitale et à la doter de temples superbes, écrit Tacite, il vit en songe un jeune homme *« d'une beauté merveilleuse et d'une taille peu commune »*[8]. L'apparition lui prescrivit de rapporter du Pont une mystérieuse statue divine et de lui élever un sanctuaire à Alexandrie. Après s'être fait quelque

5. Cf. A.P. Leca, *Les Momies*, Paris, 1971, pp. 33-38.
6. Sur la théologie de l'Osiris « dieu des Morts », cf. Plutarque, *Sur Isis et Osiris*, 78.
7. La vache Hathor, nourricière divine, allaita le jeune Horus. Déesse de l'amour et gardienne de la nécropole de Thèbes, elle fut assimilée à Isis.
8. Tacite, *Hist.*, IV, 83-84 ; cf. Plutarque *Sur Isis et Osiris*, 28 et G. Lafaye, *Dict. Ant.*, art. *Sérapis*, p. 1248.

peu tirer l'oreille, Ptolémée s'exécuta sous la menace réitérée du dieu — car c'en était un. L'idole inconnue quitta donc Sinope pour la nouvelle capitale où, précise l'auteur, on lui donna un temple proportionné à sa grandeur[9]. La statue fut placée dans le vieux quartier de Rhacotis, où se trouvait déjà un sanctuaire consacré à Isis et à Sérapis. En construisant le Sérapéum, Ptolémée associa très habilement un dieu nouveau à un ancien culte. Un sculpteur grec, Bryaxis, fut chargé de lui donner une image conforme aux canons plastiques de l'Occident[10]. Ainsi se développa la religion de la « Triade alexandrine ». Sérapis, nouvel Osiris, rassembla, dans un même temple, Isis et Horus, devenu Harpocrate pour les Grecs et représenté par Bryaxis sous la forme d'un jeune enfant boudeur. Les nouveaux dieux gardèrent naturellement les charismes des anciens. Ils demeuraient liés au destin des âmes. Le génie de Ptolémée fut en quelque sorte d'habiller de neuf d'anciennes divinités en les dépouillant de leurs caractères zoomorphes. Religion du cœur, réponse aux angoisses de l'outre-tombe, le Sérapisme devint également un « culte politique » au service des ambitions hégémoniques du Lagide[11]. Ptolémée, poursuivant le rêve unificateur d'Alexandre, entendit en faire la religion commune de ses peuples.

Le destin oriental du Sérapisme n'est pas dans notre propos. Ce culte devait se répandre dans tout le Moyen-Orient. On y multiplia des temples dont le Sérapéum était le prototype. Ce dernier dura jusqu'en 391, date où Justinien, patriarche d'Alexandrie, le fit détruire, comme l'empereur Justinien devait, plus tard, fermer le dernier des Iséums qui fonctionnait encore, au IVe siècle, dans les solitudes de Philae.

9. Tacite, *ibid.*

10. Cf. C. Picard, *la Sculpture antique*, Paris, 1926, pp. 95-98.

11. Sur Alexandrie et les Lagides, cf. R. Cohen, *La Grèce et l'hellénisation du monde antique*, Paris, 1948, pp. 541-575, et Bouché-Leclercq, « La Politique religieuse de Ptolémée Sôter », *Revue de l'Histoire des Religions* XLVI, 1902, p. 1 et suiv.

Isis en Occident

Les dieux égyptiens n'avaient certainement pas attendu l'invention de Ptolémée pour se répandre en Orient et même sur les côtes de la Grèce. Isis et Osiris y furent adorés dès l'époque archaïque, à mesure que les courants commerciaux se développaient sur les deux rives de la « Mer commune ». Leur culte se célébra tout d'abord dans les comptoirs, autour des oratoires des premiers marchands. Isis, rappelons-le, était la Patronne des mers. On lui confia le bon succès des voyages ; les Romains la vénéreront un jour sous le vocable de « Pelagia »[12]. Avant de devenir la « Bonne déesse » de la secte isiaque, Isis fut donc la protectrice des premières diasporas égyptiennes ou levantines.

En l'honneur des nouveaux dieux, des temples s'élevèrent rapidement à Antioche comme à Tarse, en Syrie et dans les îles. En 307, les Égyptiens possédaient leur culte à Halicarnasse, ville de Carie, en Asie Mineure. Délos connut au moins trois sérapéums : plus de 200 inscriptions y ont été retrouvées[13]. La Grèce ne tarda pas à s'ouvrir à l'Isisme, d'abord réservé aux seuls Égyptiens. La politique des Ptolémées installa, vers 225 av. J.-C., le culte de Sérapis dans Athènes. Après l'avoir identifié avec Dionysos, on lui consacra un temple au pied de l'Acropole[14]. Dans la mouvance de la Grèce, la Sicile accueillit elle aussi les dieux égyptiens dès la fin du IVe siècle. La multiplication des échanges commerciaux poussa enfin Isis et ses mystères vers l'Italie.

De la Campanie à Rome

C'est par les provinces du sud que les grands courants des mystiques orientales pénétrèrent dans la Péninsule. Les ports et les villes de la Campanie leur furent toujours des

12. C. Pietrangeli, *I monumenti dei culti orientali*, Rome, 1951, n° 8, p. 51. Palais des Conservateurs, galerie n° 3.

13. Cf. P. Roussel, *Le culte égyptien à Délos*, Paris, 1916.

14. La première attestation d'un culte isiaque en Grèce est un décret du Pirée daté de 333 av. J.-C., que nous avons déjà signalé à propos des Citiens (p. 63, n° 55). Il prouve que les Égyptiens avaient déjà l'autorisation de fonder un sanctuaire d'Isis.

étapes obligées. L'Isisme, comme plus tard le Christianisme, y trouva des relais et des auditoires pour ses « missionnaires » ; le climat moral, tout chargé d'orientalisme par une hellénisation précoce, favorisa grandement leur apostolat. Au Ier siècle av. J.-C., la présence d'Isis est sensible dans ces régions[15]. Un Iséum fut édifié à Pompéi dès cette époque ; il devait durer jusqu'au tremblement de terre de 62. Un second temple le remplaça, qui survécut en partie à la grande catastrophe. L'importance et la beauté de l'édifice, la place éminente qu'il occupe dans l'urbanisme de la cité du Vésuve attestent une communauté bien établie. Les Isiaques se multiplièrent aussi à Pouzzoles, à Herculanum, à Naples et à Stabies. Les premiers sectateurs furent certainement des orientaux ; puis l'Isisme ne tarda pas à se romaniser et ses sacerdoces furent confiés à de riches familles locales[16].

Pour la secte, ce n'était là qu'un point de départ. Elle gagna progressivement l'Italie centrale. Rome était pourtant, *a priori*, moins favorable aux nouveautés orientales que les luxuriantes provinces du sud dans lesquelles l'hellénisme avait assoupli les esprits et préparé le terrain. Dans la capitale, un conservatisme assez rigoureux surveillait les religions étrangères. La secte isiaque s'y implanta malgré tout, d'abord dans les classes les plus défavorisées. Nous avons peu de documents sur cet Isisme de petits marchands et d'esclaves, de levantins besogneux et intelligents. Devant le succès de la secte, les pouvoirs publics ne tardèrent pas à s'alarmer. Des mesures sévères furent prises : elles ne firent probablement que renforcer la nouvelle « religion ». Apulée parle d'un Collège de Pastophores actif à l'époque de Sylla[17]. Vers 65 av. J.-C., un autel d'Isis existait déjà sur le Capitole. Les consuls inquiets durent faire voter une censure spéciale pour freiner l'engouement populaire[18]. Plus tard la démolition de l'oratoire fut ordonnée ; aucun ouvrier n'osant porter la main contre Isis, le consul L. Aemilius

15. V. Tran Tam Tinh, *Le culte d'Isis à Pompéi*, Paris, 1964, pp. 25-29. Sur Pompéi même, cf. F. Coarelli, *Guida archeologica di Pompei*, Vérone, 1976, pp. 159-160.
16. Voir *infra*, pp. 276-278.
17. Apulée, *Mét.*, XI, 30, 6.
18. Varron, *Ant.*, cité par Tertullien, *Ad nationes*, I, 10.

brisa lui-même les portes du temple à coups de hache[19]. Sur l'ordre des autorités, les autels et le temple furent détruits cinq fois et cinq fois rebâtis[20] !

Malgré la persécution officielle, des Romains continuaient à pratiquer ces cultes égyptiens. Une habile propagande en répandait les croyances et les symboles. On a cru les retrouver sur de petites monnaies frappées dans les ateliers du Capitole dont les artisans étaient parfois des orientaux[21]. Quand la civilisation alexandrine eut conquis la bonne société romaine, et particulièrement l'intelligentsia, de nombreuses personnes distinguées n'hésitèrent pas à se rallier à une secte devenue vraiment à la mode. L'Orient donnait le ton. A l'imitation de ses ancêtres, Cléopâtre VII, identifiée à Isis, accueillera Antoine aux portes de Tarse et célébrera, au grand scandale des Romains, son mariage sacré avec le « nouveau Dionysos ». La fusion des cultes orientaux et helléniques servait naturellement les ambitions politiques du nouveau couple...[22]. Octave, Antoine et Lépide allèrent plus loin en élevant à leurs frais un temple romain aux dieux de l'Isisme[23]. Auguste devait pourtant, si l'on ose dire, renier les faveurs d'Octave : à peine au pouvoir, il releva les autels traditionnels. Les cultes égyptiens furent interdits sur toute l'étendue du *pomoerium* et l'Isisme connut une nouvelle persécution. La politique d'Auguste s'explique certes par la haine du vainqueur d'Actium contre tout ce qui pouvait rappeler le souvenir d'Antoine et de Cléopâtre, mais plus encore par le fait que cette secte, provenant d'un Orient jugé corrupteur des valeurs romaines[24], s'opposait profondément à la religion traditionnelle.

---

19. Valère-Maxime, *Facta et dicta memor*, I, 4.
20. V. Tran Tam Tinh, *op. cit.*, p. 22 et Dion Cassius, XL, 47, 3-4.
21. C'est la thèse de A. Alföldi. Cf. V. Tran Tam Tinh, *ibid.*, p. 20, note 6.
22. Cf. Dion Cassius, L, 4 et 24-25 ; Plutarque, *Ant.*, 36-54 et F. Dunand, *Le culte d'Isis dans le bassin oriental de la Méditerranée*, Leyde, 1973, pp. 42-45.
23. Cf. Suétone, *Caes.*, 52 ; Dion Cassius, XLIII, 27 ; XLVII, 15 ; l'épisode d'un proscrit s'échappant sous un masque isiaque est également significatif (Valère-Maxime, VII, 3, 8).
24. Cf. la propagande littéraire de cette politique religieuse chez Virgile, *En.*, VIII, 798-799 ou Properce, III, 2, 41-43.

Une singulière affaire

La sévérité d'Auguste n'empêcha pas la progression de l'Isisme. Bien des dames élégantes ignoraient la loi et poursuivaient ouvertement leurs dévotions.

Sous le règne de Tibère, un scandale devait relancer la persécution officielle. Si l'on en croit Flavius Josèphe, un chevalier romain du nom de Décius Mundus s'éprit d'une certaine matrone Pauline. Cette dernière, dévote d'Isis, s'était mis en tête d'avoir commerce avec le chien Anubis[25] et, dans ce but, passait ses nuits au temple. Décius s'y introduisit et remplaça, avantageusement semble-t-il, l'animal sacré ! L'affaire s'ébruita bien vite ; les prêtres furent accusés de complicité dans le scandale. C'est peut-être à cette occasion que les Isiaques furent expulsés (en 31 après J.-C.) au même titre que les Juifs[26].

L'Isisme poursuivait malgré tout sa carrière. Les plus hautes sphères de la société lui apportaient leur adhésion. Les témoignages littéraires sont éloquents[27]. Les femmes surtout venaient nombreuses chez la Déesse. Matrones ou courtisanes, orientales, maîtresses ou égéries des poètes à la mode, elles emplissaient ses temples et ses chapelles. Caligula — descendant d'Antoine — tira la morale pratique de cette irrésistible évolution en faisant édifier un magnifique ensemble égyptien dans le champ de Mars[28]. Néron introduisit les fêtes d'Isis dans le calendrier officiel de l'Empire. Othon participa à des cérémonies publiques vêtu de la robe sacrée des Isiaques[29]. Les Flaviens et les Antonins se montrèrent particulièrement favorables au mouvement[30]. Lucain pouvait justement écrire :

---

25. Josèphe, *Ant. Jud.*, 18, 3, 4. Anubis, dieu de l'ancienne Égypte, avait un corps d'homme et une tête de chien, ou mieux de chacal.

26. Tacite, *Ann.*, II, 86, place cette persécution en 19, donc sous le règne d'Auguste. Philon *(Leg. ad Caium)* la placerait plutôt en 31 et Josèphe entre 26 et 36 après J.-C.

27. Cf. Tibulle, I, 3, 23 ; Ovide, *Am.*, III, 9, 33 ; Properce, II, 33, 2, etc.

28. Cf. F. Cumont, *op. cit.*, p. 78 et suiv. et V. Tran Tam Tinh, *op. cit.*, p. 24.

29. Suétone, *Othon*, 12, 2.

30. Cf. Tacite, *Ann.*, IV, 82 ; Suétone, *Vespasien*, 7 ; et Josèphe, *Bell. Jud.*, VII, 5, 4.

« Nous, dans nos temples de Rome, nous avons reçu ton Isis. Et les demi-dieux à tête de chien, et les sistres aux accents de deuil[31]. »

Ainsi, d'abord violemment contesté, l'Isisme s'intégra dans une certaine mesure au tissu religieux romain ; il gagnait en même temps la plupart des provinces de l'Empire : avant le Mithriacisme, il en fut certainement la secte dominante[32]. En adoptant ainsi l'Isisme, les empereurs entendaient-ils imiter les Pharaons égyptiens pour sacraliser leur pouvoir ? Suivaient-ils plus simplement une dévotion populaire[33] afin de la contrôler ou de la récupérer ? Les deux hypothèses ne s'excluent pas.

Y A-T-IL UNE THÉOLOGIE ISIAQUE ?

Pas plus que dans les religions gréco-romaines, il ne faut chercher dans l'Isisme une « théologie » au sens moderne du terme. Nul livre sacré n'y enseignait une doctrine bien établie. Pour une approche des croyances isiaques, il faut se fonder sur une hypothétique continuité avec les « doctrines » de l'Égypte ancienne et solliciter des témoignages littéraires parfois ambigus. La critique moderne prend quelques distances — parfois excessives — avec celui d'Apulée, accusé d'avoir mélangé des sources hétéroclites pour produire de faciles effets romanesques... En l'absence d'une véritable « théologie isiaque », mieux vaut parler de traditions convergentes, d'un « fonds commun », d'ailleurs prodigieusement assimilateur, dont nous allons résumer les grandes lignes.

L'enseignement de la religion égyptienne antique proposait avant tout des mythes complexes, lisibles à plusieurs « niveaux » : ils exprimaient, entre autres, la merveilleuse continuité de la vie et de la mort. Le culte d'Osiris représentait à la fois les concepts d'une vieille religion agraire et

31. Lucain, *Phars.*, VIII, 831-833.
32. Sur la diffusion générale de l'Isisme cf. V. Tran Tam Tinh, *op. cit.*, p. 8, note 10.
33. Sur cette dévotion populaire, cf. déjà Ovide, *Pontiques*, I, 1, 37.

l'espérance très profonde d'une survie individuelle. Le « Sérapisme » d'Alexandrie se fondait certainement sur cette eschatologie. La tradition égyptienne plaçait dans Sérapis l'âme du bœuf Apis divinisé, lui-même réceptacle de l'Osiris-défunt de Memphis[34] ; l'étymologie du nom divin paraît s'expliquer de cette manière (Ousis-Hap). Plutarque exprime parfaitement ce rapport en affirmant que « *l'Apis était la vivante image d'Osiris* »[35]. Le dieu venu de Sinope — Zeus, ou Hadès — s'accommoda aisément de cette nouvelle identité ; on l'avait séparé de sa parèdre (Junon ou Perséphone ?). Isis la remplaça avantageusement. Nous l'avons vu, pour compléter la triade, le jeune Horus y fut incorporé à son tour, symbole du secret ou, selon Plutarque, « *du silence* ». Au prix de ces syncrétismes successifs, Sérapis put devenir le dieu de nombreux peuples[36] ; il fut celui des vivants et aussi celui des morts. Au cours de ses périples méditerranéens, l'ésotérisme de sa religion officielle se changea peu à peu en pratiques mystériques. Le voisinage et l'exemple des cultes grecs en fournirent certainement les modèles et en suggérèrent probablement les structures.

L'Isisme devait finalement désigner le produit de ces évolutions. En même temps que Sérapis se lançait à la conquête du monde occidental sous les traits aimables d'un nouveau Dionysos, lui aussi mort et ressuscité, la double nature d'Isis, son charme mystérieux lui attirèrent beaucoup de suffrages. Dernier avatar d'une déesse anatolienne[37], Isis passait pour gouverner les mers et pour féconder les moissons. Comme Déméter, on la représentera souvent portant des épis. Mais elle était aussi une figure « infernale » : aux côtés d'Osiris, elle assistait les âmes des morts à la manière de la Perséphone souterraine[38]. Ses dons magiques lui valu-

---

34. Cf. *Hist. générale des religions*, p. 225.
35. Plutarque, *De Isid. et Osir.*, § 43.
36. Le prêtre Manéthon et un Eumolpide d'Éleusis seraient les auteurs de la théologie du nouveau dieu (cf. F. Cumont, *Les relig. orient.*, p. 71).
37. Cf. J. Przyluski, *La grande déesse*, Paris, 1950, chap. I et III.
38. Perséphone, ou Coré, fille de Déméter et de Zeus fut enlevée par Hadès (Pluton) qui l'entraîna aux enfers où elle passait une partie de l'année. Reine des Morts, elle est associée aux mythes agraires d'Éleusis : cf. *supra*, pp. 31 et suiv.

rent même d'être identifiée à la redoutable Hécate[39]. Sérapis souleva-t-il vraiment l'enthousiasme des foules occidentales ? Isis, quant à elle, les troubla profondément par des charismes très féminins. Son attirance et son pouvoir se renforcèrent par des assimilations incessantes au lieu d'en être occultés. Dans les *Métamorphoses*, la déesse se pare coquettement de tous ses titres et les fait scintiller comme des bijoux :

> « *Mère des dieux... Minerve Cécropienne... Vénus Paphienne... Diane Dictyne... Cérès Actéenne, Junon... Bellone... Hécate... Rhamnusie...* »

Le véritable nom, celui qui donnera au croyant des « pouvoirs » sur le dieu, ne sera donné qu'à la fin :

> « *Les Égyptiens puissants par leur antique savoir m'appellent de mon vrai nom la reine Isis* »[40], dit l'apparition.

Notons en terminant l'insistance d'Apulée à nous conduire au cœur du « problème théologique » en mettant en valeur l'unicité indissoluble d'Isis.

> « *Mère de la nature entière, maîtresse de tous les éléments, origine et principe des siècles, divinité suprême, reine des Mânes, première entre tous les habitants du ciel, type uniforme des dieux et des déesses... puissance unique*[41]. »

En parfait accord avec les tendances monothéistes du dernier paganisme, la Déesse semble convier son futur initié à ne voir dans les dieux que les reflets d'une seule divinité.

Nous voilà sans doute bien loin des doctrines initiales d'Alexandrie : en abandonnant les privilèges d'une religion d'État pour devenir une secte à mystères, l'Isisme a progres-

39. Hécate était la messagère des démons et des fantômes. Représentée sous la forme d'une divinité à trois têtes, elle se livrait à la divination et à la magie.
40. Apulée, *Mét.*, XI, 5.
41. *Ibid.*, XI, 1. Cf. J. Gwyn-Griffiths, *The Isis Book*, Leyde, 1976, pp. 114-123 et l'inscription isiaque de Capoue (*CIL* X, 3800), où la déesse est présentée à la fois comme unique et multiple.

sivement acquis une liberté, une souplesse doctrinale qui lui ont permis de s'accommoder aux errances des divers mysticismes. Ses antiques traditions égyptiennes sont alors devenues un simple décor symbolique et fascinant. Plutarque nous invite d'ailleurs à une nouvelle lecture de ces mythes. Prêtre d'Apollon, comme nous l'avons vu, sans doute initié aux mystères égyptiens, l'auteur du *Traité d'Isis et d'Osiris* annonce curieusement une certaine critique pré-moderniste qui devait faire fureur à la fin du siècle dernier :

> « *Nous ne devons pas traiter les mythes,* écrit-il en substance, *comme s'ils étaient des coulées de vérités, mais en prendre la portion utile à chacun de nous, en rapport avec la vraisemblance*[42]. »

Selon cette méthode, Osiris n'est que le dieu du Nil personnifié, Isis la terre avec laquelle le fleuve s'unit ; Plutarque invoque, à propos de Seth, « un *principe de sécheresse* » incarné par le méchant démon[43]. Le meurtre d'Osiris ne serait que le voile poétique d'un antagonisme élémentaire et moral entre l'humide et le sec, le Bien et le Mal. Le Bien triomphera, d'ailleurs, grâce à l'action d'Isis, messagère et protectrice des âmes, médiatrice de la contemplation des « *dieux d'en Haut et des dieux d'en Bas...* »[44].

Dans le sillage des sotérismes multiples qui se partagent les consciences du monde antique à la veille de notre ère, l'Isisme s'est donc parfaitement acclimaté et utilement structuré. En pénétrant plus avant dans les mystères de la secte, l'initié sera convié à délaisser le mythe pour la Réalité, le Multiple pour l'Unique, à passer transitoirement par les dieux pour aller vers « le dieu ».

L'épiphanie d'Isis

Il ne nous est pas possible de reconstituer avec précision l'itinéraire spirituel qui fit de la religion officielle des Ptolémées une des sectes à mystères du monde gréco-romain.

42. Plutarque, *De Iside et Osiride*, 58.
43. Plutarque, *ibid.*, 33.
44. Apulée, *op. cit.*, XI, 23 et Plutarque, *ibid.*, 78.

Rien ne nous assure que le culte d'Alexandrie accueillit des initiations. Dans la diffusion progressive d'un « Sérapisme » aux contours multiples, la figure divine d'Isis se démarqua, pour ainsi dire, des autres composantes de la Triade. Sa « religion » fut intimement liée à la fondation de nouveaux mystères. D'abord simplement associée à Osiris-Sérapis dans les rites d'Alexandrie, Isis devint peu à peu la déesse d'une secte naissante. Les rôles ne tardèrent pas à s'inverser progressivement : elle eut ses chapelles, ses sanctuaires, ses fidèles. Dans les Iséums de Rome ou de Pompéi, Isis fera sans doute quelque place à ses anciens « associés », mais elle y régnera comme une divinité principale. Nous trouvons la plus brillante illustration de cet ultime « mythe d'Isis » dans la fin des *Métamorphoses* d'Apulée. Même si le témoignage est en partie romanesque et date d'une époque où la secte est déjà bien acceptée par les Romains, il montre bien tout ce qu'elle conserve alors de marginal par rapport à la tradition nationale.

Né à Madaure (Afrique du Nord), Lucius Apuleius est un bien singulier personnage. Avocat, magicien à ses heures, séducteur et mystique, il finira sa carrière dans son Afrique natale, conférencier de renom enseignant aux foules de Carthage, *« l'art de bien dire autant que de bien faire »*[45]. Les *Métamorphoses* sont en fait une « fable milésienne » d'une facture charmante, tour à tour picaresque, libertine et poétique. Elle nous raconte les aventures d'un certain Lucius — homonyme de l'auteur — changé en âne par un maléfice et voué à de longues tribulations, égayées de comique et poivrées d'un érotisme assez vif. A la fin du roman, Isis daignera rendre à l'âne sa forme première ; converti, ou reconnaissant, le nouveau Lucius, vraiment « re-né », s'enrôlera dans la secte de la déesse dont il connaîtra même les honneurs. Miracles, visions, extases, mystérieuses liturgies ponctuent le roman jusqu'à son dénouement heureux - documents précieux pour notre connaissance de l'Isisme.

Arrêtons-nous pour l'instant sur le liminaire du dernier

45. Cf. l'analyse du personnage d'Apulée faite par G. Boissier dans *L'Afrique romaine*, Paris, 1901, p. 272 et suiv. Sur l'authenticité de l'expérience isiaque du livre XI, cf. J. Gwyn-Griffiths, *The Isis Book*, pp. 6-7.

« acte égyptien » des *Métamorphoses*. Dans ce vrai prélude d'opéra, la lune se lève dans le ciel devant le pauvre quadrupède au désespoir. En face de cette divinité inconnue, Lucius formule à tout hasard une dernière prière :

> *« Reine du ciel, que tu sois Cérès nourricière, mère et créatrice des moissons... ou Vénus céleste... ou la sœur de Phébus qui, en soulageant par des soins apaisants les femmes en travail, as suscité des peuples entiers... ou la terrible Proserpine aux hurlements nocturnes et au triple visage... Toi qui répands ta lumière féminine sur tous les remparts, nourris de tes humides rayons les semences fécondes... sous quelque nom, par quelque rite, sous quelque aspect qu'il soit légitime de t'invoquer, assiste-moi dans mon malheur, désormais arrivé à son comble...*[46]. »

Quelle est cette déesse ? En présence de l'apparition mystérieuse, Lucius, on le voit, prend ses précautions et les figures divines se bousculent un peu dans sa tête. On connaît la réponse d'Isis, qui finit par révéler son nom à son suppliant au terme d'une majestueuse nomenclature dont nous venons de donner un aperçu. Isis, « la reine Isis », ne tardera pas à se montrer sous ses vraies apparences égyptiennes aux yeux de Lucius qui se délecte visiblement à la décrire.

> *« Sa riche et longue chevelure, légèrement bouclée et largement répandue sur sa nuque divine, flottait avec un mol abandon. Une couronne irrégulièrement tressée de fleurs variées, enserrait le sommet de sa tête. En son milieu, au-dessus du front, un disque aplati en forme de miroir, ou plutôt imitant la lune, jetait une blanche lueur... Sa tunique, de couleur changeante, tissée du lin le plus fin, était tour à tour blanche comme le jour, jaune comme la fleur du crocus, rougeoyante comme la flamme. Mais ce qui, surtout et par-dessus tout, éblouissait mes yeux, c'était un manteau d'un noir intense, resplendissant d'un sombre éclat... La bordure brodée, ainsi que le fond de l'étoffe, était semée d'étoiles étincelantes, au milieu desquelles une lune dans son plein exhalait ses feux...*[47]. »

---

46. *Mét.*, XI, 2.
47. *Mét.*, XI, 3, 4.

Isis, d'ailleurs, se montrera aussi bonne que belle. Elle promet à Lucius de lui rendre bientôt sa nature humaine ; la métamorphose se fera précisément lors d'une des fêtes de la déesse[48]. Transporté de joie et de reconnaissance, notre héros lui adresse la plus ardente prière et chante lyriquement les charismes de sa protectrice :

> « *Sainte ! toi qui veilles sans te lasser sur le salut du genre humain, toujours prodigue envers les mortels des soins qui les raniment, tu dispenses à l'infortune la douce tendresse d'une mère. Il n'est ni jour, ni nuit, ni instant fugitif que tu laisses passer sans les marquer de tes bienfaits, sans protéger les hommes sur mer et sur terre, sans chasser loin d'eux les orages de la vie, sans leur tendre une main secourable qui dénoue les réseaux les plus inextricables de la fatalité... Les dieux du ciel te rendent hommage, les dieux de l'enfer te respectent ; tu meus le monde sur son axe, tu allumes les feux du soleil, tu gouvernes l'univers, tu foules de tes pieds le Tartare. Les astres sont dociles à ta voix, les saisons reviennent à ta volonté, les dieux se réjouissent à ta vue, les éléments sont à tes ordres. Tu fais un geste et les brises s'animent, les nuages s'enflent, les semences germent, les germes grandissent...*[49]. »

Cette dernière prière à Isis nous introduit une fois de plus au cœur de sa théologie classique en fixant poétiquement des « figures » — on dirait presque des « hypostases » — sans doute courantes dans la liturgie des mystères.

Au terme d'un long récit, l'apparition d'Isis, « *dea ex machina* », donne au roman milésien le dénouement heureux qui convient ; mais elle permet aussi de traduire magnifiquement en prose l'imaginaire de la secte en nous offrant une vision d'une intense poésie qui préfigure l'apparition de la « Reine des nuits » dans la *Flûte enchantée* de Mozart.

---

48. *Mét.*, XI, 8-13.
49. *Mét.*, XI, 25, 1-4.

L'ORGANISATION ISIAQUE

Le clergé

Le clergé isiaque fut toujours bien différent de celui des cultes officiels de la Grèce et de Rome. Nous avons défini plus haut la fonction des prêtres de la cité. La nature des sacerdoces « égyptiens » était tout autre[50].

Quelles sont donc nos sources d'information ? A côté d'Apulée, de nombreux textes antiques font allusion aux prêtres d'Isis. Les poètes ou les satiriques les citent parfois. L'épigraphie des lieux « isiaques » est surtout très précieuse. La synthèse de ces éléments est loin d'être facile : en les collationnant, on a souvent l'impression d'une certaine confusion dans les fonctions comme dans les termes. Souvenons-nous que l'Isisme ne recevait pas ses impulsions d'un centre unique. Une assez grande diversité régnait dans ses structures ; à défaut d'un classement rigoureux, contentons-nous d'une simple nomenclature des principales fonctions.

Les prêtres sont souvent désignés sous le nom d'« *hieroi* » ou de « néocores ». A côté, nous trouvons un grand nombre d'ordres subalternes, exercés parfois par des laïcs : cleidouques (porteurs de clés), canéphores (porteurs de corbeilles), zacores (sortes de diacres), oneirocrites (interprètes des songes)[51] correspondaient à des spécialisations liturgiques souvent délicates à préciser. A Canope et à Rosette[52] fonctionnaient des « prophètes », des lichnophores (porteurs du van mystique), des ptérophores (porteurs de plumes) et des hiérogrammates (préposés aux livres saints)[53]. Un archiprêtre assurait la direction générale du temple. D'autres sources mentionnent un hiérophone (porte-parole

---

50. Sur l'ensemble du clergé en Égypte, cf. F. Dunand, *op. cit.*, I, p. 162 et suiv. ; en Grèce et à l'époque hellénistique et romaine, III, pp. 138-184 ; 287-317.

51. Roussel n° 22, 23, 24, 25 ; 207, 215 ; cf. *Les cultes égyptiens à Délos*, pp. 268-270 et n° 35, 136, 146, 148, etc.

52. Canope est un faubourg d'Alexandrie et Rosette la ville d'Égypte où l'on a trouvé la pierre interprétée par Champollion.

53. Dittenberger, *OGIS* I, n° 56, 3-4 ; n° 90, 6-7.

XV — Initié avec le grade de lion

Ce personnage est un des « Lions » du *mithraeum* de Ste Prisque. Il apporte dans sa main voilée des présents à la table de Mithra, peut-être à consacrer lors du banquet liturgique de la « cène » mithriaque. L'artiste a superbement rendu l'attitude de concentration mystique de ce beau visage tendu vers des réalités au delà du monde. (Peinture du *mithraeum* de Ste Prisque. Extrait de J.M. Vermaseren, C.C. Van Essen, *The excavations of the church of Santa Prisca in Rome*) (cf. p. 315).

XVI — Scènes d'initiation mithriaque

Cette suite d'images naïves évoque le futur initié poussé, tout nu, dans « l'antre persique » et quelques-unes des épreuves qui lui sont infligées, en particulier une scène de bastonnade et un simulacre de « chute aux abîmes » (Fragments de peintures d'une caverne de Capoue. Croquis extraits de J. Vermaseren, *Mithra, ce dieu mystérieux*) (cf. p. 317).

de la déesse) et un hiérodule (entièrement consacré à Isis)[54]. Les *Métamorphoses* confirment une partie de cette titulature : nous y apprenons l'existence de pastophores, ancêtres des « *sediari* » du pape, qui véhiculaient le palanquin des chapelles portatives de la déesse. Il faut ajouter à ce clergé, très organisé, une multitude d'emplois « de dévotion », liés à la pieuse fantaisie des fidèles : les « stolistes »[55] qui faisaient chaque jour la toilette de l'idole, assistés des « *scoparii* » (« balayeurs »), sans oublier l'« *aedituus* »[56], chargé de l'ouverture et de l'entretien des temples[57].

Si chaque ville, chaque temple possédait son « grand-prêtre », il semble cependant qu'il n'y eut jamais dans la secte de sacerdoce suprême. Mais les structures des sacerdoces d'Isis évoluèrent au cours des temps.

De nombreuses questions concernant le clergé « égyptien » restent toujours sans réponse : tous ces prêtres étaient-ils propres à la déesse ? Desservaient-ils d'autres divinités, notamment celles de la triade alexandrine ? Sans doute existait-il un « service commun » en l'honneur d'Isis, Osiris et Harpocrate, sans oublier Sérapis et même Anubis.

Tous les grades furent-ils exercés dans les provinces, comme ils l'étaient dans les grands temples ? Il ne semble pas. Plusieurs fonctions étaient alors assumées par un même prêtre, à moins que des laïcs, certainement initiés, n'y aient pourvu, tel le « spondophore » (jeune homme porteur d'une *situla*, sorte de seau) des fresques de l'Iséum de Pompéi[58].

Plus intéressante serait la question de l'existence de prêtresses d'Isis. Selon Hérodote, il n'y en aurait pas eu[59], mais des papyri en attestent la présence en Égypte même à date

54. *CIG* III, 6000. Cf. G. Lafaye, *Hist. des divinités d'Alex.*, chap. VIII, 1, 2.

55. Clément d'Alexandrie, *Strom.* VI, 35-37 et Porphyre, *De abst.*, IV, 8.

56. *CIL*, VI, 8707 ; XII, 2215 ; X, 7129.

57. Sur l'atmosphère égyptienne régnant à Rome, cf. G. Boissier, *La religion romaine, d'Auguste aux Antonins*, Paris, 1900, p. 393.

58. V. Tran Tam Tinh, *Le culte d'Isis à Pompéi*, p. 94, 137 et pl. IV, n° 3.

59. II, 35.

ancienne[60]. Plus tard, à Alexandrie comme dans tout le bassin méditerranéen, des femmes furent consacrées au service de la déesse[61].

Son rôle charismatique

Le clergé d'Isis ne s'occupait pas seulement de célébrer des offices. Dans le dernier livre des *Métamorphoses*, Apulée nous présente des types de prêtres bien diversifiés dans la figure unique du mystérieux « grand-prêtre », tout à la fois directeur de conscience, prédicateur, visionnaire, voire homme d'affaire à l'occasion...

Essayons d'évoquer l'apparence extérieure de ces personnages : dans les rues de Rome, ils étaient reconnaissables à leur robe de lin blanc et à leur tête rasée — à la couleur près, nos bonzes modernes ! —. Plutarque précise la signification mystique de leur robe : « *à cause de la couleur que la plante du lin déploie dans la floraison, fleur d'un azur semblable à celui de l'éther qui entoure le monde* »[62]. Leurs chaussures étaient des sandales de palmier ou de papyrus[63]. Ils devaient se raser complètement les cheveux et la barbe, à l'exception quelquefois d'une longue mèche qu'ils laissaient pendre sur le côté droit[64]. « *Leur aspect est grave*, écrit Chérémon le Stoïcien, *ils ne rient jamais et vont tout au plus jusqu'à sourire*[65]. » Un mode de vie très strict leur est imposé ; ils se rasent le corps tous les deux jours, pratiquent la circoncision, se lèvent la nuit pour s'asperger vigoureusement d'eau froide. Ils refusent la plupart des légumes, particulièrement l'oignon qui est soupçonné de fleurir au clair de lune ; ils détestent le porc, accusé de s'accoupler la nuit de lunaison. Ceux qui en frôlent un par mégarde se jettent dans l'eau tout habillés...[66].

60. V. Tran Tam Tinh, *op. cit.*, p. 96.
61. *CIL*, XII, 3224 ; Juvénal, VI, 488 ; Perse, *Sat.*, V, 186, etc.
62. Plutarque, *De Is. et Os.*, 4.
63. Cf. Hérodote, II, 37 ; Apulée, *Mét.*, XI, 10 et 30.
64. Lafaye, *Catal.*, n° 83 et 84.
65. Éd. Müller, *Frag. hist. graec.*, III, p. 497 (Didot).
66. Hérodote II, 47.

Réguliers ou séculiers ?

Les sanctuaires d'Isis ne fonctionnaient pas uniquement comme des lieux de culte. A côté des cérémonies journalières, des conférences, des méditations et des initiations y trouvaient naturellement leur siège, sans parler des repas de « confrérie » et des retraites. Comme dans les ashrams, les initiés pouvaient s'y ressourcer sous la direction de leurs prêtres favoris. Ceux-ci paraissent parfois voués au célibat. Tertullien cite avec admiration la pureté des prêtres isiaques et la donne en exemple à ses lecteurs chrétiens[67]. Ces coutumes — orientales certes[68] — pouvaient être également suivies à Rome où on peut facilement concevoir un clergé d'Isis, tantôt marié, tantôt célibataire selon qu'il se trouvait dans le siècle ou « cloîtré ». Aux « girovagues » courant les rues en mendiant s'opposeraient ainsi des espèces de moines *« rejetant toute sorte de travail terrestre et consacrant leur vie à la contemplation et à l'étude de la Divinité »*[69]. Chérémon le Stoïcien ajoute de plaisants détails à leur sujet : ils couchent sur des branches de palmier, dorment sur des oreillers de bois, se querellent au sujet des aliments défendus... Dans ces monastères, les reclus recevaient des visites à travers des guichets par lesquels on voyait passer des têtes hirsutes et sinistres. Des papyri nous montrent que ces solitaires ne trouvaient pas toujours la paix recherchée : ils s'observaient et se jalousaient comme il se doit ; les pierres volaient parfois par les lucarnes des cellules, et aussi d'innombrables suppliques contre des persécuteurs plus ou moins réels...[70]. Dans quelle mesure ces pratiques se reproduisaient-elles en Occident, tout particulièrement à Rome ? Il est douteux que les Isiaques romains les aient complètement imitées. On peut croire cependant que leurs Iséums abritèrent de pieuses retraites. On voit, dans les *Métamorphoses*, le néophyte Lucius méditant longuement aux pieds d'Isis avant de se soumettre à l'initiation. Le pastophore

67. Tertullien, *De exhort. cast.* et *De Jejuniis*, Migne II, 928 c et 953 a.

68. Cf. F. Dunand, *op. cit.*, III, p. 184 et suiv.

69. Chérémon le Stoïcien, cité par Porphyre (cf. G. Boissier, *La relig. rom.*, I, p. 357).

70. Cf. G. Boissier, *ibid.*, p. 358.

qu'il deviendra plus tard gardera peut-être cette pratique dans les murs du temple de l'Isis Campensis.

Des directeurs éclairés

Une lecture attentive du dernier livre des *Métamorphoses* d'Apulée — vrai trésor pour les études isiaques — nous montre des rapports nouveaux entre les fidèles et leur clergé. Ce dernier devait en effet son pouvoir à une pratique constante de la direction spirituelle.

Le prêtre d'Isis est avant tout un prédicateur. Il ne se contente pas, comme les officiants publics, d'enfiler des formules toutes faites. Il prêche avec ardeur, selon les règles d'une solide apologétique. Il faut convaincre à tout prix : « *Que les impies voient, qu'ils voient et qu'ils reconnaissent leur erreur* », s'écrie le directeur de Lucius[71]. Il faut dire que son sermon est sans cesse conforté de visions, de miracles, de songes prophétiques venus au bon moment. La métamorphose de l'âne obtenue, le prêtre ne lâchera pas Lucius d'un pouce et n'aura de cesse que lorsqu'il l'aura initié aux plus hauts degrés. Son « pénitent » est donc pleinement entre ses mains : il le conseille et le gourmande, le presse d'agir et de se décider. Voilà certainement une des grandes nouveautés de l'Isisme : entre les dieux et les fidèles, il fallait des intermédiaires quotidiens. Ces prêtres d'ailleurs se contentent d'interpréter et d'appliquer une casuistique assez simpliste, qui sert tout autant leurs intérêts que ceux du ciel. Mais un exemple nouveau est donné : celui de la « direction spirituelle »...[72].

Tous les prêtres d'Isis ne faisaient certainement pas un bon usage de leurs pouvoirs sur une foule plus crédule qu'instruite. L'histoire de Décius Mundus l'a bien montré[73]. Les interventions répétées du Directeur de Lucius visent clairement à remplir sa cassette, ou celle du temple. Il est vrai que, pour soutenir leur apostolat, les « Égyptiens » ne possédaient pas les vastes moyens des sectes actuelles ; ils

71. *Mét.*, XI, 15.
72. Cf. F. Dunand, *op. cit.*, III, pp. 194-196.
73. Cf. *supra*, pp. 248.

devaient pourtant faire appel à des marchands orientaux dévoués à Isis.

Ajoutons que les prêtres de la secte possédaient un sens inné de la « propagande ». Les cérémonies secrètes des Isiaques alternaient avec les cortèges, à la fois processions et parades, aux limites du carnaval. On croit voir passer dans les ruelles étroites de la Rome antique leur *« troupeau chauve »*[74] avec sa suite, à la fois hiératique et familier, ésotérique et burlesque, au son des flûtes et des sistres, au battement des crotales. Les lois de la concurrence le voulaient ainsi ; avec les autres sectes orientales, les rivalités étaient féroces. Juvénal nous montre des prêtres d'Isis et de Bellone, en compagnie de sorciers chaldéens, attirés par le magot d'une vieille et riche dévote...[75]. Si cela n'est pas vrai, c'est bien trouvé...

Chapelles et temples

Les sanctuaires isiaques furent à la fois des lieux de culte et les demeures personnelles de la déesse au milieu des hommes. Alors que, dans les religions officielles, la divinité se laissait rarement approcher dans le secret de son sanctuaire réservé aux prêtres, Isis ouvrait le sien à ses initiés ; elle y recevait tout le jour, déesse hospitalière, accueillante aux misères des mortels.

Il ne reste rien du Sérapéum d'Alexandrie, qui fut le prototype de tous les temples de ces divinités égyptiennes[76]. Bien que beaucoup plus tardif, le grandiose Sérapéum d'Éphèse est encore partiellement debout, avec ses monolithes énormes. Il ne reste aussi que des fragments du fameux ensemble de l'Isis Campensis de Rome, bâti entre 36 et 39 ap. J.-C.[77]. Ses fondations, fouillées au XVIIIe siècle, ont garni les salles isiaques de grands musées de sculptures

74. Juvénal VI, 526.

75. Cf. G. Boissier, *La religion rom.*, t. II, p. 384.

76. Des fouilles en ont cependant révélé certains éléments. Cf. E. Breccia, *Alessandria ad Aegyptum*, Bergame, 1914.

77. Cf. l'excellente étude de L. Duret et J.-P. Néraudau, *Urbanisme et Métamorphoses de la Rome antique* (coll. « Realia »), Paris, 1983, p. 32.

réparties entre le Vatican, le Capitole et le petit Musée Baracco. Sur certains bas-reliefs de colonnes, on peut voir des prêtres portant des canopes, des candélabres, des instruments de musique et des fleurs de lotus. Ces débris permettent d'imaginer la richesse du temple. De tels monuments, avec leur jardin « à l'égyptienne », rivalisèrent de splendeur avec le modèle alexandrin[78]. Ils étaient à la fois des temples et de vastes musées de plein air : des monuments égyptiens entiers, démontés et remontés, s'y dressaient.

De nos jours, seul l'Iséum de Pompéi permet de se faire une idée de ce type d'architecture ; il succéda dans sa version initiale aux humbles oratoires des premiers initiés de Campanie. Bien avant sa construction, Isis avait été honorée dans des chapelles de fortune : les commerçants lui dressèrent de petits autels privés. A mesure que la secte se développa, Isis s'installa dans les villas les plus somptueuses, pénétrant même dans les laraires domestiques, à côté de l'image du « *genius* »[79].

Au centre même de la ville du Vésuve, l'Iséum attire encore les regards par ses structures bien conservées. Il a succédé, nous l'avons vu, au premier temple de la déesse. Son commanditaire fut un certain Numerius Popidius Ampliatus, d'une vieille famille pompéienne[80]. En bordure du forum, cet ensemble compose un assez vaste enclos fermé par un portique[81]. Le temple proprement dit n'a rien d'oriental. Il se dresse à la romaine, sur un podium élevé,avec *pronaos* et *cella*. De part et d'autre du *pronaos*, des niches abritent des statues d'Anubis et d'Harpocrate. Isis, seule, devait trôner au fond de la *cella*. Sa statue, réalisée en matériaux composites, a naturellement disparu ; on n'en a retrouvé que des fragments. Sa typologie nous est pourtant bien connue. Parmi la foule des copies romaines, citons l'Isis provenant de la Villa Hadriana de Tivoli[82]. Elle est

---

78. P. Grimal, dans *Les Jardins romains*, Paris, 1984, (3e édit.) pp. 185-186, insiste sur la présence d'un jardin sacré dans le temple égyptien situé à l'ouest des *Saepta*. Ce bâtiment avait été construit en grande partie avec des matériaux apportés des bords du Nil.
79. Tran Tam Tinh, *op. cit.*, pp. 105-109.
80. *Ibid.*, pp. 41 et suiv.
81. Cf. F. Coarelli, *Guida archeologica di Pompei*, pp. 159-164.
82. C. Pietrangeli, *I monumenti dei culti orientali*, Rome, 1951, p. 50.

vêtue du « *chiton* », couverte d'un voile frangé qui cache une partie de la chevelure, elle-même terminée par un chignon caractéristique. Son déhanchement lui donne une agréable allure dansante. Elle regarde au loin avec une expression de douce compassion. Dans le laraire de Saint-Martin-des-Monts, Isis apparaît sous les traits de la Fortune, portant la corne d'abondance et le gouvernail[83]. D'autres vestiges romains montrent la diversification du type isiaque : ses pouvoirs maritimes sont parfois symbolisés par des dauphins, qui témoignent du culte antique d'une *Isis* « *Pelagia* » (marine) tandis que d'autres sculptures évoquent plutôt une « *Isis frugifer* », dispensatrice de fécondité, identifiée avec Cérès[84].

La partie arrière du temple est ornée d'une statue de Bacchus, écho occidental d'Osiris. Le portique, décoré de fresques, entoure une série de lieux liturgiques du plus haut intérêt : là se trouvait l'autel majeur des sacrifices journaliers. Le *purgatorium* occupe une partie de la cour et servait aux purifications rituelles, sans doute avec de l'eau du Nil conservée dans des bassins. Il y avait aussi une grande salle ornée de peintures qui devait servir aux initiations, des chambres pour les prêtres et les mystes.

A la fois classique par son architecture et exotique par son décor à thèmes égyptiens, l'Iséum de Pompéi illustre bien l'évolution de la secte qui, d'origine étrangère, a su parfaitement s'adapter à la culture ambiante[85].

Les « heures » d'Isis

En dehors des processions liturgiques, le culte d'Isis demandait une longue suite de cérémonies quotidiennes. Elles commençaient avec la prière de l'aurore pour s'achever avec la « *salutatio* » vespérale[86], le point culmi-

83. C. Pietrangeli, *op. cit.*, pl. XIII.
84. *Ibid.*, p. 25 et 51.
85. Sur les sanctuaires en Asie Mineure, cf. F. Dunand, *op. cit.*, III, pp. 1-122.
86. Cf. A. Moret, *Le rituel du culte divin journalier en Égypte*, Paris, 1884, pp. 10-15, 82 et suiv.

nant restant naturellement, comme dans la religion officielle, la célébration des sacrifices.

La statue cultuelle d'Isis constituait le centre principal de la dévotion des fidèles qui la priaient tout le jour et passaient même la nuit à ses pieds. Il faut l'imaginer comme une idole richement ornée et même habillée. Une Espagnole rappelle dans une épigraphe qu'elle a consacré à Isis une statue d'argent et l'a ornée de perles, d'émeraudes, de rubis, d'hyacinthes, de boucles d'oreilles et de bracelets pour les bras et les jambes, de bagues à tous les doigts et d'émeraudes pour les sandales ! — *« une vraie parure de Madone ! »*[87].

Les dévots d'Isis avaient le souci de sanctifier chaque heure du jour. Dès que celui-ci se levait, ils étaient au temple pour les « Matines ». A l'heure où les premiers rayons effleuraient les murs du Sérapeum d'Alexandrie, nous savons que les prêtres égyptiens procédaient déjà aux rites primordiaux de l'eau et du feu. — *« Parmi les éléments*, explique Porphyre, *les Égyptiens vénéraient l'eau et le feu et les exposaient dans les temples*[88]. » Puis, un prêtre est chargé de réveiller la divinité en écartant les rideaux qui voilent le fond de la *cella*. Dans les *Métamorphoses*, Lucius est en adoration dès le matin devant la statue de la déesse dont les *« rideaux blancs ont été tirés de chaque côté »* pendant que le prêtre fait le tour des autels, *« s'acquittant du service divin et prononçant les prières consacrées »*, avant de verser *« l'eau d'un vase à libation puisée au fond du sanctuaire »*[89]. A Rome, c'était le moment de l'entrée des *stolistes*, qui habillaient la déesse ou mimaient les diverses phases de sa première toilette. Les dévotes venaient plus tard, non sans avoir consulté les éphémérides d'Isis qui, sous l'Empire, avaient grand succès[90]. Désormais, pendant tout le jour, la déesse serait personnellement présente dans son temple, y recevant, somptueusement parée, les prières et les supplications des mystes. Le plus grand bonheur de Lucius sera de jouir *« du plaisir ineffable de contempler*

87. Cf. G. Boissier, *La religion rom.*, t. I, p. 362 et *CIL* II, 3386.
88. *De Abst.*, IV., 9.
89. Apulée, *Mét.*, XI, 20, 4.
90. Juvénal VI, 574 et suiv.

l'image de la déesse... Prosterné devant la déesse, essuyant longuement de son visage ses pieds inondés de larmes, secoué par les sanglots »[91]. La piété de l'Isisme semble donc s'être exprimée par ces dévotions théâtrales et larmoyantes, déjà « baroques ». Pieusement excités par la pénombre des temples, la magie des mélopées langoureuses, touchés par la présence quasi charnelle de la déesse, les initiés se laissaient doucement porter jusqu'aux extases. La journée d'Isis culminait avec le sacrifice.

Pénétrons un instant dans l'enceinte d'un temple vers lequel se dirige une foule nombreuse. L'autel est dressé au centre d'une vaste esplanade. Les fidèles l'entourent et prient sous la direction d'un prêtre, au son des flûtes et des sistres sacrés[92]. Toute la hiérarchie sacerdotale est là : le lichnophore avec sa lampe en forme de nacelle isiaque, le ptérophore avec ses plumes sacrées, et tant d'autres... Le sacrificateur attend sa victime. Ce ne sera pas une vache car Isis s'assimile souvent à cet animal ; une chèvre non plus, ni un bouc. Le porc n'inspire que de l'horreur ; ce sera souvent un bœuf, mais il devra être soigneusement examiné. On lui fera tirer la langue pour s'assurer que ce viscère ne porte point, gravée, l'image du scarabée d'Apis — auquel cas le bœuf ne serait pas massacré mais adoré. L'animal ayant expiré, on lui coupera la tête, chargé des malédictions les plus effroyables. Les pattes de la victime seront coupées, sa carcasse ouverte et copieusement farcie de petits pains, de miel, de raisins secs, de figues et d'encens, d'aromates, avant d'être rôtie et consommée par les prêtres et les fidèles après que les morceaux rituels auront été brûlés sur l'autel de la déesse[93]. La voix d'un prêtre, ancêtre des muezzins, rappellera l'heure des liturgies de l'après-midi, parfois consacré à des représentations dramatiques de la passion d'Osiris[94].

---

91. Apulée, *Mét.*, XI, 24-25. La théologie de Memphis enseignait que les dieux habitaient vraiment leurs statues. Cf. J. Gwyn-Griffiths, *The Isis Book*, p. 264.

92. Plutarque, *De Is. et Osir.*, 63.

93. Hérodote, II, 38-41 ; cf. aussi l'ouvrage de M. Détienne et J.-P. Vernant, *La cuisine du sacrifice en pays grec*, Paris, 1979, en particulier, p. 17 et suiv.

94. Cf. G. Lafaye, *Hist. des divinités d'Alex, Catalogue*, n° 222-223 et Martial, X, 48.

Autour du sacrifice, des peintures ou des bas-reliefs évoquent parfois d'autres rites mystérieux, comme la procession et l'ostension de l'eau du Nil enfermée dans de précieux vases égyptiens appelés « canopes ». Cette eau sainte passait pour purifier les corps et les âmes. Elle entrait dans les rites mortuaires des Isiaques égyptiens dont les formules funéraires imploraient « *l'eau qui rafraîchit* »[95].

LA FÊTE D'ISIS

Autour des dieux égyptiens, un cortège de fêtes composait annuellement une sorte de guirlande, cycle liturgique dont les mystères, tour à tour glorieux ou tragiques, proposaient à la secte une suite de méditations poétiques plus que doctrinales. L'année isiaque paraissait continuellement sanctifiée ; quelle différence avec les froides célébrations des dieux officiels ! Ces fêtes finirent même par se glisser dans le calendrier de l'Empire, tant elles étaient passées dans les mœurs : Juvénal évoque, une dame romaine ne sortant jamais de chez elle avant d'avoir consulté des « éphémérides » d'Isis[96].

Ces solennités comportaient la plupart du temps des processions dont les artistes et les peintres nous ont laissé de nombreux témoignages. Un bas-relief de l'ancienne collection Albani, conservé au Vatican, évoque un de ces cortèges haut en couleurs : en tête, prêtresses couronnées de lotus, puis le scribe portant le « *volumen* » couvert d'hiéroglyphes et coiffé de plumes de faucon, le « prophète » portant l'eau lustrale, suivi d'un acolyte tenant le sistre et la louche sacrée...[97]. De quelle fête s'agit-il ? Peut-être, comme dans l'ancienne Égypte, de celle de la « Lichnapsia »[98], (fête de la lumière) ou encore de celle du Miracle de l'eau changée en vin, qui se fêtait les 5 et 6 janvier en Égypte ? Sans doute

---

95. G. Boissier, *op. cit.*, p. 362. Cf. F. Cumont, *Lux Perpetua*, Paris, 1949, p. 268.
96. Cf. *supra*, p. 264.
97. Voir planche XI.
98. Cf. F. Cumont, *Les rel. orient. dans le pag. rom.*, p. 243, note 93.

Rome hérita-t-elle de ces cérémonies, revues et corrigées par les Ptolémées et expurgées encore pour être adaptées à la mentalité occidentale[99]...

La plus célèbre est celle de l'« Invention d'Osiris »[100] qui durait plusieurs jours, du 26 octobre au 3 novembre. A la manière des mystères d'Éleusis montrant aux initiés la quête douloureuse de Déméter[101], cette fête reproduisait la « passion d'Osiris », le voyage d'Isis et la résurrection du dieu. On le voyait d'abord succomber sous les coups de l'affreux Seth : ce n'étaient que sanglots, lacérations, hululements ; puis on mimait la recherche d'Isis. La découverte du dieu terminait la solennité, et la douleur faisait alors place à une immense jubilation, analogue à celle des autres cultes de la végétation[102]. A Rome, les chrétiens se moqueront de ce psychodrame qu'ils jugent naïf :

> « *Isis, ayant perdu son fils s'afflige et se lamente, se met à sa recherche en compagnie de son cynocéphale et de ses prêtres chauves ; et les malheureux fidèles d'Isis se frappent la poitrine et imitent la douleur d'une mère si infortunée. Ensuite, le petit retrouvé, Isis se réjouit et ses prêtres exultent de joie ; le cynocéphale, qui l'a retrouvé, se glorifie, et ils ne cessent pas, tous les ans, de perdre ce qu'ils trouvent et de retrouver ce qu'ils perdent. N'est-il pas ridicule de pleurer ce qu'on vénère, ou de vénérer ce qu'on pleure ? Pourtant ce culte égyptien est aussi, de nos jours un culte romain...*[103]. »

La fête du « *Navigium Isidis* »[104] devait être jugée plus sévèrement encore en raison de l'aspect un peu carnavalesque de la cérémonie. Elle correspondait à l'ouverture de la navigation. Nous avons la chance de posséder, avec le roman d'Apulée, un témoignage quasi journalistique de cette fête, célébrée au moment précis où l'âne Lucius est miraculeusement débarrassé de son enveloppe animale en broutant une couronne de roses consacrées ; tout à la joie

---

99. *Ibid.*, p. 91.
100. Cf. F. Dunand, *op. cit.*, III, pp. 230-238.
101. Voir *supra*, p. 31 et suiv.
102. Voir *supra*, pp. 80 et 93, et F. Cumont, *Les relig. orient.*, p. 91.
103. Minucius Felix, *Octavius*, XXII, 1.
104. Cf. F. Dunand, *op. cit.*, pp. 223-230.

de sa métamorphose, il décrit alors la célébration qu'il observe en presque néophyte. La déesse elle-même présentera la fête à son fidèle :

> « *Le jour qui naîtra de cette nuit fut de tout temps, par une pieuse coutume, mis sous l'invocation de mon nom. En ce jour où les tempêtes d'hiver sont calmées, où les flots apaisés n'ont plus d'ouragans, où la mer devient navigable, mes prêtres, par la dédicace d'une nef encore vierge, offrent les prémisses du trafic...*[105]. »

Ce jour béni ne tarde pas à se lever pour Lucius :

> « *Bientôt, mettant en fuite les sombres brouillards de la nuit, le soleil d'or se lève, et voici que de toutes parts, comme en un jour de fête et proprement de triomphe, des groupes animés emplissent les rues...*[106]. »

Commence alors un carnaval assez extraordinaire, croqué sur le vif : des groupes costumés défilent

> « *selon l'inspiration et le goût de chacun ; celui-ci portait des brodequins dorés, une robe de soie et des atours précieux... Celui-là, reconnaissable à ses jambières, son bouclier, son casque et son épée, semblait sortir d'une école de gladiateurs ; tel autre, avec son pallium, son bâton, ses chaussures en fibre végétale et sa barbe de bouc, figurait un philosophe. Deux qui s'étaient munis de roseaux différents, tenaient l'emploi, l'un d'un oiseleur avec ses gluaux, l'autre d'un pêcheur avec ses hameçons. Je vis aussi une ourse apprivoisée qu'on promenait en litière vêtue comme une matrone ; un singe, coiffé d'un bonnet tressé et vêtu d'une tunique jaune à la phrygienne, avait l'aspect du berger Ganymède et portait une coupe d'or. Un âne, auquel on avait collé des ailes, déambulait à côté d'un vieillard cassé par l'âge...*[107]. »

Vient ensuite le cortège de la déesse, précédé de jeteuses de pétales de roses jonchant le parcours sacré ; puis les porteurs de miroirs ambulants dans lesquels Isis pourra tout en

---

105. Apulée, *Mét.*, XI, 5.
106. *Ibid.*, 7.
107. *Ibid.*, 8.

cheminant contempler l'hommage de ses fidèles, les « stolistes » chargés de peigner et de parfumer l'idole, les porteurs de lampes, de torches, de cierges et l'orchestre des chalumeaux et des flûtes,

> « *faisant entendre de douces mélodies* »[108]. Puis ce sont « *les flûtistes voués au grand Sérapis, qui, sur leur instrument oblique allongé vers l'oreille droite, jouaient l'air traditionnel du dieu dans son temple* »[109]. Enfin arrivent les initiés « *de tout rang et de tout âge* », « *resplendissants dans la blancheur immaculée de leur robe de lin, les femmes enveloppées d'un voile transparent, les hommes la tête complètement rasée... tirant de leurs sistres de bronze, d'argent et même d'or, un son clair et aigu...* »[110].

Précédés du clergé porteur des « *attributs distinctifs des dieux tout-puissants* », « *bientôt parurent les dieux* » : d'abord le terrifiant Anubis, la vache Hathor ; puis Isis elle-même, abstraitement représentée par un « *symbole ineffable d'une religion dont le secret doit rester entouré d'un profond silence* », une urne décorée et munie d'un bec et d'une anse, « *au sommet de laquelle un aspic aux replis tortueux dressait l'enflure striée de son col écailleux* »[111].

Lucius n'aura garde d'oublier la partie maritime de la fête : il décrit la barque bariolée, à la voile brillante, qui portera vers le large les vœux de tous pour une faste navigation. Elle sera larguée, toute chargée de présents et d'objets votifs, vers la « *brise propice* » tandis que les prêtres reprennent leur « *saint fardeau* » pour revenir en cortège au temple[112]. Peut-on mieux rendre le pittoresque et la pompe des cérémonies isiaques ?

L'INITIATION

L'initiation engageait à jamais dans la milice de la déesse

108. Apulée, *Mét.*, XI, 9.
109. *Ibid.*
110. *Ibid.*, 10.
111. *Ibid.*, 11.
112. *Ibid.*, 16, 10.

et constituait un des « rites d'entrée »[113] bien connu des ethnologues. A travers des « passages » symboliques, elle transmettait progressivement un enseignement occulte qui introduisait pour toujours dans la secte d'Isis. Plutarque y songe certainement en donnant la définition du véritable Isiaque : les habits de lin et la tonsure, note-t-il, ne suffisent pas ;

> « *le véritable Isiaque est, au contraire, celui qui a reçu légitimement les rites liturgiques et ce qu'ils enseignent au sujet des dieux, et ceux qui cherchent avec raison et sagesse la vérité contenue dans ces rites...* »[114].

On se préparait à l'initiation isiaque par une sorte de catéchuménat dont les *Métamorphoses* évoquent les phases complexes. Cette partie du rite n'était pas secrète et Apulée en parle sans difficulté. Lucius, miraculeusement guéri, a pris la résolution d'entrer au service d'Isis. Les bons conseils ne lui ont pas manqué : apparitions nocturnes, songes prémonitoires, appels pressants du grand Prêtre « *en conjonction astrale* » avec lui. Le néophyte a été sollicité, jour et nuit, d'entrer « *sous le joug* » de la déesse.

> « *Soumets-toi volontairement au joug de Son ministère, car, quand tu seras entré au service de la déesse, c'est alors que tu sentiras vraiment les bienfaits de ta liberté*[115]. »

Au chapitre 19, Lucius fait le point sur ces appels du ciel.

> « *Ses ordres maintes fois répétés m'enjoignaient de ne pas différer davantage l'Initiation à laquelle j'étais depuis longtemps destiné...*[116]. »

Cependant le grand Prêtre se dérobera quelque peu, sans doute pour enflammer encore le zèle de son postulant ; le jour favorable n'est pas encore clairement indiqué... ni la somme destinée à couvrir les frais de la cérémonie ! Lucius

---

113. Cf. F. Dunand, III, p. 208 et suiv.
114. Plutarque, *De Isid. et Osir.* 3.
115. Apulée, *Mét.*, XI, 15.
116. Apulée, *Mét.*, XI, 19.

risquerait peut-être de commettre un sacrilège « digne du trépas » !... Enfin vient le jour tant désiré. Lucius sera bientôt admis *« aux mystères de la plus pure des religions »*[117]. Le grand Prêtre lui en explique les préliminaires à l'aide d'un vieux papyrus couvert d'hiéroglyphes[118] — seule partie « écrite » de l'initiation isiaque. Mais, avant d'entreprendre l'épreuve redoutable, le candidat devra se soumettre à des abstinences et à des purifications rituelles. Lucius se baignera abondamment et s'abstiendra d'aliments défendus.

Le lecteur pourrait maintenant s'imaginer que l'auteur va lui révéler l'initiation proprement dite. Ce serait oublier la loi du silence. Apulée nous la rappelle solennellement :

> « *Je le dirais s'il était permis de le dire ; tu l'apprendrais s'il était permis de l'entendre. Mais tes oreilles et ma langue porteraient également la peine d'une indiscrétion sacrilège...*[119]. »

L'auteur ne dira donc que ce qu'il peut dire :

> « *Je me bornerai à rapporter tout ce qu'il est permis, sans sacrilège, de révéler à l'intelligence des profanes*[120]. »

Voilà donc le lecteur averti.

Si les rites initiatiques nous sont pratiquement inconnus, leur substance se laisse percer assez aisément. Apulée lui-même se plaît à en résumer la matière en une phrase : *« Une mort volontaire et un Salut éternel obtenu par Grâce*[121]. » Tel est donc le mystère de la « nuit sainte »[122] : Les pratiques, mieux connues, du Mithriacisme pourraient nous en indiquer les grandes lignes au-delà des différences évidentes d'enseignement. Souvenons-nous, pour en avoir

117. Apulée, *Mét.*, XI, 21.
118. Apulée, *Mét.*, XI, 22.
119. Apulée, *Mét.*, XI, 23 et Plutarque, *De defect. oracul.*, 14.
120. Apulée, *Mét. ibid.*
121. Apulée, *Mét.*, XI, 21.
122. Rufin parle à propos du Sérapéum d'Alexandrie d'une salle souterraine réservée aux initiations. Cf. *Hist. Eccl.*, XI, 23 (Höpfner, *Fontes*, 627).

un équivalent suggestif, de la démarche du pauvre Tamino dans la *Flûte enchantée* qui reproduit, on le sait, les phases d'une initiation maçonnique. L'initié doit y cheminer dans un monde de ténèbres et de périls avant d'avoir accès à la lumière et à la révélation terminale :

> « *Celui qui passe cette route pleine de dangers*
> *Devra traverser le fer, l'eau et la terre...*[123]. »

Ainsi faisaient probablement les initiés de la déesse. En parcourant des tribulations symboliques (moins réelles sans doute que celles de Mithra) ils entraient en « sympathie » avec Isis, ils s'identifiaient à elle au cours d'un long psychodrame. A la lueur tremblante des torches, ils étaient véritablement Isis cherchant le corps bien-aimé de son époux. Cette partie « infernale » et pathétique, orchestrée par une savante scénographie orientale, se poursuivait tard dans la nuit. L'ombre et la lumière y jouaient sur les imaginations et sur les nerfs des mystes mis en condition par leurs macérations et leurs pénitences. Ils croyaient véritablement descendre aux Enfers ; ils se sentaient vraiment effleurés par des vents d'outre-tombe ; ils traversaient les éléments...

> « *J'ai foulé le seuil de Proserpine et j'en suis revenu porté à travers tous les éléments. En pleine nuit, j'ai vu briller le soleil d'une lumière étincelante ; j'ai approché les dieux d'en bas et les dieux d'en haut, je les ai vus face à face et je les ai adorés de près...*[124] »

dit Lucius.

L'initié était désormais instruit et confirmé par son voyage symbolique. La dernière partie de la cérémonie consistait en une sorte d'action de grâces, une longue contemplation aux pieds d'Isis, dont on peut supposer la statue brillamment illuminée. Ce n'est point l'épi symbolique d'Éleusis qui est alors montré au myste, mais la bonne

---

123. *La Flûte enchantée*, IIe acte, scène 27, livret de Schikaneder.
124. Apulée, *Mét.*, XI, 23.

déesse elle-même. Son « Epoptie » devait mettre fin à l'initiation[125].

Identifié à Isis, l'initié revêtait ensuite son apparence en endossant « *douze robes de consécration* »[126] avant d'être offert à la vénération des fidèles et même à la curiosité des passants. Coiffé d'une couronne que nous avons déjà rencontrée dans les fastes du « *Navigium* », la torche en main, tout orné de « *dragons de l'Inde et de griffons hyperboréens* »[127], Lucius rappelle quelque peu le Bourgeois Gentilhomme ; mais le lecteur antique devait apprécier.

Un « *déjeuner sacramentel* »[128] terminait l'initiation. L'auteur, hélas, ne nous en dit rien — fatigue ou réserve ? Il pouvait s'agir d'une manière d'agapes égyptiennes, d'un repas sacré au cours duquel étaient prononcées des formules consécratoires. Nous savons qu'il existait des « repas d'Anubis ». Certaines formules « magiques » font allusion à une sorte de « *transsubstantiation* » du vin au « *sang d'Osiris* ». Ce dieu aurait donné son sang à boire à Isis et à Horus « *pour qu'ils ne l'oublient pas et le cherchent avec des plaintes ardentes* »[129]. Saint Paul, qui devait connaître les Iséums de Tarse, faisait-il allusion à ces agapes en évoquant la « *table des démons* »[130] ?

On n'était jamais assez initié dans l'Isisme. Lucius, si laborieusement introduit dans la secte, n'est pas encore au bout de ses épreuves. A peine a-t-il dégrafé ses belles robes, nouveaux songes, nouveaux appels du ciel et de son grand prêtre ! Isis elle-même lui expliquera, une fois de plus, ses volontés : il lui manque encore « *l'illumination que confèrent les Mystères du grand dieu, Père suprême des dieux, l'invincible Osiris* » ; car, nous explique l'auteur, « *malgré l'unité essentielle des deux divinités et des deux religions, il y avait encore, en ce qui concerne l'initiation, une diffé-*

125. W.K.C. Guthrie, *Les Grecs et leurs dieux*, Paris, 1956, pp. 310-324.
126. Apulée, *Mét.*, XI, 24.
127. Apulée, *Mét.*, XI, 24.
128. Apulée, *Mét.*, XI, 24.
129. C. Guignebert, *Le Christ*, Paris, 1956, III, pp. 353 et suiv.
130. Paul, *Cor.*, 10, 20 et suiv.

rence capitale... »[131]. Notre myste devra donc se faire une raison et recevoir un nouveau sacrement, gage — *dulcis in fundo* ! — « *d'un immense succès matériel dans l'avenir* ». Tout rasé, il observera par conséquent les pratiques de la « religion-sœur ». Un jour, nous le savons, il deviendra décurion[132] de la secte ; dignité bien méritée s'il en fut...

LES COMMUNAUTÉS

Suspects à leurs débuts, proscrits sous Auguste et sous Tibère, puissants sous les Flaviens et triomphants sous les Sévères, qui étaient donc ces Isiaques dont la silhouette traverse tant de fois les pages des moralistes, des historiens ou des poètes ? Question difficile ; combien étaient-ils ? Toute statistique est incontrôlable : ni les proportions des sanctuaires, ni la fréquence des inscriptions ne permettent de les compter avec précision.

Nous pouvons, malgré tout, nous faire une idée de leurs origines. Les premiers isiaques furent des Orientaux, marchands, affranchis ou esclaves en rapport avec les sanctuaires et les grands ports de l'Égypte. N'oublions pas les soldats ; ils jouèrent leur rôle dans la diffusion des religions égyptiennes, comme dans celle du Mithriacisme. Isis eut une place d'honneur parmi les dieux « orientaux », des « chapelles » itinérantes, promenées de camp en camp à travers l'Empire. Les militaires en attendirent la protection, la santé et la gloire ; les marchands la prospérité de leurs entreprises, les affranchis la richesse, les esclaves l'affranchissement, ou la fin de leurs tribulations.

Plus tard, au hasard des adhésions, l'Isisme attira des personnes établies, voire des notables ; l'épigraphie romaine en rappelle le souvenir : on trouve dans les collections capitolines le témoignage d'un certain Flavius Moschylus, sénateur et *Isiacus* d'Ostie[133]. A côté, une base d'autel est dédiée

131. Apulée, *Mét.*, XI, 27.
132. Nom latin des pastophores, chargés de mettre à jour la liste des dignitaires de la secte.
133. C. Pietrangeli, *I monumenti dei culti or.*, Appendice, n° 22.

à Sérapis-Soleil par Scipion Orphytus, *vir clarissimus* et augure, vers la fin du IIIe siècle[134]. Ces dédicaces voisinent avec des inscriptions plus modestes.

A côté de ces initiés plus ou moins bien situés dans le « *cursus* », les femmes romaines firent beaucoup pour le succès de l'Isisme. On les devine un peu partout ; on croit entendre dans les chapelles et dans les temples de la déesse une foule de dévotes priantes et jacassantes. Les hommes de lettres du temps d'Auguste les ont souvent pour amies, ou pour maîtresses. L'amie de Catulle lui demande ses porteurs pour aller en litière « *faire visite à Sérapis* »[135]. La Délie de Tibulle agace les nerfs délicats du poète en agitant son sistre et en lui imposant de dures abstinences[136]. Ovide invoque la déesse pour son amie et la conjure « *par son sistre et le visage redoutable de l'Anubis* », sans oublier « *l'Apis cornu, compagnon des processions de la Déesse...* »[137].

Jeux de lettrés ou jeux d'amoureux ? L'intelligentsia romaine égyptianisait. Il est vrai que la matière était nouvelle et « pittoresque » à souhait pour des artistes. Tous les écrivains ne furent pas d'ailleurs bien disposés envers la déesse : Juvénal n'hésitera pas à la traiter « *d'entremetteuse* »[138] ! Ovide n'oublie pas de citer, dans son *Art d'Aimer*, le sanctuaire de la « *génisse de Memphis* » parmi les célèbres lieux de rencontres galantes de la capitale, accusant même la chaste Isis de « *faire de beaucoup de femmes ce qu'elle a été elle-même pour Jupiter* »[139] ! Peinture de modes, au fond, et religion à la mode... Il y eut sans doute aux pieds d'Isis des matrones respectables, mais aussi des « dames » moins huppées, libres des contraintes familiales, et même toute une gamme de courtisanes : Isis dispensait trop d'amour pour repousser celles qui en faisaient profession. Aux beaux jours du mouvement, une foule interlope se répandait dans les lieux sacrés.

Une partie du succès de l'Isisme romain lui vint égale-

---

134. C. Pietrangeli, *ibid.*, n° 14.
135. Catulle, 10, 26.
136. Tibulle, I, 3, 23 et suiv.
137. Ovide, *Amours*, II, 13, 11-14.
138. Juvénal, *Satires*, VI, 489.
139. Ovide, *Art d'aimer*, I, 77-78.

ment des faveurs impériales. Nous avons évoqué la politique « isiacophile » de nombreux empereurs à partir du premier siècle. L'hérédité orientale joua son rôle dans cette protection : le sang d'Antoine coulait dans les veines de Néron[140] et de Caligula. L'entourage des Césars fut aussi décisif que la liberté religieuse qui régnait dans les palais impériaux. Poppée ne vécut-elle pas, selon Josèphe, en *« Juive de la porte »*[141] ? L'Isisme reçut donc très vite sur le Palatin une sorte de consécration officielle.

UN EXEMPLE D'INTÉGRATION DANS LA SOCIÉTÉ IMPÉRIALE : LES ISIAQUES DE POMPÉI

Les nombreuses études consacrées à l'Isisme pompéien nous mettent en présence d'un monde bien différent, plus diversifié que celui de Rome. Pompéi n'en connut sans doute ni les modes, ni les coteries. La secte s'y développa dans un calme tout provincial, sans éclat et sans scandales. Les fêtes d'Isis y prirent, à la longue, la régularité de nos messes dominicales. C'est pourquoi, si les initiés romains ne sont pour nous que des fantômes, parfois charmants, ceux de Pompéi ont bien plus de consistance. Nous avons la chance de les voir évoluer au grand jour, dans leur vie quotidienne, tels parfois que l'éruption les a surpris, comme ces dévots d'Isis emportant leur trésor et leurs idoles[142]. Il est donc possible d'esquisser quelques éléments d'une « sociologie » de la secte, en se fondant sur un matériel archéologique fort abondant.

La précocité de l'implantation isiaque en Campanie hâta, en quelque sorte, la promotion sociale de la secte. Très vite, cette dernière compta des initiés du meilleur monde. A tout seigneur, tout honneur : voici N. Popidius Celsinus, cons-

140. Néron aurait eu pour précepteur Chérémon, scribe sacré de la secte.

141. Les « Juifs de la porte » étaient des « gentils » qui s'adonnaient, par dévotion, à certaines pratiques générales du Judaïsme. Josèphe, *Ant. Jud.*, XX, 8, 11 et C. Guignebert, *Le monde juif vers le temps de Jésus*, Paris, 1969, p. 261.

142. Cf. V. Tran Tam Tinh, *Le culte d'Isis à Pompéi*, p. 49.

tructeur du second Iséum. Il a été admis... à l'âge de sept ans dans l'Ordre des décurions (magistrats municipaux) et cela gratuitement, en récompense des services rendus par sa famille[143]. L'Iséum de Pompéi avait donc un caractère semi-officiel. Son emplacement seul le prouverait : en bordure du forum, il empiète sur un morceau de la palestre, domaine public ! Ce Popidius était parent de N. Popidius Ampliatus, auteur de nombreux travaux urbains et membre de la classe dirigeante de Pompéi, certainement un autre isiaque[144].

Le temple de la déesse a livré d'autres inscriptions : elles mentionnent des personnages appartenant à la classe dirigeante de la ville. Par exemple Lucretius Rufus, « *duumvir* » (un des deux « maires »), « *praefectus fabrum* »[145], tribun du peuple et pontife. Comme on le voit, l'Isisme pompéien était bien introduit...

La recherche des riches Isiaques nous entraînerait dans une tournée des beaux quartiers de la ville du Vésuve ; nous visiterions de riches villas, avec chapelles et fresques égyptiennes. Nous y serions reçus par des initiés de renom ; généralement des Italiens (car les noms étrangers, ou orientaux, sont fort rares) parfois des Grecs, qui jouent un rôle traditionnel dans de nombreux mystères. Loreius Tiburtinus, par exemple, riche propriétaire d'une belle villa, peut-être lui-même prêtre d'Isis. Membre de la famille des Lorei, il fit bâtir un des plus magnifiques « *sacella* » (petits sanctuaires) de la ville, orné du portrait de l'ancêtre des Lorei en costume de prêtre d'Isis, affirment certains archéologues...[146]. Un autre Iséum domestique se trouvait chez A. Rustius Verus, pieux aristocrate qui possédait une chapelle d'Isis dans sa villa. On y a découvert un sistre précieux. Deux autres instruments semblables ont été mis au jour chez Vibius Italus (grand propriétaire lui aussi) près de son Iséum privé[147]. Mais le plus notable des membres de la secte, celui qui dut avoir les plus nombreux « clients » matinaux dans

143. *Ibid.*, p. 31.
144. V. Tran Tam Tinh, *ibid.*, p. 41.
145. La corporation des forgerons.
146. Cf. M. Della Corte, *Una famiglia sacerdotale di Iside*, Pompéi, 1930.
147. V. Tran Tam Tinh, *op. cit.*, p. 46.

son atrium, était sans doute Poppaeus Habitus, heureux possesseur de la « Maison des amours dorés »[148], probablement parent de Néron, qui avait épousé sa cousine ! Sa chapelle d'Isis est superbe ; on peut y admirer, dans le péristyle, la déesse, Osiris, Harpocrate et Anubis[149]. Il leur devait bien cette reconnaissance... On ne peut citer ici toutes les villas « isiaques » de Pompéi : propriétés des dignitaires de la secte, ou simplement placées sous la protection des dieux égyptiens ? N'oublions pas le gymnase à la mode[150] — où s'exerçaient les « *Juvenes Venerii Pompeiani* », bel ensemble de jeux et de bains fréquentés par la jeunesse dorée de la ville. Dans la « chapelle » *(sacellum)* de l'établissement dédié à Vénus, Isis trône toute seule, signe de son éminente dignité.

En descendant d'un degré dans la hiérarchie sociale, nous trouverions des Isiaques également riches mais non illustres, souvent moins bien logés que les aristocrates précédents : marchands aisés ou gros artisans, peut-être moins ambitieux mais tout aussi pieux que les premiers ; ils constituaient les deux extrémités d'une classe « moyenne » qui touchait à l'élite et confinait aux « *humiles* ». Isis règne encore seule dans l'édifice dit « d'Eumachie », siège de la puissante corporation des foulons — blanchisseurs. Beaucoup de ces ouvriers devaient être membres de la secte et ils avaient placé la déesse au centre de leur édifice « corporatif »[151].

Avec les foulons, nous entrons dans les plus humbles catégories sociales, qui se contentaient d'une chapelle collective. Plus fortuné, le boulanger Proculus avait suffisamment économisé pour s'offrir, dans son fournil, un superbe laraire. Un autre petit bourgeois, propriétaire de la Maison dite « d'Isis et d'Osiris », met la triade alexandrine à la place d'honneur[152]. Tout au bas de l'échelle, Isis devait aussi régner dans le cœur des pauvres et des esclaves, de

148. F. Coarelli, *Guida archeol.*, VI, 16, 7, pp. 282-284.
149. V. Tran Tam Tinh, *op. cit.*, pl. XV, 1.
150. Il s'agit du gymnase de la « *Predia Juliae felicis* », II, 4, 3 cat. n° 6, 7. Cf. Tran Tam Tinh, *op. cit.*, p. 55.
151. *Ibid.*, cat. n° 23, p. 59.
152. Casa IX, 3, 10/12.

ceux qui ne pouvaient rien bâtir en son honneur parce qu'ils n'avaient rien et se contentaient d'une statuette de terre cuite achetée près de l'Iséum, ou d'un sistre, fruit du travail d'un artisan local. Enfin, beaucoup n'ont laissé que des graffiti qui disent leur piété, ou leur superstition. On en a retrouvé en grand nombre.

Que pouvait représenter la « communauté isiaque » de Pompéi ? Peut-être le dixième de la population totale, ce qui ferait deux mille Isiaques[153]. Les dimensions de l'Iséum sont modestes ; mais celles des temples « classiques » le sont aussi. Bien loin de Rome, la secte pompéienne nous donne, en fait, l'impression rassurante d'une « religion » tranquille et bien assimilée, souplement occidentalisée dans sa hiérarchie et dans ses édifices, assez puissante en tout cas pour laisser une marque durable dans l'urbanisme et la vie privée de la cité, dont elle orienta parfois les choix politiques[154].

LE CHARME D'ISIS

Les témoignages littéraires le prouvent à l'évidence, le succès croissant de l'Isisme dut beaucoup à une mode exotique, à ce qu'on oserait appeler un « snobisme oriental ». Les motivations des sectateurs d'Isis ne furent pas toujours très relevées : les *Métamorphoses* nous le disent entre les lignes : Isis favorisa parfois les superstitions et les trafics.

Les rapports entre les mystes et les prêtres ne furent pas exempts d'arrière-plans quelquefois équivoques. Isis elle-même ne donnait-elle pas l'exemple ? Elle ne semble pas nourrir trop d'illusions sur les motivations de Lucius. Aux promesses d'engagement éternel du futur myste qui a fait vœu *« de la contempler à jamais »*, la déesse répond par des assurances bien matérielles : — *« Tu vivras d'ailleurs heureux, tu vivras plein de gloire, sous ma protection...*[155] », si

153. Cf. M. Della Corte, *Juventus*, Arpino, 1924, p. 91.

154. « Tous les isiaques demandent Cn. Helvius pour édile » (*CIL* IV, 784).

155. Apulée, *Mét.*, XI, 6.

bien que ses bénédictions pour l'au-delà ne sont nullement les seules joies promises ! Les menues faveurs pleuvront, en fait, sur le nouvel initié : petits profits, succès de carrière... En lisant les auteurs satiriques, on peut à bon droit soupçonner la sincérité de certains isiaques ; leurs pratiques ascétiques n'étaient-elles pas une théâtrale ostentation de vanité, pour ne pas en dire plus ? Juvénal ironise, bien avant Voltaire, sur ces initiés qui, « *vêtus de lin et le crâne tondu, passent dans les rues sous le masque d'Anubis, en riant sous cape de l'exploitation populaire...* »[156]. Cet auteur évoque ailleurs la crédulité de celle qui « *sur l'ordre de la blanche Io, s'en va jusqu'au fond de l'Égypte puiser... l'eau qu'elle rapportera pour asperger le temple...* »[157]. Saint Jérôme ne croit pas non plus à ces trop visibles mortifications et se moque des Isiaques « *qui, dans leur abstinence gourmande, dévorent les faisans et les tourterelles au fumet délicat pour ne pas, disent-ils, souiller les présents de Cérès...* »[158]. Ces attaques sont peut-être exagérées par la passion xénophobe ou religieuse. Au fond, entre les hauteurs d'une véritable élévation métaphysique et l'escroquerie triviale, la religion d'Isis fut le plus souvent une assez prosaïque « dévotion d'échange » dans la pure tradition méditerranéenne : on donnait à la déesse pour recevoir d'elle.

Ceci dit, les motivations de bien des Isiaques dépassèrent assurément cet aspect utilitaire. Isis combla de réels besoins de purification qui allaient au-delà des tabous rituels. Elle proposait une perfection attirante aux consciences délicates. La garantie d'une divinité éminemment « *psychopompe* » (conductrice des âmes) apaisa les angoisses devant l'au-delà. L'Isisme se présenta comme un véritable sotérisme et remplit ainsi une mission élevée. Il eut aussi le mérite d'abriter toutes les catégories sociales. Dans ses temples, le maître et l'esclave se retrouvèrent au pied des autels. Les « *humiles* » y devinrent des prêtres et des administrateurs.

Ainsi se développa, on l'a souvent remarqué, une « religion » au sens moderne du terme. Un clergé puissant,

---

156. Juvénal, VI, 533-534.
157. Juvénal, *ibid.*, 526-529.
158. Saint Jérôme, *Lettre à Laeta*, CVII, 10.

bien organisé, parfois savant et — le plus souvent — sincère, sut promouvoir dans la spiritualité occidentale un nouveau type de rapports entre les prêtres et les initiés, entre les initiés et les dieux. L'Isisme inventa la « propagation de la foi », la direction spirituelle, la prédication apologétique, les exercices de dévotion, l'ascèse, la pénitence[159], la pratique des retraites et peut-être celle des « cloîtres » ; il développa « l'adoration perpétuelle » et la récitation des « heures ». Il fortifia ses sectateurs par des « sacrements » mystérieux qui annoncent ceux de l'Église chrétienne. La liturgie d'Isis sanctifia tous les moments de la journée et s'efforça, bien avant Byzance, d'évoquer les splendeurs du « Ciel sur la terre ». Au terme de ces complexes évolutions, le dernier Isisme conduisit enfin ses sectateurs vers la connaissance d'une divinité unique et transcendante. Mieux qu'un Orphisme trop subtil ou qu'un « Éleusinisme » finalement galvaudé, il exprima ainsi les profondeurs de la conscience antique et mérite d'être intégré pleinement dans l'histoire des religions de Salut.

En s'endormant dans la torpeur de l'établissement religieux, cet Isisme, en apparence bien installé et d'ailleurs fortement concurrencé par Mithra, est moins une secte au sens classique du terme, qu'une « église ». Ni ses mystères ni ses mœurs n'inquiéteront plus : ses temples couvrent une bonne partie de l'empire et les empereurs, parfois, y viennent prier par précaution... A leur ombre, on peut faire de tranquilles et digestives carrières — qui n'empêchent pas les autres mais les facilitent — et dont la terminologie copie sans complexe celle des cultes classiques ! Malgré tout, nous l'avons vu, cette intégration n'était que très partielle et la persécution des premiers empereurs chrétiens replongea l'Isisme dans la condition sectaire de ses débuts.

La disparition de l'Isisme fut aussi discrète que son arrivée en Occident. Les persécutions qui proscrivirent le Paganisme s'acharnèrent certainement sur une secte qui n'en était plus tout à fait une. A la différence de ce qui se passa pour le Mithriacisme, l'histoire ne garde aucune trace de persécutions chrétiennes anti-isiaques. Il est vrai que le

159. A Rome, des Isiaques cassent la glace du Tibre pour s'y plonger et font à genoux le tour du temple (*Juvénal* VI, 522 et suiv.).

succès de Mithra s'était affirmé au détriment d'Isis. Ni les subtilités de Plutarque, ni le « revival » païen de Julien ne sauvèrent la religion égyptienne. Sous Constantin, elle rentra, presque sagement, dans l'Histoire[160]...

L'Isisme ne devait pas mourir tout entier avec la secte qui le diffusa. Le « charme d'Isis » lui assura, au travers des siècles, une mystérieuse continuité. Il en existe de bien tardives résurgences[161]. A Rome, au XVIe siècle, Giovanni Annius, Maître des sacrés Palais d'Alexandre VI, prétendit avoir découvert des « manuscrits de Manéthon » et en composa des volumes d'affabulations pseudo-scientifiques. On y apprend la « Geste » occidentale d'Osiris qui, réfugié d'abord chez les Germains, vole au secours des Italiens opprimés par des Géants sanguinaires et leur apprend la vigne et le labourage[162] ! Ces légendes puériles nourrissent l'iconographie du décor des appartements Borgia au Vatican ; Pinturicchio y célèbre les dieux égyptiens dans des fresques médiocres mêlant sans façon le bœuf Apis au bœuf Borgia du Pape Alexandre, « fils d'Hercule » ! Des philologues comme Beatus Rhenanus ridiculisèrent ces fables[163] ; elles firent pourtant des victimes jusqu'au XVIIIe siècle. A cette époque, Isis, on le sait, devint la proie des francs-maçons. Dans la tradition de l'« Orient philosophique », le livret de la *Flûte enchantée*, « opéra maçonnique », nous en offre un bon exemple. Qui connaît, au-delà de la divine musique de Mozart, le texte de Schikaneder ? Tous les thèmes de l'Isisme philosophique y sont présents ; il n'y manque même pas l'anticléricalisme, puisque la « Reine des nuits » y représente à la fois Marie-Thérèse et l'Église catholique !...

Sous la Révolution, Isis connut encore de belles années. Le Conventionnel Charles Dupuis développa l'idée des origines isiaques d'un Paris fondé par des « druides égyptiens »[164]. La théosophie révolutionnaire exploita des

---

160. Des fêtes d'Isis seront pourtant encore célébrées en 416 (Rutilius Namatianus, *Itin.*, I, 375).

161. Cf. J. Baltrusaitis, *la quête d'Isis*, Paris, 1967, pp. 159-165.

162. J. Baltrusaïtis, *ibid.*, pp. 137-164.

163. B. Rhenanus, *Rerum Germanicarum libri tres*, Bâle, 1531, p. 40.

164. C. Dupuis, *Origine de tous les cultes ou religions universelles*, II, Paris, 1794.

thèmes isiaques pour essayer de promouvoir un nouveau culte sur les ruines du Christianisme. Bonneville proposa carrément de rétablir les sectes antiques autour d'une Isis identifiée à Jésus-Christ[165] ! A côté de cet Isisme français il y en eut un indien. Son succès ne fut pas éclatant... Quelques décades plus tard, il est vrai, l'Égypte n'intéressait plus les esprits mystiques et ses thèmes passaient aux orientalistes en mal de pittoresque. *L'Aïda* de Verdi dont les airs s'inspirent, paraît-il, des mélopées de l'antique Égypte, est peut-être un dernier hommage indirect à notre déesse. Une secte américaine ne se recommande-t-elle pas encore de cette tradition en initiant à Isis et à ses pompes[166] ?...

Ces oublis et ces éphémères résurrections de l'Isisme suffiraient à montrer, comme l'écrit J. Baltrusaitis, « *des épisodes de l'Histoire de la pensée humaine et de ses égarements* »[167]. Ils prouvent en tout cas le « charme d'Isis », une durable fascination qui tient à la nature profonde du mythe isiaque. Les sectateurs romains n'ont pas été les seuls à ressentir cette « aura » poétique dont la perception est aussi utile à la compréhension des religions de l'Antiquité que les sciences naturelles[168]. Les poètes latins en ont tiré de beaux vers qui font rêver. Avec quelle émotion le voluptueux Ovide sait évoquer la séduction de la belle déesse :

> « *Qui habite Parétonium et les champs de la molle Canope*
> « *Et Memphis et Paros porteuse de palmes, là où le Nil rapide*
> « *Glissant de son vaste lit, sort par sept bouches...*[169]. »

L'enquête psychanalytique de C.G. Jung est allée plus profond en définissant la nature d'Isis comme un mythe

165. N. de Bonneville, *De l'esprit des religions*, Paris, 1791.
166. Voir *infra*, p. 335.
167. J. Baltrusaïtis, *op. cit.*, p. 284.
168. Cf. C. Kerenyi, *La religion antique*, Genève, 1957, p. 238.
169. Ovide, *Amor.*, II, 13, 7-10.

féminin, maternel, à la fois consolateur et érotique, qui cristallise dans sa figure nocturne l'inconscient collectif des peuples méditerranéens[170]. Là réside peut-être le secret d'un charme qui fit la force et la faiblesse d'une secte et que les siècles n'ont pas complètement épuisé.

---

170. C.G. Jung, *Métamorphoses de l'âme et ses symboles*, Genève, 1973, p. 390 et 452.

CHAPITRE II

Les Mithriastes

Bien plus que l'Isisme, le Mithriacisme s'est diffusé clandestinement dans le monde romain sous l'aspect d'une secte initiatique fréquentée par des vaincus et par des étrangers, inspirée qui plus est par la barbare théologie de la Perse. Un secret rigoureux y fut toujours maintenu grâce à de nombreuses initiations filtrantes. Ses « temples » ne furent jamais que de petites chapelles et il conserva toujours un aspect de franc-maçonnerie mystique. Même lorsqu'il atteignit les dimensions d'une « église » — qui, selon Renan, aurait pu l'emporter sur le Christianisme — il demeura toujours profondément marginal et non romain. Les communautés mithriaques, soudées par des liens rituels très spécifiques, n'ont à aucun moment été officiellement reconnues comme une composante de la religion de l'État, dont elles étaient par nature l'opposé. Elles choisissaient en particulier elles-mêmes leurs prêtres[1].

L'évolution des phénomènes religieux ne se fait pas au hasard. Le moment historique les détermine autant que les exigences des consciences individuelles. Si le succès de l'Isisme correspondait pour Rome à une période de gran-

1. Cf. G. Wissowa, *Religion und Kultus der Römer,* Leipzig, 1912 (2e édit.), p. 370. Pour l'opinion de Renan, *Marc Aurèle*, p. 579. Sur le caractère « sectaire » du mouvement cf. encore R. Turcan, *Mithra et le Mithriacisme*, Paris, 1981, p. 35.

deur et d'expansion, celui du Mithriacisme est plutôt contemporain de la montée des périls. Dans la faveur du public, il succède aux molles extases de la déesse égyptienne. Il propose, lui, une religion dynamique et virile, une secte pour hommes seuls, bien propre à galvaniser les énergies. Les deux mouvements devaient fatalement devenir concurrents : sur une inscription trouvée dans le *mithraeum*[2] de Caracalla — 211-217 après J.-C. — et consacrée à Zeus, à Sérapis et à Hélios, le nom de Sérapis (parèdre d'Isis) a été remplacé par celui de Mithra ajouté en surcharge. On peut imaginer la stupeur et l'indignation d'un Isiaque devant cette usurpation sacrilège : en face des dieux venus de l'Égypte s'affirmait une nouvelle religion ; elle venait, disait-on, de la Perse ; son dieu était Mithra...

Une phrase de Plutarque attribue la diffusion du Mithriacisme aux pirates vaincus par Pompée puis déportés en Italie après sa campagne cilicienne de 68-67 av. J.-C. :

> « *Eux-mêmes,* écrit l'auteur grec, *célébraient des sacrifices étrangers, ceux d'Olympe, et initiaient à des mystères inconnus, entre autres ceux de Mithra qui se conservent encore aujourd'hui et qu'ils furent les premiers à mettre en honneur*[3]. »

Lactantius Placidus résume laconiquement l'itinéraire spirituel du Mithriacisme :

> « *Les mystères que les Perses célébrèrent les premiers, que les Phrygiens reçurent des Perses et les Romains des Phrygiens...*[4]. »

Ces vagues lueurs éclairent confusément les débuts de la secte mithriaque. Saint Jérôme atteste en revanche sa décrépitude dans une lettre écrite vers le début du Ve siècle[5]. La « carrière » de la secte romaine tient donc dans un espace de temps relativement bref. Entre la Perse, berceau de ses

2. Lieu de culte souterrain consacré à Mithra, cf. F. Cumont, *Les Religions orientales dans le Paganisme romain*, Paris, 1968 (4e éd.), p. 79, fig. 5.
3. Plutarque, *Vie de Pompée*, XXIV, 7.
4. Lactantius Placidus, *Ad Stat. Theb.*, IV, 77.
5. Saint Jérôme, *Lettre à Laeta*, CVII, 2.

origines et le monde romain, l'Asie Mineure joua, une fois de plus, son rôle de creuset et de relais.

Les origines

Il faut chercher dans le monde indo-persan les sources anciennes du Mithriacisme. Dans les Védas (livres sacrés de l'Inde ancienne) Mithra signifie « l'Ami ». Il y figure en compagnie de Varuna ; tous deux président aux cycles du Ciel et de la Terre. Mithra est le principe de la « Paix solaire », Varuna celui de la violence obscure, parfois même de la Magie[6]. Mithra est également associé à l'immolation rituelle du taureau, figure du « Premier mortel », mis à mort sur l'ordre des dieux pour la régénération de l'univers. Tout sera fécondé par le sang de la bête ; les plantes pousseront, jailliront les eaux bienfaisantes ; il servira aussi à composer un breuvage magique, le *soma*, destiné à donner l'immortalité aux dieux et aux hommes qui en goûtent[7]. Nous trouvons le taureau dans de nombreuses mythologies[8]. La « tauroctonie » (mise à mort du taureau) deviendra un mythe fondamental dans le Mithriacisme tardif.

Les rapports entre Mithra et le Mazdéisme — religion traditionnelle de l'Iran — sont fort complexes. Un monothéisme rigoureux y règne au début. « Seigneur de l'univers », Ahura Mazda en est le dieu unique. Mithra figure simplement au nombre des génies, anges ou *yazatas*, qui le secondent, associé au Soleil et à la lumière. Il est aussi un dieu guerrier et justicier : il poursuit la fraude et le mensonge. Les souverains perses jurent en son nom et il consacre les traités. Chez Mithra, les charismes du guerrier s'ajoutent à ceux du juge : Quinte-Curce nous montre Cyrus invoquant Mithra avant de livrer la bataille d'Arbèles[9]. La belliqueuse aristocratie iranienne se consacra à ce dieu, source de « splendeur royale », « *Mithra aux vastes pâtu-*

---

6. Duchesne-Guillemin, *Ormazd et Ahriman*, Paris, 1953, pp. 35-70.
7. J. Varenne, *Zarathushtra*, Paris, 1983, pp. 30-32.
8. C.G. Jung, *Métamorphoses de l'âme et ses symboles*, Genève, 1973, pp. 186, 686, 693.
9. Quinte-Curce, *Hist. Alex.*, IV, 13.

rages grâce à qui les nations aryennes reçoivent de riches et durables établissements[10]. »

L'évolution des croyances fit peu à peu de lui une divinité de tout premier plan, l'égal ou, tout au moins, le grand « Médiateur » du dieu suprême. Certains chants — tardivement rédigés — de l'*Avesta* consacrent sa promotion : « *Je le créai aussi digne du sacrifice, aussi digne de prière que moi Ahura Mazda* », fait dire le *Yasht* 10 au Seigneur du ciel.

La réforme de Zarathoustra contraria cette évolution vers un certain polythéisme. Né vers le VIe siècle av. J.-C.[11], le prophète était le contemporain du Bouddha, de Confucius et de Pythagore. Il se fit l'apôtre d'une religion plus proche du cœur, interdit les sacrifices sanglants et les drogues enivrantes et restaura l'ancien monothéisme de l'Iran dans sa pureté. Quelle fut la portée réelle de sa réforme ? Elle eut certainement pour effet de mettre quelque peu dans l'ombre la figure de Mithra — sans compromettre cependant sa « carrière ». En dépit des réformes, toléré à sa juste place par la sagesse du réformateur, le culte de Mithra se poursuivit. Ses sacrifices se célébraient dans des lieux écartés, cavernes ou cryptes. Porphyre nous dit que Zarathoustra lui-même consacrait au dieu de la lumière « *des antres fleuris arrosés de sources* »[12].

Rien n'atteste la présence des « mystères de Mithra » en Arménie, dans le Pont ou en Cappadoce avant l'époque où le Mithriacisme se diffusa dans le monde romain. Aucun relief n'y représente, jusqu'ici, le rite fondamental de la tauroctonie. Entre la Perse et Rome, Mithra apparaît sous la forme la plus classique du syncrétisme hellénistique : passé un temps de récession correspondant à la stricte orthodoxie zarathoustrienne des premiers Achéménides[13], Mithra avait en effet retrouvé ses dévots. Après les conquêtes d'Alexandre, il se montra dans tout l'Orient iranisé sous les

10. *Avesta, Yasht* 10, strophe 2. L'Avesta est le livre saint des Zoroastriens, codifié au IVe siècle ap. J.-C.

11. J. Varenne, *Zarathushtra*, pp. 45-50.

12. Porphyre, *De antro nymph.*, 5 et 15.

13. Sous Cyrus II (550 av. J.-C.) les Achéménides renversèrent le roi des Mèdes et fondèrent l'Empire perse.

traits d'un Hélios ou d'un Apollon gréco-persan. Dans le haut sanctuaire du Nemrod-Dag (Turquie actuelle), où le roi Antiochus de Commagène (69-34 av. J.-C.) dort peut-être encore sous son tumulus de gravier[14], un bas-relief représente ce Mithra-Hélios recevant l'hommage du souverain dans un style typiquement hellénistique ; sur une inscription, Antiochus se fait gloire d'avoir *« honoré les dieux de ses ancêtres selon l'antique tradition des Perses et des Grecs »*[15]. On ne saurait mieux exprimer le syncrétisme de ce culte : rien, en tout cas, n'y évoque l'immolation du taureau cosmique de Mithra, rien n'y porte la marque d'une secte initiatique.

Où sont donc nés les mystères exportés par les pirates ? Ils se sont peut-être développés en Asie Mineure par l'intermédiaire de certains prêtres, les « mages hellénisés » de Babylone ; mais c'est en Chaldée que le vieux fonds iranien s'est enrichi et partiellement modifié au contact des vieilles croyances sémitiques et des courants, plus récents, venus du monde grec. Chaldéen également le bagage astrologique de la secte romaine : *« La théologie savante et raffinée des Chaldéens s'imposa au Mazdéisme primitif qui était un ensemble de traditions plutôt qu'un corps de doctrines bien définies. Les légendes des deux religions furent rapprochées, leurs divinités s'identifièrent, et l'astrolâtrie sémitique... vint se superposer aux mythes naturalistes des Iraniens*[16]. »

On discutera sans doute longtemps sur le rôle des Mages dans l'élaboration de la doctrine des Mystères[17]. La découverte du *mithraeum* de Doura-Europos (en Syrie, sur la rive droite de l'Euphrate) a semblé confirmer les intuitions de F. Cumont : Mithra et son entourage y portent en effet le costume traditionnel des Mages[18]. Il faut pourtant se garder d'extrapoler. Tout au plus peut-on affirmer que certains

---

14. F. Cumont, *Textes et monuments relatifs aux Mystères de Mithra* (abrégé : *TMMM*), t. II, Bruxelles, 1896-1899, p. 188, fig. 10.
15. M.J. Vermaseren, *Corpus Inscriptionum et Monumentorum Religionis Mithriacae* (abrégé *CIMRM*), La Haye, 1956, n° 32, vers 24-30 ; cf. Mon. 30, fig. 5.
16. F. Cumont, *TMMM*, t. I, p. 231.
17. Cf. E. Benveniste, *Les Mages de l'ancien Iran*, Paris, 1938 et J. Bidez-F. Cumont, *Les mages hellénisés*, Paris, 1938.
18. Cf. M.J. Vermaseren, *CIMRM*, fig. 13, Mon. 34.

fidèles de la secte romaine considéraient Zoroastre et les mages « *comme des saints fondateurs de leur liturgie mystérique* »[19]. Le problème des sources, on le voit, n'est pas simple. Il faudrait évoquer aussi l'influence, directe ou indirecte, des Mystères grecs ; ils ne sont peut-être pas étrangers au processus même de la révélation initiatique faite aux mystes : ses rites pourraient devoir quelque chose aux pratiques venues d'Éleusis et répercutées en petite Asie dans les Mystères de Samothrace. Que restait-il de vraiment iranien dans ce Mithriacisme terminal qui avait drainé tant de croyances ? Presque rien de la tradition initiale pour certains spécialistes : ni le public aristocratique, ni le puissant sacerdoce de l'Iran, ni certains rites fondamentaux de la vieille religion des Perses[20]. Position certainement excessive. Le Mithriacisme a peu de chances d'être une tardive création « balkanique », comme on l'a suggéré ; il est probablement venu de l'Iran, mais son itinéraire compliqué l'a en partie transformé, chargé de nouvelles croyances. Ceci n'a rien de bien surprenant : les religions naissent dans l'ombre et elles échappent en partie à leurs « fondateurs ».

La « Carrière du dieu »

Un noyau restreint de traditions se maintint pourtant dans le Mithriacisme : il regroupa jusqu'à la disparition de la secte les grandes étapes de l'incarnation mythique de Mithra. Les sources sont essentiellement iconographiques. Pas plus que l'Isisme, le Mithriacisme n'a laissé d'écrits. Y en eut-il jamais, comme chez les Égyptiens et, plus tard, chez les Gnostiques ? L'*Avesta* lui-même fut codifié tardivement sur des bases strictement orales. Il y eut tout au plus des sortes de « missels » liturgiques. Les témoignages littéraires sont rares et peu sûrs ; ils proviennent de sympathisants ou d'adversaires ; nous en rencontrerons quelques-uns. Par bonheur, l'archéologie est, si l'on ose dire, plus loquace. D'innombrables *mithraea* nous sont parvenus avec leur riche moisson de peintures et de sculptures, sans oublier la contribution des textes épigraphiques. Ces décou-

19. Cf. R. Turcan, *Mithra et le Mithriacisme*, p. 22.
20. Cf. S. Wickander, *Études sur les mystères de Mithra*, Lund, 1951.

vertes sont très souvent plus éclairantes que des gloses laborieuses. Petit à petit s'élaborent des « cartes mithriaques » ; des provinces longtemps muettes commencent à livrer leurs secrets ; c'est le cas de l'Espagne[21]. Grâce aux bas-reliefs, la « carrière terrestre » de Mithra nous apparaît dans ses grandes lignes[22].

Un panneau sculpté consacré à la vie de Mithra occupe toujours le fond des *mithraea*. Les diverses scènes y sont regroupées autour du relief principal de la tauroctonie et constituent des sortes de « retables » de pierre, parfois orientables grâce à des pivots. Les artistes y ont représenté les grandes phases des « théophanies mithriaques » en leur conférant parfois l'hiératisme solennel, la fixité envoûtante de certaines icônes byzantines. Mithra y est vraiment saisi dans l'essence même de son action médiatique et « salvifique », en dehors d'un temps humain défini selon « l'avant » et selon « l'après ». L'ensemble évoque à la fois un calendrier liturgique et une « bible en images » ; on a aussi parlé de « *catéchèse audiovisuelle* » et de « *bandes dessinées* »[23]. La vie de Mithra est avant tout au service d'une liturgie : elle échappe donc à tout ordre chronologique strict. On peut tout de même y distinguer une certaine progression que nous allons évoquer rapidement.

Le dieu naît dans une grotte. Comme l'étincelle primitive ou le soleil au premier matin, il dissipe l'obscurité de la nuit. Comme la flamme, Mithra est *petrogenus* : il « sort de la pierre ». Des bergers sont parfois témoins de cette naissance. Mithra paraît sous la forme assez molle d'un jeune éphèbe nu, coiffé d'un bonnet phrygien (pl. XIII). Dans le *mithraeum* de Santo Stefano Rotondo (à Rome), une statue le montre sortant de la roche en tenant une torche et une épée[24]. D'autres scènes de la vie du dieu sont classiques. On le voit en particulier faire jaillir l'eau du rocher en le frap-

---

21. Cf. P. Paris, « Cultes du Mithriacisme en Espagne », *Revue Archéolog.* II, 1914, pp. 1-31.

22. Cf. J. Toutain, « La légende de Mithra étudiée surtout dans les bas-reliefs mithriaques », *Revue d'Histoire des Religions*, XLV, 1902.

23. R. Turcan, « Notes sur la liturgie mithriaque », Revue de l'Histoire des Religions (*RHR*), 1977, pp. 151-155.

24. Cf. *Mysteria Mithrae, Études préliminaires aux religions orientales de l'Empire romain*, Leyde, 1979, fig. II, p. 214.

pant de sa flèche invincible (mythe de l'eau purifiante et salvatrice), garder ou cueillir des fruits (thème de l'incorruptibilité, comme lorsqu'Héraclès s'empare des pommes du jardin des Hespérides) et surtout pratiquer la chasse (symbole du triomphe du Bien sur le Mal, de l'intelligence sur la force brutale et les instincts).

La scène la plus fréquente est pourtant celle de la tauroctonie. Le sacrifice du taureau est à ce point lié à l'essence du Mithriacisme qu'il en est devenu le symbole. L'immolation rituelle du bovidé n'est que la dernière phase d'une longue et pénible recherche. Le taureau s'est échappé, conscient de son tragique destin. Mithra le poursuit et le ramène, parfois en le portant sur son dos, jusqu'à la caverne fatidique où se fera la mise à mort. C'est ce que les inscriptions appellent parfois le « parcours du dieu » *(transitus dei)*, image allégorique de notre « parcours » terrestre[25]. Le dernier acte du cycle taurique se joue dans la grotte, où Mithra exécutera le « mandat » d'Hélios : le dieu, en se détournant (?), obéit à l'ordre et plonge son couteau dans le flanc tout pantelant de la bête. Pour la mythologie indo-persane, l'immolation du bœuf primordial est liée à la régénération du monde. Du sang du taureau et de sa semence, jaillissent des plantes utiles et de nombreuses espèces d'animaux[26]. En vain, sous l'animal égorgé, le serpent et le scorpion maléfiques s'efforcent d'annuler les effets heureux du sacrifice en mordant les testicules de la bête. La régénération universelle s'opérera sous les yeux d'Hélios qui assiste à la scène du haut du ciel, parfois en compagnie des autres dieux, entourés des signes du Zodiaque.

Avant de jouir de l'apothéose en retournant dans les cieux, Mithra célèbre sa victoire par un grand festin. Les initiés de la secte feront de ce mystérieux repas — nous allons le voir plus loin — l'acte central de leur liturgie. Le décor des *mithraea* montre très souvent ces dernières agapes. On y voit aussi plus d'une fois le dieu serrer la main du Soleil, en signe d'une réconciliation après une

---

25. M.J. Vermaseren — C.C. Van Essen, *The excavations in the Mithraeum of the church of Santa Prisca in Roma*, Leyde, 1965, p. 204.
26. Cf. A.H. Krappe, *La genèse des mythes*, Paris, 1952, p. 250.

période de « concurrence ». Mais c'est sa remontée dans le ciel qui couronne le cycle de sa « vie terrestre ». Il retourne vers les dieux, ou vers le Principe de toute chose. Cette ascension s'effectue dans le char solaire, conduit par Hélios lui-même ou par son cocher Phaéton.

Ces images sont-elles le signe de l'« embrasement » *(ecpyrosis)* de l'univers au dernier jour, ou du retour définitif de Mithra dans les constellations et les planètes ? Ce qui est probable, c'est que le message de l'ensemble du cycle mithriaque est porteur d'une explication du monde et d'un espoir de vie éternelle.

Les étapes

Faute de pouvoir suivre les mutations doctrinales du Mithriacisme, il est du moins possible d'en évoquer les étapes de l'Orient à l'Occident. Des solitudes du plateau iranien en passant par l'Anatolie, tout sembla le pousser vers Rome. Les contacts entre les deux mondes étaient anciens[27]. Les interminables « conflits parthiques » n'empêchèrent pas leur poursuite[28]. Le Mithriacisme fit partie de ces échanges. La déportation des pirates de Pompée en précipita seulement le cours. Ceci dit, les débuts du Mithriacisme constitué en secte initiatique sont très discrets. Si nous acceptons la thèse des débuts ciliciens, il faut admettre que ce premier public fut fort hétérogène : il comprenait des fugitifs accourus de tout l'Orient, les débris des armées et des flottes pontiques[29]. Combien de mithriastes parmi ces 2 500 ex-pirates dispersés en Italie, surtout dans les provinces méridionales où ils pouvaient trouver comme un reflet de leurs patries ? De cette installation italienne, rien ne nous a encore parlé ; les initiés venus de la « petite Asie » y formèrent, comme jadis les Isiaques, une communauté bien interlope.

Il serait vain ne nous interroger sur ses croyances et ses

27. R. Grousset, *L'Empire du Levant*, Paris, 1979, chap. I et II.
28. Cf. Duchesne-Guillemin, *Orzmuzd et Ahriman*, chap. VIII, *La Pensée grecque et l'Iran*.
29. Cf. F. Cumont, *TMMM*, t. I, p. 240.

rites ; bien des éléments devaient s'y mêler. Le silence persista pendant tout le Ier siècle de notre ère ; une évocation littéraire de la tauroctonie chez Stace[30] ne lève pas beaucoup le mystère. Si les premiers témoignages archéologiques datent des Flaviens (Ier siècle ap. J.-C.), la diffusion du Mithriacisme s'accélère après 150. Jusqu'au IIIe siècle, elle sera très forte dans tout l'Empire, pour culminer sous Dioclétien (284-313) après une période de déclin transitoire. La multiplication rapide des *mithraea* montre bien l'itinéraire de cette conquête. De l'Italie jusqu'en Orient, on en creuse un peu partout, près des camps puis dans les villes ; on dirait que Mithra vole avec les aigles des légions. Un *mithraeum* en appelle un autre ; Rome en aurait compté une centaine. Il y en aurait eu plus de 600 dans les seules provinces de Rhénanie. Très répandue en Italie centrale, surtout dans le Sud de l'Étrurie, la religion de Mithra remonta la péninsule pour se diffuser alors dans les régions du Rhin et dans celles du Danube, où elle connut ses plus grands succès et posséda ses plus beaux monuments. Partout où la garde du « limes » (la ligne de défense de l'Empire romain) demandait la concentration des troupes, le dieu trouva des fidèles et des sanctuaires. Les villes s'ouvrirent à lui après les camps, surtout celles qui commerçaient avec les armées ou ouvraient leurs ports aux flottes de guerre. Le Mithriacisme se diffusa naturellement le long du Rhin et du Danube, en Dalmatie comme en Pannonie et même en Thrace. Actif dans la moitié est et nord de la Gaule, il gagna la Belgique et la « Bretagne » (Angleterre), surtout le bassin de Londres, et s'implanta le long du grand mur d'Hadrien. L'Espagne resta partiellement à l'écart du mouvement, sauf les sauvages vallées de la Galice ou des Asturies. L'Afrique s'ouvrit enfin, mais tardivement et avec une certaine réserve. De la Proconsulaire (essentiellement la Tunisie actuelle) aux deux Numidies, les initiés y furent surtout des nouveaux venus. Mithra s'y établit de Carthage à Lambèse et jusqu'aux limites du désert. La Grèce, en revanche, resta indifférente à ce dieu qui lui rappelait bien trop ceux de la Perse ; mais l'Orient finit par se laisser toucher à son tour, surtout les provinces autrefois soumises à la domination ou à l'influence des Achéménides. Le nou-

30. Stace, *Thébaïde*, I, 720.

veau Mithra y rappela l'ancien. Il y eut des *mithraea* sur l'Euphrate et en Égypte. La Cilicie, romaine depuis 102 av. J.-C., l'ouest du Pont, acquis sous Néron, la Commagène et la petite Arménie, définitivement incorporées sous Vespasien, furent les « *anneaux d'une vaste chaîne reliant l'Iran à la Méditerranée* »[31].

Le Mithriacisme devait même influencer plus tard l'art de l'Indou-Koush. Il imposa à toute une partie du monde antique ses croyances et ses rites, les structures canoniques de ses « cavernes », « *koiné* » mystique dont les effectifs sont inchiffrables mais dont le poids moral fut loin d'être négligeable pendant trois siècles. Modestes au début, ses fidèles se situèrent progressivement dans tous les échelons de la hiérarchie militaire et civile, du simple centurion aux plus hauts représentants du pouvoir romain.

Les « fidèles de l'invincible dieu soleil Mithra »[32]

Cristallisés autour d'un mouvement cilicien de résistance à Rome, les mystères « militaires » de Mithra se diffusèrent tout d'abord au sein des légions sans y rencontrer, apparemment, d'opposition officielle. Le loyalisme des mystes rassurait. Leurs associations s'ajoutèrent simplement aux « *sodalicia* » — associations corporatives — qui occupaient les loisirs forcés des camps à des activités de toute espèce. Un public à la fois rude et naïf s'intéressa d'autant plus à cette « religion » barbare que les Barbares étaient nombreux dans les armées. Ils retrouvèrent en Mithra un dieu familier ; leur faconde orientale en fit de merveilleux zélateurs. Partout ils colportèrent les hauts faits de Mithra, dieu invincible et salutaire. L'épigraphie illustre parfois la mécanique de sa diffusion. En voici quelques exemples : la IIIe légion (Adjutrix), campée à Aquincum où elle construisit 5 *mithraea*, était composée de marins provenant de la flotte de Ravenne dans laquelle les orientaux se trouvaient en grand nombre. Ils contribuèrent à mithriaciser l'armée. A Carnuntum, sur le Danube, veillait la IIe légion qui

31. Cf. F. Cumont, *TMMM*, t. 1, p. 244.
32. *CIL*, XI, 5737.

s'était illustrée contre les Parthes ; elle comptait une majorité de Cappadociens ; on la retrouvera plus tard sur les bords de l'Euphrate. Près de Vienne, une petite bourgade portait le nom significatif de Commagène[33]...

Le Mithriacisme finit par sortir des camps. Les fournisseurs officiels comme les petits métiers en entendirent parler et voulurent le connaître. La secte gagna les villes les plus proches. On y creusa bientôt d'autres *mithraea*, ouverts à tous sauf aux femmes. Leur service accompli, les légionnaires firent connaître le dieu aux communautés près desquelles ils s'établissaient pour finir leurs jours. Les esclaves entrèrent sans difficulté dans la secte ; ils la propagèrent sur les lieux de leur travail : maisons privées, grands latifundia, jusque dans l'enfer des mines publiques. Propagateurs-nés des religions consolantes, ils exercèrent bientôt de hautes charges dans le Mithriacisme[34]. C'est ainsi que la secte se « laïcisa » au sens strict, sans perdre jamais malgré tout son imprégnation typiquement militaire, quelque chose de dur et de franc qui attirait. En un siècle et demi, Mithra fut adoré dans presque tout l'Empire...

Arrêtons-nous un instant devant ces « mystes-soldats » qui firent le triomphe du Mithriacisme. Ils ont laissé leur nom un peu partout dans les *mithraea*. Partout, ils ont voulu inscrire le témoignage de leur passage. A Genève, un soldat de la VIIIe légion « Auguste » consacre un autel ; à Isca (Bretagne) un centurion de la IIIe légion fait de même ; à Londres, un « émérite » (vétéran) de ce même corps fait graver une inscription votive. Dans la « caverne » de l'île d'Andros, nous lisons celle d'un prétorien de Septime Sévère. A Mérida (Espagne), un humble fourrier de la VIIIe légion laisse un autel. Au fond de la Crimée actuelle, des soldats privilégiés *(« beneficiarii »)* font un sacrifice à Mithra et le commémorent par une inscription. Un régiment d'archers venus de Palmyre célèbre ces mystères dans le sanctuaire de Doura-Europos ; leur chef tient à s'y faire représenter avec ses compagnons...

33. Cf. F. Cumont, *TMMM*, t. II, n° 238. Les troupes du camp venaient de cette partie de l'Empire.
34. Sur le rôle des esclaves, cf. F. Cumont, *TMMM*, I, p. 265.

A mesure que le Mithriacisme se diffuse, ses adhérents se diversifient. L'état-major est peu à peu représenté dans la secte. Un officier de Pannonie, commandant de légion à Aplum (Roumanie) figure au nombre des initiés ; il deviendra légat de la IIIe légion à Lambèse. Un autre de ces « Légats Augustes » figure dans le *mithraeum* espagnol d'Asturica. On pourrait multiplier les exemples[35]. Le ralliement des chefs fut décisif ; ils apportèrent au Mithriacisme la caution du moyen et du haut commandement, préparant ainsi l'adhésion des « grands commissaires » et des hauts dignitaires. Les administrateurs y devinrent nombreux avec la prolifération de ce corps. Le *mithraeum* de Sarmizegetusa (Roumanie) le montre bien : substitut de l'intendant impérial, comptables, entrepreneurs gérants de la « ferme » des carrières et des mines, même des gouverneurs de province[36]. Mais il y eut surtout une masse de petits « employés » dont la multiplication annonce déjà l'administration byzantine : scribes, publicains, caissiers, tous fiers de leurs modestes prérogatives ou de leurs titres pompeux, tel ce « protecteur des porteurs de chaises ». Ajoutons-y des administrateurs municipaux, des « Augustales » (chargés du culte impérial) ; c'étaient en général des affranchis, très souvent des orientaux au verbe coloré, à l'imagination ardente, qui savaient mettre leur autorité au service de la cause. A Rome, où ils étaient nombreux, on a même invoqué une « diaspora mithriaque », trop hâtivement calquée, sans doute, sur celle des Juifs. En tout cas, ils furent actifs, surtout auprès des plus basses catégories de la société, celles qu'il faudrait mentionner en terminant : petits artisans vivant du travail de leurs mains, petits commerçants aussi, du drapier *(« vestiarius »)* de Vaison-la-Romaine au tailleur de pierre ou au chausseur de Dieburg, sans omettre tel médecin gaulois « responsable » d'une communauté mithriaque. Parmi ces catégories, n'oublions pas enfin les artistes qui mirent leur art au service de leur foi. Tous vivaient, au moins épisodiquement, en communauté, tous s'appelaient frères et fraternisaient vraiment...

---

35. Cf. M.J. Vermaseren, *CIMRM*, pp. 353-361.

36. Cf. F. Cumont, *TMMM*, t. II, n° 138-180 et J.M. Vermaseren, *Mithra ce dieu mystérieux*, p. 53.

A partir du IIIe siècle, la bonne société se laissa parfois séduire. Il ne faut pas exagérer la portée de ces adhésions dont les exemples sont plutôt rares. Elles ne se produisirent presque pas dans les rangs d'une aristocratie strictement attachée à la religion traditionnelle et que la promiscuité des « grottes » ne tentait pas. C'est bien plus tard seulement qu'un certain Alfenius Ceionius Julianius se proclame « *d'une illustre famille* »[37]. Un grand seigneur romain creusera de même un *mithraeum* à ses frais, après les spoliations de Gratien (382), et s'en fera gloire[38]. Il ne s'agit pourtant que d'exemples marginaux.

En revanche, le Mithriacisme recruta dans l'entourage immédiat des empereurs. Dans ces milieux, les initiés ne manquèrent pas, pour les mêmes raisons que les Isiaques. Renan exagère peut-être l'importance d'un « aumônier palatin » dont l'inscription[39] nous apprend qu'il appartenait à la Maison d'Auguste. M. Vermaseren lui emboîte le pas : — « *Un instant,* écrit-il, *la cour fut gagnée au culte de Mithra* »[40].

Cependant, ni la numismatique ni l'épigraphie officielle ne prouvent l'adhésion personnelle des empereurs. La critique moderne a tendance à restreindre le nombre de ceux d'entre eux qui furent vraiment affiliés à la secte. On s'est trop souvent appuyé sur leur dévotion au culte solaire pour entretenir une équivoque un peu facile. Néron fut le premier à être soupçonné de Mithriacisme. Lucain, il est vrai, le décrit sur « *le char flamboyant de Phoebus* »[41]. Selon certains auteurs, le persan Tiridate l'aurait initié au « *banquet de Mithra* »[42] lorsqu'il reçut de l'empereur sa couronne. Une prière mithriaque fut vraisemblablement récitée à cette occasion. Était-ce simplement pour atténuer l'humiliation de la scène[43] ? Ses successeurs donnèrent parfois des gages plus certains de leur sympathie. Trajan se laissa représenter

37. Cf. M.J. Vermaseren, *Mithra, ce dieu mystérieux*, Bruxelles, 1960, p. 149.
38. Cf. F. Cumont, *TMMM*, t. II, inscript. n° 13.
39. *CIL*, VI, 2271.
40. M.J. Vermaseren, *Mithra, ce dieu mystérieux*, p. 30.
41. Lucain, *La Pharsale*, I, 44-54.
42. Pline, *Hist. Nat.*, XXX, 17.
43. Cf. G. Ch. Picard, *Auguste et Néron*, Paris, 1962, pp. 168-171.

coiffé du bonnet phrygien ; Septime Sévère fit construire un *mithraeum* sur l'Aventin ; Commode, si l'on en croit l'*Histoire Auguste*, fut bel et bien initié à Mithra et les mystères de la secte semblent lui avoir inspiré l'idée d'un meurtre[44]. Caracalla et Géta furent favorables, sinon affiliés. Sous leur règne, le Mithriacisme était présent au centre de Rome ; il avait des chapelles sur le forum et sur les pentes du Palatin. Tout cela va-t-il au-delà d'un certain intérêt épisodique ? Il faut attendre 307-308 pour voir le vieux Dioclétien inaugurer, en compagnie de Galère et de Licinius, le grand *mithraeum* de Carnuntum près de Vienne[45] et y consacrer un autel « *au dieu saint et invincible Mithra, protecteur de leur empire* »[46]. Les Tétrarques, on l'a parfois souligné, devaient bien cet hommage à la religion de tant de leurs légionnaires ; leur geste ne fut pourtant qu'un hommage semi-officiel, pour ainsi dire à « usage interne ». En ce qui les concerne, il ne suppose *a priori* aucune initiation. La question du Mithriacisme de Julien l'Apostat (331/363) divise encore la critique. Fut-il vraiment initié au dieu, qu'il appelle si souvent « Hélios » ? Certains en doutent pour l'avoir trop entendu affirmer. Sans aller jusqu'à faire de Julien un dévot exclusif de Mithra[47], on ne peut nier qu'il flotte dans toute son œuvre littéraire comme un parfum de Mithriacisme. Hermès semble vraiment, d'après *Les Césars*, lui avoir révélé le dieu persan : — « *Pour toi*, lui dit le dieu messager, *je t'ai donné de connaître Mithra, ton Père. Observe ses COMMANDEMENTS...*[48]. » L'hymne à Hélios-Roi développe aussi certains aspects d'un syncrétisme qui pourrait être mithriaque, surtout par la théologie du « Médiateur » identifié à la lumière divine. Julien confesse nettement, enfin, dans *Les Césars*, son appartenance à un « *rite secret* » : — « *Je suis en effet l'adepte du Roi-Hélios. Et si je garde à part moi, à titre privé, les preuves de cette appartenance, voici ce que j'en puis dire sans encourir de sacrilège...*[49]. » L'ardeur paganisante de l'empereur l'a sans

---

44. Lampridius, *Commode*, 9, 6 (Script. Hist. Augustae).
45. *Cf. F. Cumont, T.M.M.M.* II, n° 227-228 bis.
46. *CIL*, III, 4413. Dessau, ILS, 659.
47. Cf. J. Bidez, *La vie de l'empereur Julien*, Paris, 1930.
48. Julien, *Les Césars*, XXXVIII, 336 b.
49. Julien, *Les Césars*, I, 130 b. Julien semble avoir fait édifier un *mithraeum* dans les dépendances de son palais de Constantinople (Libanius, *Orat.*, XVIII, 127).

doute poussé à se faire initier, comme il le fit probablement pour d'autres cultes. Mais le Mithriacisme n'était pas la religion idéale d'un empire en guerre permanente contre les Parthes. La dignité impériale interdisait, de plus, à Julien de se faire l'apôtre d'un dieu théologiquement subalterne d'Ahura-Mazda. Le Mithriacisme ne fut donc, au plus, qu'une des « religions d'appoint » du fervent polythéiste, qui mourut d'ailleurs sous la flèche d'un Parthe[50] !

Religion des humbles et parfois des grands, le Mithriacisme connut donc pendant plus d'un siècle une indéniable faveur. En se propageant calmement de bouche à oreille, loin des pompes et des fracas des autres cultes orientaux, la secte s'assurait à la fois son succès et ses limites. Elle ne sortit jamais des mystères avec lesquels elle se confond. Essaimant discrètement de *mithraeum* en *mithraeum*, multipliant, comme on dirait aujourd'hui, les « communautés de base », « noyautant » tous les milieux sans se départir d'un loyalisme à toute épreuve, le Mithriacisme tissa patiemment sa toile jusqu'à la fin sans être ni vraiment à la mode ni durablement inquiété.

Croyances, espérances...

Le Mithriacisme n'a pas proposé à ses adeptes un ensemble de croyances fixées *ne varietur* et codifiées dans des écrits. Autour du mythe tauroctone, centre de sa révélation, une foule de doctrines flottaient, assez lâchement, au gré des modes et des syncrétismes. On peut tout de même y discerner un noyau de vérités fondamentales. En dépit de ces obscurités, il est certain que le Mithriacisme enseigna une théologie qui se prolongeait par une eschatologie et, sans doute, par une sotériologie.

A la différence des religions égyptiennes, la secte de Mithra offrait à ses fidèles un dieu unique et « sauveur ». Il ne semble pas que l'Ahura-Mazda iranien y ait gardé sa prépondérance. Ce dieu, transcendant et sans images, n'avait pas dans la conscience païenne plus de réalité que le dieu

50. Ammien Marcelin, *Histoire*, XXV, 3, 6. Cf. G. Riciotti, *Julien l'Apostat*, Paris, 1959, chap. XV.

des Juifs. Au terme d'une évolution commencée en Perse et un moment contrariée par l'intervention de Zarathoustra, Mithra semblait définitivement émancipé du dieu qui l'avait « mandé » ; dans les sanctuaires, il s'offrait désormais, « en majesté », à l'adoration des mystes, *« Sanctus », « Invictus », « Conservator », « Cosmocrator »*, salué d'une titulature pompeuse qui faisait de lui le Seigneur du monde. Le Christ des mosaïques byzantines se revêtira ainsi de la Gloire du Père.

Dieu unique, Mithra s'était également débarrassé de sa parèdre Anahita, déesse des sources. Hérodote la confondait déjà avec Aphrodite[51]. L'évolution de l'hérésie zervaniste[52], qui enseignait l'existence d'un dieu bon et d'un dieu mauvais, n'altéra pas profondément ces croyances ; elle renforça, tout au plus, l'idée d'un éternel combat entre les forces du Bien, dont Mithra était le conducteur, et les démons, dirigés par le sombre Ahriman[53]. La critique moderne s'interroge encore sur la nature et le rôle exact du mystérieux dieu « léontocéphale » présent dans de nombreux *mithraea*. A la théorie d'un « Chronos iranien »[54] on opposerait plutôt une version tardive de l'« *Aiôn* » alexandrin, dieu du Temps éternel, symbolisé par la tête du lion-dévorateur et par les spires d'un serpent. Pour les adeptes de Mithra, ce dieu représentait peut-être la clé d'un très complexe système astral gravitant autour de cette figure du Temps divinisé, suprême réalité de l'Univers... Les autres dieux mis au jour par la pioche des fouilleurs appartiennent au Panthéon gréco-romain, parfois à celui de l'Égypte. Une superbe tête de Sérapis a été trouvée dans le *mithraeum* de Londres. Ces dieux ne posent aucune question de fond : ils sont membres de la « cour » de Mithra, normalement associés à ce dernier pour des motifs d'affinités : Mercure évoque l'activité du dieu « psychopompe » (conducteur d'âmes) ; Apollon, dieu solaire, s'apparie avec Mithra-Hélios ; Bacchus est associé à Mithra régénérateur de la

51. Hérodote, *Histoires*, 1, 131.
52. De Zervan, prêtre qui répandit cette doctrine.
53. Cf. F. Cumont, « La fin du monde selon les Mages occidentaux », *Rev. de l'Hist. des Rel.*, CIV, 1931.
54. Cf. F. Cumont, *TMMM*, t. I, pp. 74-85 et R. Dussaud, « Le dieu léontocéphale », *Syria*, XXVII, 1950, p. 253 et suiv.

Nature, maître de la liqueur enivrante du « *soma* ». Mithra demeura, de toute façon, sans concurrent : il n'eut que des associés. Les initiés savants allèrent enfin certainement au-delà de ces approches. Mithra leur était présenté comme un « Médiateur » tout-puissant, comme une sorte de « *Logos* » dans un temps où cette idée était dans l'air : — « *Les hommes de cette époque étaient mûrs pour s'identifier à un* Logos *devenu chair, pour former une société unie par une idée au nom de laquelle ils pouvaient s'appeler frères*[55]. » Ce Logos était conçu comme un « *dieu s'extériorisant, agissant en dehors de Lui, se laissant ou se faisant connaître...* »[56] ; de telles doctrines trouvèrent sans doute des échos dans la catéchèse de la secte. Elles contribuèrent à renforcer « l'enchantement de Mithra ». Grâce à elles, les mystes s'expliquèrent mieux « *le dieu qui était près d'eux, avec eux et en eux...* »[57].

L'intérêt du Mithriacisme ne réside pas uniquement dans cette « théologie » fortement teintée de monothéisme. Elle a prise sur le Temps et débouche sur une eschatologie. Elle fait sans doute une place, au moins épisodique, à la vieille doctrine de l'*Avesta* selon laquelle un Sauveur — Saoshyant — surgira à la fin des temps pour exterminer Ahriman et régénérer l'univers par le feu *(« ekpyrosis »)*. On peut supposer que Mithra incarna pleinement ce « Messie » iranien dans l'esprit de certains docteurs de la secte. L'espèce d'Apocalypse qu'on lui attribuait n'empêcha pas pour autant les spéculations sur le Salut individuel et le développement d'un Mithriacisme à tendance « sotérique ». La critique moderne prend parfois ses distances avec l'interprétation traditionnelle du « Salut par Mithra ». On a trop identifié le Mithriacisme avec les autres religions orientales du paganisme romain[58]. Contrairement à Bacchus et à Osiris, Mithra ne meurt point et ne ressuscite pas. Il ne connaît pas de « passion ». Il réalise simplement, par obédience, les conditions d'une régénération cosmique bien en harmonie

---

55. G.C. Jung, *Métamorphoses de l'âme et ses symboles*, p. 145.
56. L. Duchesne, *Histoire ancienne de l'Église*, Paris, 1911, p. 305.
57. Sénèque, *Lettres à Lucilius*, 41, 1.
58. J. Carcopino, (*La vie quotidienne à Rome à l'apogée de l'Empire*, Paris, 1959, p. 154) parle ainsi de la « teinte uniforme de ces religions », dont les dieux « souffrent, meurent et ressuscitent ».

avec le naturalisme de la religion iranienne. Pour résumer : « *vitalisme et naturisme* »[59]. Tel fut bien l'esprit des Védas, l'essence du Mithra « gardien des fruits » et « seigneur des pâturages », initialement étranger aux constructions d'un sotérisme à venir. On peut se demander si le Mithriacisme des marins de Pompée ne se limitait pas, après tout, à cette version originelle du sacrifice. Mais on ne pouvait s'en tenir là. Cette doctrine pure et dure n'avait ni fascination ni force de conviction. Réduit à son office de « boucher cosmique », Mithra aurait-il séduit le monde romain, déjà tout plein de ces mythes primitifs ? Il fallait impérativement qu'un autre aspect du mythe se développât assez profondément dans les consciences pour y éveiller des échos.

Petit à petit se diffusa dans la secte l'idée que l'animal avait été immolé pour le salut de chacun. Le sang de la tauroctonie fut, comme l'eau des mystères, un gage d'immortalité. Tel pourrait être le sens d'une des inscriptions du *mithraeum* de Sainte-Prisque : — « *Tu nous as sauvés en répandant ton sang créateur d'éternité*[60]. » Loin de perpétuer indéfiniment une vieille cosmogonie iranienne, le geste « tauroctone » s'inscrivait donc désormais, actualisé et vécu, dans la mémoire occidentale. Le « repas de Mithra » et les divers « sacrements » de la secte furent les auxiliaires tout-puissants de ce Salut terrestre et *post mortem*, individuel et collectif.

La tradition de l'*Avesta* donnait une certaine réponse à la question des fins dernières : sans imaginer une âme bien distincte du corps, on croyait vaguement chez les Perses que l'essence divine assurant l'immortalité demeurait trois jours auprès du cadavre[61] ; au quatrième, quand brillait l'aurore, Mithra venait aux montagnes pour juger le mort en le soumettant à l'épreuve du « pont trieur » qui se resserre devant les méchants et s'élargit vers les degrés du ciel pour les justes. Dans l'évolution du Mithriacisme, ce mythe s'est certainement effacé devant les doctrines de l'astrolâtrie babylonienne. L'enseignement des *mithraea* le remplaça par l'idée,

59. R. Turcan, *Mithra et le Mithriacisme*, p. 110.
60. M.J. Vermaseren et C.C. van Essen, *The excavations in the mithraeum, of the church of Sta Prisca in Rome*, pp. 217-221.
61. J. Varenne, *Zarathustra*, p. 89.

très platonisante, d'une remontée à travers les planètes et les étoiles fixes, au cours de laquelle l'âme (déjà descendue par les mêmes voies avant son incarnation) perdait peu à peu ses qualités sensibles et les dernières traces de matérialité pour émigrer vers le Soleil ou vers la Lune. Ce serait un des sens de la célèbre « échelle » à sept degrés découverte dans un des *mithraea* d'Ostie et également celui des « sept cercles » d'un sanctuaire voisin[62]. Mithra jouait un rôle essentiel dans cette remontée des âmes en la favorisant par son action « anagogique ». C'est du moins la doctrine que Celse prête généreusement au Mithriacisme[63].

Selon certains, cette eschatologie pouvait se combiner avec la métempsycose : les âmes des justes volaient « *ad astra* », pendant que celles des impurs devaient transiter passagèrement dans le corps de certains animaux. — « *Le Véda sait aussi que seuls les initiés gagnent après leur mort le séjour du Soleil et celui de la Lune, cependant que les autres sont condamnés à renaître perpétuellement*[64]. » Faut-il le souligner ? Il s'agit là d'interprétations de seconde main et d'hypothèses sans preuves absolues. L'eschatologie du Mithriacisme n'a pas dépassé le concept, très stoïcien, d'un éternel retour dans le monde, de renaissances cycliques analogues à celles de l'univers. Tel serait le véritable sens de « l'échelle de Celse » : ses sept degrés n'évoqueraient pas les planètes mais les phases d'une « semaine sidérale » commençant par Saturne et finissant par le Soleil de Mithra[65]. C'est dire que l'étude du sotérisme mithriaque nous entraîne, comme sa « théologie » d'ailleurs, sur un terrain mouvant éclairé de vagues lueurs épisodiques...

L'astrologie

Certains auteurs ont encore tendance à expliquer la doctrine du Mithriacisme par un astrologisme totalisant ; le

62. Cf. M.J. Vermaseren, *Mithra, ce dieu mystérieux*, p. 58.
63. F. Cumont, *TMMM*, t. I, pp. 117-120 — Voir R. Turcan, « Recherche sur l'hellénisation philosophique de Mithra », *EPRO*, XLVII, 1975.
64. J. Varenne, *Zarathustra*, p. 90.
65. Cf. R. Turcan, *op. cit.*, pp. 67-69.

Christianisme lui-même n'a pas toujours découragé cette méthode. S'agissant, une fois encore, d'une religion sans textes connus, il est délicat d'établir la place exacte de la « science astrale » dans les croyances de la secte. Le décor des *mithraea* lui fait en vérité une place surabondante. Le rite tauroctone se situe toujours dans le cadre du zodiaque et des planètes ; ces dernières sont bien en vue (Ostie) et visiblement en corrélation avec les grades initiatiques. Les fêtes de Mithra, à commencer par sa naissance, se placent également dans une précise conjoncture astrale. Le rôle des Chaldéens et des Mages a été justement souligné ; leur astronomie était la meilleure du monde ancien. L'astrologie en déduisait des constructions extravagantes.

Dans le temple à ciel ouvert du Nemrod-Dag, on peut lire l'horoscope d'Antiochus[66]. Sur une épitaphe, un prêtre de Mithra se déclare « *spécialiste en astrologie* »[67]. Disons-le bien cependant : il s'agit là d'un phénomène général de société. Les astrologues qui, selon la définition de Philon, « *mettent les événements d'en bas en accord avec ceux d'en haut* »[68] étaient à la mode aux premiers siècles. Si certains sceptiques grecs osaient les traiter de charlatans, tout le monde les sollicitait plus ou moins[69]. Les horoscopes feront encore fureur au temps de saint Augustin : on en tirait, selon ce dernier, « *pour connaître le destin des chiens* »[70] ! Le Mithriacisme pratiqua probablement la divination en la fondant sur le prestige des Mages dont l'autorité semblait conforter ces divagations. Si la doctrine de la « migration des âmes » est bien fondée dans la secte, le dieu suprême du Temps présidait donc à la fois à une cosmologie et à une « cosmosophie ».

L'éthique

Le Mithriacisme n'offrait pas seulement à ses initiés un ensemble de vérités à croire et d'événements à espérer, il

66. F. Cumont, *TMMM*, t. II, fig. 8.
67. *CIL*, V, 5893.
68. Philon, *De Migrat. Abraham*, 178.
69. Aulu-Gelle, *Nuits attiques*, XIV, 1.
70. Saint Augustin, *Cité de Dieu*, V, 7.

leur proposait aussi une « morale ». On peut penser que l'éthique de la secte fut aussi attirante que sa doctrine et contribua à son succès.

De rares textes nous en parlent : de tels sujets prêtent peu aux effets de style... Julien nous met toutefois, si l'on ose dire, l'eau à la bouche en évoquant des *« Commandements » (« Eptolai »).* Un dieu les lui rappelle :

> *« Pour toi, dit Hermès en s'adressant à moi, je t'ai donné de connaître Mithra, ton père. Observe ses commandements : tu ménageras ainsi à ta vie une amarre et un havre assurés et, à l'heure où il faudra quitter ce monde avec l'heureuse Espérance, ce guide divin sera toute bienveillance pour toi...*[71]. »

Ces préceptes, que nous aimerions tant connaître, font visiblement partie de l'initiation et sont couverts par son secret. On peut cependant imaginer que la morale mithriaque s'intégrait dans le climat spirituel épuré qui était celui des milieux pénétrés par le Stoïcisme. « Le paganisme enseignait alors la plus haute moralité ; ses prêtres se posaient même en directeurs de conscience...[72]. » A la différence de l'Isisme, le Mithriacisme sut éviter à la fois la facilité d'une religion sensuelle et les excès d'un ascétisme trop exigeant.

Le contenu de cette éthique est, au fond, une morale de soldat. Le Mithriaste s'exerçait à l'endurance, tenait ses serments, haïssait la fraude et le mensonge. N'était-ce pas le domaine du Mithra de l'*Avesta* ? — *« Ne viole jamais un contrat*, dit un de ses *Yasht, pas plus celui que tu formes avec un méchant que celui que tu formes avec un juste...*[73]. » La fidélité à César et à l'Empire était au nombre de ces engagements. A l'ère des premiers « craquements », de telles dispositions attirèrent la sympathie des autorités. Le pouvoir, si souvent enclin à traiter les sectes en ennemis, vit d'un bon œil ces mystes vertueux et

71. Julien, *Les Césars*, 336 b.
72. Cf. F. Cumont, *Les religions orientales dans le Paganisme romain*, p. 192.
73. *Avesta, Yasht* 10, strophe 1.

loyaux. Aucun complot n'est, en apparence, à mettre au compte de la secte.

Mais ce n'était là qu'un premier degré, celui des grades subalternes. Les progrès de l'initiation entraînaient probablement les Mithriastes dans une éthique de purifications raffinées ; le rituel de l'eau, partout présente dans les *mithraea* sous la forme de la source ou de l'amphore, indique bien plus que des « tabous » formels à respecter ; on peut y voir un idéal vraiment « cathartique » (purificateur) présent d'ailleurs dans nombre d'autres « religions » contemporaines. On devine dans le Mithriacisme un certain climat de puritanisme. Les chrétiens, toujours critiques, ne s'y sont pas trompés : ils n'ont jamais dénoncé la morale mithriaque, tant elle était proche de la leur à certains égards ! Pour les deux courants rivaux, la vie était une vallée de larmes. Les épreuves de l'initiation insistent sur les angoisses et les fatigues du « passage » terrestre du myste, nettement comparé à celui de Mithra portant son taureau. Les inscriptions de Sainte-Prisque font allusion au « poids » de la Loi mithriaque : « *Et sur mes épaules, je porterai jusqu'à la fin le mandement des dieux* » dit l'une d'entre elles. Une autre évoque la dureté de la condition humaine : « *Les foies de volaille sont délicieux, mais les soucis dominent !* » Une troisième assimile peut-être les épreuves de la vie à la phase « purgative » des épreuves initiatiques : « *Vous devez passer ensemble les jours sombres dans l'accomplissement des rites.* » Une dernière inscription peut être lue comme une invitation à la discipline de la « Milice » de Mithra : « *Le bélier de tête* (le Pater ?) *court lui aussi strictement dans le rang...*[74]. » Maximes sans complaisance, on le voit. Les fidèles de Mithra possédaient parfois le « sentiment tragique de la Vie », comme s'ils pressentaient les épreuves du IVe siècle...

N'exagérons pas pourtant la sévérité de cette morale. Elle semble avoir trouvé parfois des accommodements ; un prêtre de Mithra se flatte, sur son épitaphe, d'avoir donné à ses élèves, « *des plaisirs, des baisers et des jeux* »[75]. Dans

---

74. M.J. Vermaseren, *Mithra ce dieu mystérieux*, pp. 142-147.
75. Cité par G. Boissier, *La religion romaine d'Auguste aux Antonins*, p. 383.

l'ensemble, les sectateurs de Mithra restèrent toujours des « laïques » attachés sincèrement à leurs « devoirs » terrestres ; ils ne cherchèrent pas à fuir le monde : en remontant des cavernes, ils y reprenaient sans peine leur place. Inversement, on a parfois parlé des « ascètes » de Mithra en se fondant sur un curieux passage de Tertullien : « *Eh quoi* — écrit-il en faisant allusion aux coutumes de la secte et à ses équivoques diaboliques —, (le Mithriacisme) *n'impose-t-il pas à son Grand Prêtre un mariage unique ? Il a lui aussi ses vierges et ses continents...*[76]. » Entre les extrêmes, on peut conclure que l'éthique du Mithriacisme fut une morale élevée d'honnête homme : modérer ses sens, calmer ses appétits, s'entraider généreusement entre frères en Mithra, telle fut la Loi fondamentale. Sénèque, lui aussi, apprenait « *à mépriser la mort, à recevoir la pauvreté sous son toit, à tenir en bride ses sentiments voluptueux et à endurer la souffrance* »[77].

Une stricte hiérarchie

On entrait en Mithriacisme en parcourant une complexe hiérarchie de grades ésotériques. Ces « ordres » ne conféraient pas un vrai sacerdoce, ni des charismes surnaturels ; ils donnaient le droit d'assister aux services liturgiques, ils conduisaient vers des sphères croissantes de responsabilités. A la base, on peut distinguer les « fiancés » des *chrysii* dans lesquels on a vu des adolescents encore cachés à la secte et devant lui être solennellement présentés[78]. Ce « catéchuménat » est confirmé par Tertullien[79]. Nous connaissons les grades mithriaques grâce à une célèbre lettre de saint Jérôme[80], dans laquelle il évoque « *le Corbeau, le Caché (« cryphius »), le Lion, le Perse, l'Héliodrome et enfin le Pater* ». Les inscriptions trouvées dans les *mithraea* confirment une telle nomenclature[81]. Cette dernière suggère

76. Tertullien, *De Praescriptione Hereticorum* XL, 5.
77. Sénèque, *Lettres à Lucilius* III, 29, 1.
78. Cf. C.W. Volgraff, *Les chrysii des inscriptions mithriaques*, Hommage à W. Deonna, 1957.
79. *Apolog.*, 18.
80. Saint Jérôme, *Lettre à Laeta*, CVII.
81. F. Cumont, *TMMM*, t. II, inscriptions n° 7-12.

une stricte organisation fondée sur une série de « rites de passage » représentés par des épreuves symboliques dont nous parlerons bientôt. Si l'Isisme fait parfois songer au Catholicisme, le Mithriacisme évoquerait plutôt une vaste franc-maçonnerie en marge des religions antiques. Il offrait un cheminement, discret mais efficace, par des degrés de savoirs et de pouvoirs...

Tout en bas de l'échelle, voici le CORBEAU. C'est le plus humble degré ; oiseau de Mithra autant que d'Apollon, le Corbeau est une espèce de « diacre » mithriaque : il fait les commissions, apporte les messages. Il est placé sous le signe de Mercure : — *« Salut aux Corbeaux protégés par Mercure »*, lit-on sur une inscription du *mithraeum* de Sainte-Prisque[82].

A côté de ce factotum subalterne, le FIANCÉ *(nymphus)*. L'initié de ce nom était considéré comme le « fiancé » du dieu ; il en portait le voile nuptial *(« flammeum »)*. Le symbolisme de cette mystique « épithalamique » est évident. L'initiation dans cet ordre semble s'être opérée par une virile poignée de main, qui dissipait l'équivoque de la situation.

Le troisième grade était celui de SOLDAT. Il rappelait sans doute les débuts, peut-être insurrectionnels, de la secte en Asie Mineure. Le Soldat entrait vraiment dans la secte en prononçant un engagement semblable au serment de fidélité militaire *(sacramentum)*. Au cours de cette investiture, on lui remettait une couronne qu'il devait, affirme Tertullien[83], ne prendre que de la pointe de son épée. Ses attributs symboliques étaient le glaive et la besace ; Mars le protégeait naturellement.

Le quatrième ordre était composé de LIONS. Avec eux nous entrons dans les hautes sphères du Mithriacisme. Ils étaient membres de la puissante administration de la secte et se voyaient confier d'importantes fonctions liturgiques : ils apportaient les présents à la table de Mithra, comme on le voit dans le *mithraeum* de Konjic, en Yougoslavie. Ils faisaient au dieu les offrandes d'encens — « *Reçois*, dit une

82. M.J. Vermaseren, *Mithra, ce dieu mystérieux*, p. 118.
83. Tertullien, *De corona*, XV, 3, 4.

inscription, *les Lions brûlant l'encens qui nous consume nous-mêmes...*[84]. » Tertullien nous apprend que leur nature est « *ardente* »[85]. Au cours de leur consécration, on versait du miel dans leurs paumes en signe d'incorruptibilité. Ils portaient un manteau de pourpre, tenaient le foudre et la poêle-à-feu, comme à Ostie dans le *mithraeum degli animali*. Une inscription trouvée à San Gemini (Ombrie) parle curieusement d'un « *leontum* » faisant supposer un lieu réservé aux rites particuliers de ce grade[86].

Au-dessus des Lions étaient les PERSES. Plus rares que leurs prédécesseurs, ils rappellent à l'évidence les origines iraniennes de la secte. Les Perses semblent avoir symbolisé le Mithra « gardien des fruits » des sources anciennes. Comme pour évoquer des mythes naturalistes, ils tiennent la faucille et parfois des épis de blé.

L'avant-dernier grade groupait les HÉLIODROMES : messagers du soleil comme leur nom l'indique, ils étaient très proches du Pater dont ils constituaient peut-être les « vicaires ». Dans la scène du banquet de Sainte-Prisque, ils sont parés de pourpre ; souvent nimbés de rayons solaires ils sont censés approcher Mithra, comme Hélios ou Phaéton.

Au sommet de la hiérarchie se trouvait enfin le PATER, appelé parfois « Père des cérémonies » *(« Pater Sacrorum »)* pour souligner l'importance de ses fonctions liturgiques. Il devait surtout présider le repas de Mithra et y prononcer des paroles consécratoires (?). Élu par tous les membres de la communauté, il n'y était peut-être qu'un « *primus inter pares* » (le premier parmi ses égaux). Souverain Prêtre et Mage, il portait l'anneau et la crosse *(rabdos)* ; on le saluait du titre de « *Pius* » et de « *Sanctus* » — « *Salut à toi, Père de l'Orient, protégé par Saturne* », dit une inscription de Sainte-Prisque[87]. Certains de ces Pères furent choisis sans discrimination parmi les

84. M.J. Vermaseren et Van Essen, *The excavations...*, p. 224.
85. Tertullien, *Adv. Marcionem*, I, 13.
86. Cf. C.A. Spada, « Il leone della gerarchia dei gradi mitriaci », *Mysteria Mithrae*, pp. 639-648.
87. M.J. Vermaseren, *Mithra, ce dieu mystérieux*, p. 126.

affranchis ou les esclaves. Un « Père des Pères » gouvernait peut-être tous les mithriastes d'une même ville...

Nous devons encore, pour ne pas être trop incomplet, traiter de la présence des femmes dans le Mithriacisme. Tertullien l'affirmerait en évoquant, par la bande, des « *vierges et des continents* » de la secte[88]. Si saint Jérôme refuse aux femmes l'entrée des *mithraea*[89], Porphyre, en revanche, pourrait faire allusion à l'existence d'ordres mithriaques réservés aux dames ; il leur attribue même le titre — peu galant — « *d'hyènes* »[90] ! Une épitaphe trouvée dans un tombeau, près de Tripoli, lui donnerait presque raison mais en parlant plus noblement de « *lionnes* » ; il peut s'agir simplement d'un titre de courtoisie comparable à celui des « *prêtresses* » dans certains textes chrétiens[91]. D'une manière générale, le caractère martial du mouvement, la dureté des initiations, le secret enfin qu'elles semblaient ne pouvoir garder, écartèrent toujours les femmes du Mithriacisme. Ces dernières pouvaient, il est vrai, se consoler en fréquentant le *phrygianum* (sanctuaire de Cybèle) et en s'y livrant aux délices des « tauroboles » (immolations rituelles de taureaux avec aspersion de sang).

L'ensemble des initiés dont nous venons de détailler les structures se retrouvaient, enfin, dans des sortes de « confréries » à buts administratifs, charitables, parfois funéraires[92]. Des textes détaillent la composition de ces associations qui relevaient directement du droit romain. Des inscriptions permettent parfois de dater la fondation de tels « *sodalicia* ». L'une d'entre elles, de Sentinum (Sassoferato), reproduit même « l'album » officiel de la communauté[93]. Ces documents nous apprennent la présence de décurions (membres du Conseil), d'un président, de cura-

88. Tertullien, *De Praescriptione*, 40, 5.
89. Saint Jérôme, *Lettre à Laeta*, CVII.
90. Porphyre, *De Abstinentia*, IV, 16.
91. Clermont-Ganneau, « Une sépulture à fresque à Guigariche et le culte de Mithra », *C.R. Académie Inscript.* 1903, p. 357 et E. Marec, *Hippone la royale*, Alger, 1951, p. 21.
92. Cf. G. Boissier, *La Religion romaine*, t. II, chap. III, *Les classes inférieures et les associations populaires*, pp. 238-304.
93. F. Cumont, *TMMM*, t. II. Inscription n° 157.

teurs, (trésoriers) et surtout de « *Patroni* », puissants protecteurs pouvant agir et ... payer généreusement.

Les antres persiques

Pas de communauté mithriaque sans *mithraeum*. Selon la mystique développée par Porphyre dans le *De Antro*, les cavernes sont le siège des pouvoirs invisibles ; à leur contact, la secte renouait avec ses sources iraniennes. Dans le *mithraeum* on initiait loin du monde, on instruisait, on célébrait les agapes. Les chrétiens, contraints jadis à se cacher dans les catacombes, critiquèrent la recherche d'une obscurité jugée « diabolique »[94]. Avec sa voûte en cintre et ses ténèbres, le *mithraeum* était plutôt une image de l'univers. En se situant dans l'ombre, les Mithriastes ne faisaient que se replacer dans la nuit originelle d'où jaillit le dieu, comme l'étincelle du silex. On vénérait donc curieusement dans la terre un dieu du ciel, « ouranien » par essence !

Entrons maintenant dans un *mithraeum* en compagnie d'un des dignitaires — un Lion naturellement — qui a bien voulu nous servir de guide. Nous sommes dans un vaste centre portuaire ; notre mithriaste y a ses bureaux : riche commerçant « naviculaire », il trafique avec l'Orient — dont il est d'ailleurs originaire : le dieu lui-même lui est apparu en songe pour lui demander la construction de la caverne et lui donner de précieux conseils[95]. Il nous montrera l'endroit, tout en évitant de répondre à des questions trop précises...

On descend dans le *mithraeum* par quelques marches ouvertes dans la maison de notre hôte ; une partie de la cave a été sacrifiée généreusement pour créer un vestibule *(apparatorium)*. Nous voilà dans la pénombre ; revient à notre esprit l'évocation des antres virgiliens : — « *Ils allaient, obscurs dans la nuit solitaire...*[96]. » Pour dissiper

---

94. Saint Paulin de Nole, *Poema ultimum* (vers 112-115). Cf. F. Cumont, *TMMM*, t. II, p. 32.

95. Cf. l'inscription trouvée au champ de Mars (chancellerie) : « *Cet endroit est heureux, saint, pieux et bénéfique / c'est Mithra qui l'inspira et le conseilla à Proficentius, Père des mystères.* » In M.J. Vermaseren, *Mithra, ce dieu mystérieux*, p. 113.

96. Virgile, *Énéide*, VI, 268.

ces impressions, un domestique se hâte d'apporter des lampes. Dans le sanctuaire, nous constaterons que d'autres luminaires ont été allumés, certains suspendus à la voûte par des chaînes de bronze.

Le *mithraeum* n'est pas grand (cf. pl. XIII). Quelques mètres de longueur ; une trentaine de mystes y trouveraient à peine leur place ; mais nous savons qu'il y a plusieurs autres « cavernes » dans ce port — peut-être une dizaine — dont certaines sont bâties en surface. Dans le scintillement des flammèches, nous devinons, de part et d'autre de l'étroit couloir, des sortes de banquettes *(podia)* couvertes de riches coussins brodés. Elles attendent probablement les initiés. Des stèles votives y sont posées ainsi qu'un ou deux autels consacrés, nous dit notre guide, aux dieux de l'aurore et du crépuscule et aux vents. Notre attention est pourtant attirée par la niche cultuelle du fond. Le rideau en a été tiré pour nous ; nous comprenons que ce n'est pas vraiment la demeure du dieu mais simplement le siège de son image. Nous y observons, sans grande surprise, le bas-relief de Mithra tauroctone : le dieu plonge, d'un geste un peu trop élégant, son *arpex* (couteau sacré) dans le flanc du bovidé expirant. Sur la gauche, nous devinons une statue monstrueuse : celle du dieu léontocéphale. Ahriman ? Cronos ? notre hôte ne le dira pas. Il nous sera permis de flâner encore un peu dans le sanctuaire. Sous nos pas, une mosaïque, jetée comme un tapis, dessine sept cercles, symboles possibles des sept planètes ou des sept grades[97]. Nous découvrirons aussi, sur les murs latéraux, au-dessus des niches destinées aux luminaires, Diane tenant ses flèches, Mercure et son bâton magique *(rabdos)*, Jupiter portant le sceptre et le foudre. En face, voici Mars tout armé, Vénus, fort peu vêtue comme il se doit, Saturne la tête voilée. Dans ces mêmes zones sont également figurés les signes du zodiaque en corrélation avec les planètes d'hiver et celles d'été.

Notre hôte attend maintenant près de la porte. Avant de sortir, nous aurons à peine le temps d'apercevoir une petite

---

97. Nous suivons F. Cumont, *Notes sur un temple de Mithra découvert à Ostie*, Gand, 1891. Cf. aussi M.J. Vermaseren, *CIMRM*, t. I, p. 239-240 et fig. 71.

cuve en correspondance avec une sorte de puits ; la cuve est remplie d'eau lustrale, qui brille vaguement sous la lampe. Le puits, percé dans le pavement, est de forme hexagonale ; un couteau est figuré à côté, évoquant certainement des immolations rituelles. Recueillerait-on ici le sang des victimes ? Notre guide comprend sans doute les questions qui nous pressent. Il les écartera en nous citant un passage bien connu d'Apulée : « *Tu le saurais s'il était permis de le dire...* »[98] — invitation à la discrétion — ou à l'initiation pour en savoir davantage ? Nous parlerons encore de Mithra sur sa terrasse, une coupe à la main, en contemplant la mer tyrrhénienne à travers les pins déjà enténébrés...

La découverte des *mithraea* se poursuit sans cesse. Elle a permis d'établir une sorte de typologie des sanctuaires. A travers des variations de matériaux ou de « styles », tous présentent un certain nombre d'éléments canoniques : une pièce d'accès, parfois cloisonnée par des séparations en bois, devait être réservée aux « catéchumènes », ou servir aux officiants de « sacristie » *(apparatorium)*. La grotte originelle est toujours plus ou moins évoquée par la voûte cintrée de la « nef » centrale, ou par les rocailles de la niche mithriaque (Sainte-Prisque). Le *mithraeum* le plus anciennement connu à Rome se situait sous l'église de l'Ara Coeli (Capitole). Il utilisait une grotte naturelle[99]. Les trois parties (voir pl. XIII) des *mithraea* évoquent parfois des plans basilicaux : celui de Serdica (près de Sofia) est scandé de puissantes arcades prenant appui sur les banquettes (voir pl. XIII). Celui de Londres était situé à la surface du sol : son aspect annonce celui de la basilique chrétienne. Le *mithraeum* de Carnuntum (Deutsch Altenburg, Autriche) possède trois vastes nefs très scénographiques ; celui de Sarmizegetusa (Roumanie) est le plus grand connu à ce jour ; son matériel archéologique est exceptionnel[100]. Tous ces *mithraea* donnent naturellement une place d'honneur à la représentation, peinte ou sculptée, de la tauroctonie ; mais

98. Apulée, *Métamorphoses*, XI, 23.
99. F. Cumont, *TMMM*, t. II, p. 193. (Sur les *mithraea* romains, cf. aussi F. Coarelli, « Topografia mitriaca di Roma, *Mysteria Mithrae* », 1978, pp. 70-79).
100. Cf. F. Cumont, *ibid.*, et t. II n° 138 et suiv.

les « bas-côtés » aménagés en banquettes attestent toujours l'importance des agapes de Mithra.

Les proportions restreintes de ces cavernes prouvent nettement la priorité donnée à la pratique de l'essaimage dans l'apostolat. Les Mithriastes ont préféré occuper le terrain en multipliant les petites chapelles. Le *mithraeum* de Sainte-Prisque (fouillé entre 1953 et 1958) offre, enfin, des particularités remarquables. Creusé dans le terrain d'un palais impérial de la fin du Ier siècle, il fut agrandi et embelli jusqu'en 220. Son ampleur relative et la beauté de son décor peint ont fait parler d'une « cathédrale mithriaque » : là aurait officié le dignitaire principal et son « haut clergé » romain. Rien ne le confirme cependant. On y a trouvé également de curieuses pièces annexes dans lesquelles des esprits imaginatifs ont situé des rites de purification par les éléments[101] ; ceci resterait aussi à prouver. Le décor peint de ce *mithraeum* est d'une grande beauté : il représente, entre autres, la « Cène de Mithra ». Les initiés, pour la plupart des Orientaux, ont des regards dont l'intensité mystique nous interroge encore au-delà des siècles... (voir pl. XV).

Le mobilier retrouvé dans les *mithraea* constitue lui aussi une précieuse source d'information. Aux objets typiquement liturgiques — braseros, clochettes, couteaux sacrificiels — s'ajoutent une riche statuaire et d'innombrables inscriptions et graffiti[102]. Les dieux officiels du paganisme y sont présents, preuve d'un évident syncrétisme. De l'humble consécration d'un autel ou d'une statue aux textes difficiles de Sainte-Prisque, l'épigraphie des *mithraea* permet, comme leurs peintures, de donner un visage aux sectateurs de Mithra, un certain contour à leurs croyances et à leurs rites. Dans les grottes, ils officiaient et ils priaient, activités que nous allons évoquer maintenant.

L'initiation

L'existence d'une initiation relie le Mithriacisme aux autres « mystères » du monde antique et ferait songer à des

101. M.J. Vermaseren, *Mithra, ce dieu mystérieux*, p. 36.
102. Cf. F. Cumont, *TMMM*, et M.J. Vermaseren, *Corpus inscriptionum et monumentorum religionis mithriacae.*

contacts avec la tradition hellénique. Si la religion de Mithra se démarque aisément des « religions de salut » avec lesquelles on a pris l'habitude de la classer, elle présente comme elles de mystérieuses cérémonies de passage, héritières des rites des sociétés primitives. La vieille religion iranienne n'offrait certainement rien de semblable. Ses *haennas* (confréries militaires) ne faisaient que consacrer l'entrée des jeunes gens dans une société guerrière. Notons pourtant que les Parsis modernes, qui prétendent continuer la tradition de l'*Avesta*, pratiquent encore une sorte d'initiation des enfants pour leur ouvrir le ciel[103].

Comme Lucius, le héros des *Métamorphoses*, le candidat mithriaste devait passer par une série d'instructions et d'épreuves. Ces dernières ne ressemblaient pas à la somptueuse mise en scène des Isiaques visant à l'évocation d'un monde surnaturel ; elles n'entendaient pas évoquer non plus, par un psychodrame, les souffrances d'un dieu mort et ressuscité. On cherchait plutôt dans le Mithriacisme à éprouver le courage et les qualités nécessaires à l'entrée dans une « milice »[104], en présentant des équivalents symboliques des réalités douloureuses de la vie. Ces rites de passage mettaient fin à une période d'attente souvent comparée à un « catéchuménat ». A Rome, certains auteurs ont imaginé une sorte « d'école préparatoire » à l'initiation en la situant dans le *mithraeum* de Sainte-Prisque.

L'initiation était présidée par le Pater, entouré de ses plus hauts dignitaires ; de rigoureux serments devaient décourager et effrayer les bavards. Un papyrus trouvé en Toscane nous donne une idée de son contenu : le myste devait jurer de garder le silence sur tout ce qui allait lui être révélé *« au nom du dieu qui sépara le ciel de la terre, la lumière des ténèbres, le jour de la nuit..., la parturition de la corruption »*[105]. Les auteurs chrétiens, parfois passés par

---

103. Selon *l'Avesta*, « *l'âme au moment de l'initiation* (''maojote'') *est éveillée et par trois fois ravie au ciel où lui est montrée la place qui lui est réservée* » ... J. Varenne, *Zarathushtra*, p. 91. Cf. aussi Mircea Eliade, *Naissances mystiques*, Paris, 1959, chap. IV et V.

104. Cette notion de « milice » est également stoïcienne. Pour les disciples du Portique, le dieu agissait dans l'univers à la manière d'un « stratège ».

105. M.J. Vermaseren, *Mithra, ce dieu mystérieux*, p. 109. Ce texte peut toutefois être d'inspiration dronysiaque. Cf. *supra*, p. 193.

la secte (saint Augustin en fut peut-être un instant « auditeur »), n'ont pas toujours été très discrets. De trop rares illustrations évoquent aussi les étapes de cette initiation. Les mauvaises « peintures » du *mithraeum* de Capoue nous en fournissent une idée très suggestive en dépit de leur maladresse[106]. On y voit représentées les « *terribles épreuves* » qui épouvantaient saint Grégoire de Nazianze[107]. Rituellement dénudés, les initiés étaient conduits dans de froides ténèbres, les yeux bandés, soumis au voisinage du feu — peut-être au marquage par le feu, comme le signale Tertullien — enfermés provisoirement dans des sépulcres scellés puis rouverts, attachés par des « boyaux de poulets » (cf. pl. XVI) que devait trancher le glaive du *liberator* ; on faisait mine de les précipiter dans des abîmes (Capoue), on les soumettait à des simulacres (?) de bastonnades avant de les piétiner plus ou moins délicatement ; on leur montrait aussi d'affreux squelettes. Le pseudo-Augustin évoque une scène plus cocasse : le récipiendaire est introduit devant les initiés portant leurs masques d'animaux, des Corbeaux battant des ailes, des Lions poussant d'horribles rugissements[108]. Cette ménagerie souterraine relèverait-elle de la malveillance ? La réalité des épreuves n'est pas niable ; on peut simplement épiloguer sur leur plus ou moins grand degré de fiction. On a retrouvé dans le *mithraeum* de Carrawsburg (Angleterre) une curieuse fosse placée près d'un foyer, sans parler des ossements humains qui, ailleurs, pourraient avoir servi à des « séances d'épouvante ». L'empereur Commode profita, paraît-il, nous l'avons dit, d'un de ces rites horrifiques pour accomplir un meurtre véritable[109]...

On peut supposer que ces épreuves ne constituaient que la partie « négative » de l'initiation. Cette dernière débouchait vraisemblablement sur une instruction donnée par des « signes ». Ceux qui avaient cru « *frôler*, selon le mot d'Apulée, *le seuil de Proserpine* » méritaient des consolations. Mais l'initié devait se purifier pour être digne de les recevoir. Les auteurs chrétiens ont dénoncé la pratique

---

106. Cf. Minto, *Notizie degli Scavi*, XXI, 1924 — et F. Cumont, « Le mithraeum de Capoue », *C.R. Ac. Inscriptions* 1924.
107. Saint Grégoire de Nazianze, *Or. IV ad Iul.*, I, 70.
108. Pseudo-Augustin, cité par F. Cumont, t. II, pp. 7-8.
109. Lampridius, *Commode*, 9, 6.

d'une sorte de « baptême » mithriaque. On se souviendra du rôle important joué par l'eau au cours de la période iranienne du Mithriacisme. — *« Nous sacrifions à toutes les eaux »*, dit l'*Avesta*[110]. La présence d'une source dans certains *mithraea* (Saint-Clément à Rome) souligne la part initiatique de cet élément associé au feu ; on pouvait d'ailleurs remplacer la source par une amphore[111]. Non seulement les mystes y puisaient une pureté « légale », mais elle semblait effacer leurs fautes et faire descendre en eux des charismes. Tertullien voit dans cette pratique une déplorable parodie du baptême dont le Démon serait le ministre :

> « *Son rôle,* écrit notre auteur, *est de pervertir la Vérité. N'imite-t-il point dans les mystères des idoles les choses de la Foi divine ? Lui aussi baptise ceux qui croient en lui, ses fidèles. Il leur promet que l'expiation des fautes sortira de ce bain...*[112] »

et, dans son *Traité du Baptême* :

> « *C'est par un bain qu'ils sont initiés à certains mystères comme ceux de Mithra...*[113] »

On a pu glaner, dans les sources que nous avons évoquées, un certain nombre d'autres « signes » entrant dans l'initiation. Une place y était faite à la *dexiôsis*. Poignée de main rituelle, elle signifie chez les Perses le serment, l'amitié perpétuelle ; elle scelle les traités d'État. Dans l'initiation mithriaque, ce geste aurait fait suite au serment pour introduire solennellement le postulant dans la communauté[114]. Quelques textes parlent significativement des mithriastes comme de membres *« unis par le serrement de main » (syndexi).*

Selon la définition de Mircea Eliade *« toute initiation est*

110. *Avesta, Yasma* 68, 6 (14).
111. Porphyre, *De antro*, 17.
112. Tertullien, *De Praescriptione*, XL, 2-3.
113. Tertullien, *De Baptismo*, V, I.
114. Cf. M. Le Glay, *La* « dexiôsis » *dans les mystères de Mithra, Acta Iranica* 17, 1re série, vol. IV, *Études Mithriaques, Actes du 2e Congrès international*, Téhéran, 18 sept. 1975, 1978, pp. 279-303.

une sorte de naissance mystique »[115]. Celle des Mithriastes pouvait culminer dans une ostension du bas-relief tauroctone, comme les mystères d'Éleusis se terminaient par la « contemplation de l'épi », symbole de résurrection. On ne se contentait pas, en effet, d'introduire le myste dans la secte ; on lui révélait alors plus ou moins, selon ses capacités et ses mérites, une partie de son destin d'outre-tombe. Aucun document n'éclaire, par malheur, ce point capital. Ce que nous savons des initiations isiaques pourrait nous servir de comparaison. Après les ténèbres des épreuves, le nouvel élu avait droit à la Lumière divinement symbolisée par Mithra. Célébrait-on à cette occasion le grand banquet de Communion fraternelle autour de la coupe et du pain consacrés au dieu ? On peut simplement avancer qu'à ce point de la cérémonie, l'initié était en possession d'une partie de la Révélation. Des textes, des chants ou des images en fixaient les grandes lignes dans son esprit émerveillé : ce serait le moment de rappeler les diverses versions d'une « *vulgate sotériologique* » unissant les religions de l'époque. Parlait-on à l'initié du grand Jugement de l'âme après la mort, du jour terrible où l'univers serait purifié et régénéré par le feu ? L'instruisait-on, au contraire, d'une ascension des esprits au travers des sphères planétaires en lui faisant parcourir des cercles parfois dessinés sur les pavements comme les labyrinthes de nos cathédrales ? Évoquait-on pour destin personnel un vague « éternel retour » dans le déroulement des Cycles du monde ? Nous avons vu le « myste » Julien aspirer à remonter un jour vers le Soleil « *son Père* », symbole de « *l'heureuse espérance* »[116], qu'il soit Hélios ou Mithra. Saint Augustin, qui connaissait Plotin par Victorinus, retrouvera naturellement le même type de métaphore pour exprimer son ascension vers le Seigneur au cours d'une extase :

> « *Nous traversâmes l'une après l'autre toutes les choses corporelles, et le ciel même où le soleil, la lune et les étoiles répandent leur lumière sur la terre*[117]. »

---

115. Cf. M. Eliade, *Naissance mystique*, p. 136.
116. Julien, *Les Césars*, 336 b.
117. Saint Augustin, *Confessions*, IX, 10. Cf. F. Cumont, *Lux Perpetua*, Paris, 1949, chap. VIII, pp. 383-384.

La liturgie

Nous ne voyons que les ruines des *mithraea*. Il faut les imaginer parés de leur décor peint ou sculpté, illuminés de lampes ou de torches ; des braseros ardents, consacrés peut-être au culte du feu, y faisaient rougeoyer leurs tisons. De naïves machineries complétaient cette mise en scène : telle image du dieu, éclairée par derrière, semblait s'animer ; les statues du Léontocéphale crachaient des feux activés par des soufflets ; l'encens flottait dans l'air raréfié des cryptes, mêlé aux aromates répandus sur les braises ; les cérémonies s'y déroulaient au son surtout des tambourins et des clochettes destinés à mettre en fuite les esprits malins, (car il y en avait toujours dans les antres), par les sons aigus de leurs vibrations. Vêtus de leurs ornements et couverts de masques animaux, les officiants psalmodiaient les « hymnes des Mages »[118]. Tout cela donnait aux rites de Mithra un caractère de fantasmagorie souterraine qui plongeait les initiés dans de bénignes extases. Pour les âmes naïves, ou sensibles, le ciel s'ouvrait vraiment et la divinité se rendait présente.

La liturgie persane de Mithra nous est pratiquement inconnue. Devant le décor ainsi planté, nous ne pouvons faire que des suppositions. Ce n'était, selon certains, que libations, incantations, cris, mélopées permanentes[119]. Quelque chose en était-il passé dans les rites du Mithriacisme romain ? Qui pourrait l'affirmer ou le nier ? Rien ne meurt tout à fait dans les liturgies. Celles du Mithriacisme revêtent une importance spéciale dans la mesure où la secte s'est presque identifiée avec ses mystères : en dehors de ces derniers, ni processions, ni cortège, ni pompes extérieures ; religion avant tout priante et contemplante, le Mithriacisme invitait au recueillement, à l'intériorisation. Sa liturgie n'essayait pas d'impressionner seulement les sens ; elle véhi-

118. Dion Chrysostome (50-120 après J.-C.), *Oratio* XXXVI, rhéteur né à Pruse et fin connaisseur des choses de l'Orient, prétend nous transmettre avec son *Hymne au Soleil*, tout imprégné d'un néo-platonisme pro iranien et de la cosmologie stoïcienne, un de ces textes liturgiques des « Mages »...

119. Cf. J. Varenne, *Zarathushtra*, pp. 25-26.

culait une « gnose » fondamentale qui passait dans ses rites, voiles aux yeux des simples, évidences à ceux des savants[120].

La langue de ce culte était certainement occidentale. Beaucoup d'inscriptions sont en grec, qui fut aussi, rappelons-le, la langue primitive de l'Église. Mais on utilisait également quelques formules de persan, comme la liturgie catholique gardera peut-être, dans quelques siècles, les termes déjà ésotériques aujourd'hui de « Credo » ou de « Kyrie » !. Les qualificatifs énigmatiques de « Nama » ou de « Narbaze » et « Sebesio » figurent à Sarmizegetusa et à Sainte-Prisque comme sur le célèbre bas-relief Borghèse[121]. Saint Jérôme ironise sur ces formules « dont les résonances barbares effraient les simples, en sorte que moins ils comprennent, plus ils admirent... »[122].

Les fêtes pouvaient être célébrées, comme celles des Isiaques, selon d'antiques calendriers. Les Perses plaçaient les célébrations de Mithra le 7e et le 16e jour de chaque mois, symboliquement consacrés au *Mésitès* (médiateur) ; ils utilisaient aussi le Dimanche. La grande fête mithriaque pouvait prendre place au printemps, quand le Soleil est sous la constellation du Taureau. Le 25 décembre évoquait auparavant la naissance de Mithra.

Certains aspects du culte mithriaque n'ont rien de typiquement original : on y adorait les éléments et on y célébrait des sacrifices. Le mobilier des cavernes fait songer à une liturgie fort complexe, nettement plus élaborée que celle dont nous parlent les historiens grecs au cours de leurs errances en Asie Mineure.

> « *Ils* (les Perses) *n'élèvent pas d'autels et n'allument pas de feu pour les sacrifices*, note Hérodote, *ils n'emploient ni libations, ni flûtes, ni bandelettes, ni grains d'orge...*[123]. »

Les adeptes de Mithra avaient dépassé cette rude étape

---

120. Cf. G. Sfameni-Gasparro, « Il mito nell' ambito della fenomenologia misterica », *Mysteria Mithrae*, pp. 299-337.
121. Sur le *mithraeum* de Sarmizegetusa et ses formules iraniennes, cf. F. Cumont, *TMMM*, t. II, n° 138, fig. 126.
122. Saint Jérôme, *Epistolae*, LXXV, 3.
123. Hérodote, *Histoire*, I, 130.

« naturaliste ». Mais, en l'honneur du dieu, ils gardaient tout spécialement le culte du feu. — « *A qui veux-tu adresser ton culte ?* chante un des *Yasht* de *l'Avesta*, — *A ton feu, ai-je répondu...*[124]. » Les autels, multipliés dans les *mithraea*, évoquent irrésistiblement la permanence de ces rites. Faut-il imaginer, devant ces modestes foyers, les descendants des « Pyrètes » (prêtres du Feu) la bouche rituellement voilée, portant en main le *baresman* liturgique des aryens[125] ? Nous avons fait allusion à la présence de l'eau, symbole de Mithra, « *source éternelle* »[126]. Le prétendu « passage par les Vents » faisait plutôt partie de l'initiation proprement dite. A ces vents, les Mithriastes consacraient souvent des autels : ils passaient, en effet, pour favoriser, le voyage « *ad astra* » des âmes bienheureuses[127]. Si la pratique de la tauroctonie sous la forme du « taurobole » est à exclure, même tardivement, de la secte en l'absence de tout document probant[128], les *mithraea* ont abrité des sacrifices ; ils ont servi du moins à en consommer les victimes. Les trouvailles faites dans des fosses sacrées révèlent des immolations diverses : bœuf, mouton, chèvre, volailles, cerf, renard et loup. Le sanglier, traditionnellement voué au sombre Ahriman, n'en était pas exclu, sans doute pour propitier ce dieu maléfique, ni le taureau lui-même ! Des couteaux, de bronze ou de fer, recueillis dans les fouilles[129] servaient aux victimaires. Le gros bétail devait être immolé à l'extérieur. Le sang de ces animaux pouvait constituer un breuvage mystique destiné aux adeptes. La sauvagerie des anciens cultes iraniens se retrouverait bien dans ces pratiques répugnantes. Grâce aux entrailles des victimes, les prêtres de Mithra pouvaient aussi pratiquer « l'extispicine »

---

124. *Avesta, Gâthâ* Y. 34.

125. Cf. Strabon, XV, 733, C ; le *baresman* était un bâton liturgique constitué de faisceaux de branches. Il était porté par les Mages officiants. Cf. J. Varenne, *Zarathushtra*, pl. page 38.

126. F. Cumont, *TMMM*, t. II, inscript. n° 329-332.

127. F. Cumont, *Lux Perpetua*, pp. 120, 176 et 208.

128. Célébré dans les mystères du *phrygianum*, consacrés à la Grande Déesse, le taurobole consistait en l'immolation d'un taureau dont le sang dégouttait sur les sectateurs placés dans une fosse. Sur la prétendue « fosse taurobolique » du *mithraeum* de Caracalla, cf. D.M. Cosi, « Il mitreo nelle terme di Caracalla », *Mysteria Mithrae*, pp. 933-942.

129. F. Cumont, *TMMM*, t. II, n° 250, i.

(examen des entrailles)[130]. Enfin la question des sacrifices humains semble maintenant tranchée : en dépit des affirmations d'Hérodote et des racontars de certains chrétiens, rien n'autorise à affirmer leur existence[131].

Le mobilier sculpté des *mithraea* nous permet enfin de deviner, sinon le contenu précis des liturgies mithriaques, du moins leur ordonnance approximative. Une hypothèse récente pourrait bien jeter des lumières sur cette question. La présence de plusieurs sculptures « pivotantes », ornées sur les deux côtés (Heddernheim et Rückingen) a suggéré deux phases bien distinctes : liturgie « de la Parole » et célébration du Banquet de Mithra. Après les commentaires de la vie du dieu, sculptée tout autour de la scène centrale de la tauroctonie, les fidèles auraient été invités à contempler l'image de leur Salut avant de passer à la célébration de la « Cène »[132].

Le repas de Mithra constituait très certainement le mystère central de cette liturgie. Les banquettes placées dans les « bas-côtés » des *mithraea* indiquent une célébration fréquente ; la caverne tout entière semble structurée pour la commodité de ces repas. Les mystes y prenaient part non point couchés mais agenouillés, dans une posture iranienne de *proskynésis* (prosternation). Son importance capitale n'a pas échappé aux chrétiens — « *Si je me souviens bien de Mithra*, affirme Tertullien, *il marque au front ses soldats ; il célèbre lui aussi l'oblation du pain*[133]. » Saint Justin le Martyr parle, de son côté, de « *formules* » prononcées pour « *consacrer* » le pain ou l'eau[134] ; les deux mets paraissent en effet en concurrence, le pain pouvant lui-même être remplacé par des fruits, des « gâteaux » (Sainte-Prisque), ou, comme à Doura Europos, par de plus friandes brochettes. En l'absence de tout texte nous transmettant une institution comparable à celle de l'Eucharistie, il est préférable de ne pas entrer dans les problématiques traditionnelles. Les

130. Cf. F. Cumont, *TMMM*, t. I, p. 70.
131. Hérodote, *Hist.*, VII, 114 : « C'est une coutume perse d'enterrer les personnes vivantes. »
132. R. Turcan, *Revue de l'Histoire des Rel.* IV, 1978, pp. 153-156.
133. Tertullien, *De praescriptione Haereticorum*, XL, 4.
134. Saint Justin (150 après J.-C.), *Apolog.*, I, 66, 4 et 67, 3-5.

représentations iconographiques suggèrent pourtant l'idée d'une mystérieuse continuité entre le festin initial de Mithra et celui des mystes. Dans certains bas-reliefs, la dépouille du taureau, jetée sans façon sous la table[135] où le dieu banquète avec Hélios, évoque la consommation rituelle de sa chair : rapport analogique entre la tauroctonie et un dernier repas devenu institution. Par la suite, le Pater prendra la place de Mithra. Aux yeux des initiés, le « sang créateur d'éternité » (Sainte-Prisque)[136] se rendait-il mystiquement présent dans la coupe, associé au souvenir de l'antique breuvage magique, du *soma* iranien ? N'y voyaient-ils, au contraire, qu'un symbole ? La polémique anticatholique de A. Loisy a indûment rapproché le « mystère chrétien » du « mystère païen » pour les dévaluer sans doute l'un par l'autre[137]. Cet auteur a insinué que Mithra s'immolait lui-même en immolant son taureau, pour mieux rapprocher le repas de Mithra de la communion chrétienne. La critique moderne invoquerait plutôt certaines sources communes, dont l'Isisme nous a montré des exemples[138]. Il était presque inévitable, en tout cas, d'intégrer la Cène de Mithra dans les rites d'une « religion du Salut ».

Dans le *mithraeum* dévasté de Sainte-Prisque, les hauts dignitaires de la secte sont représentés par le peintre dans leur procession d'offrande. Ils apportent à la « table du dieu » des nourritures à la fois sensibles et spirituelles. Leurs grands yeux d'orientaux semblent fixer intensément des réalités au-delà du monde — *« ce qu'œil n'a jamais vu »*, écrit saint Paul[139]. Nous sommes là au cœur du mystère de Mithra sans pouvoir, hélas, aller plus avant.

Essor et déclin d'une secte

Le Mithriacisme fut à l'évidence une secte tranquille. Il ne semble pas avoir subi de graves persécutions ; il a à peine accroché l'Histoire.

---

135. M.J. Vermaseren, *Mithra, ce dieu myst.*, p. 84, fig. 36 et p. 86, fig. 37.
136. Cf. M.J. Vermaseren et C.C. Van Essen, *op. cit.*, p. 217-221.
137. A. Loisy, *Les mystères païens et le mystère chrétien*, Paris, 1930.
138. Voir p. 273 sur le Repas d'Isis ou d'Anubis.
139. Saint Paul, I *Corinth.*, 2, 9.

Que représenta-t-il numériquement ? Tout chiffrage est téméraire. Le nombre élevé des *mithraea* ne doit pas pousser à l'extrapolation : dans la centaine de « cavernes » romaines, quelques milliers d'initiés pouvaient, au plus, trouver place. On ignore d'ailleurs si tous ces sanctuaires fonctionnaient en même temps ou constituaient des sortes de « stations »... Les chrétiens n'étaient guère plus nombreux au début. Malgré tout, le Mithriacisme fut certainement un important phénomène de société.

Il serait vain de rechercher la hiérarchie des motifs qui provoquèrent les adhésions. Au-delà de la qualité de ses enseignements, le Mithriacisme dut certainement une partie de ses succès à ses méthodes de propagande. Il eut, comme on dirait aujourd'hui, de bonnes relations publiques. Né dans un milieu à la fois très mobile et fermé, il utilisa la « logistique » des légions. Pénétrant ensuite dans la société civile, il garda le goût du secret et des méthodes directes ; il eut, au fond, la chance de n'être jamais vraiment « à la mode », évitant ainsi les scandales et les extravagances qui coûtèrent si cher à d'autres sectes rivales. Loyaliste et « démocratique » dans son recrutement et sa promotion, il fut ouvert à tous.

Le rayonnement personnel du dieu pesa très lourd dans la propagande de la secte. Mithra s'imposa par la force percutante de son mythe et par la fascination de ses images. Dans les motivations de ses fidèles, le problème du Salut, si parfaitement centré par le Christianisme au cœur même de son enseignement et de ses espérances, ne fut peut-être pas primordial. Le Mithriacisme en révéla progressivement des versions alternatives, avec des flottements et de nombreux syncrétismes. La garantie de Mithra compta bien plus que les modalités de ce « Salut ». On lui abandonna son destin d'outre-tombe. Peu importait comment on se sauvait si on se sauvait chez lui mieux qu'ailleurs...

Le succès de la secte tint aussi à des aides extérieures dont la portée réelle nous échappe. L'appui épisodique des « notables » et des Césars ne fut certainement pas exempt de calcul. Mithra séduisit l'esprit névrosé de Néron, favorisa la folie criminelle de Commode ; sous ses successeurs, il fut récupéré pour des desseins plus politiques : non sans motifs, les empereurs adoptèrent la titulature du dieu-Soleil dont le culte triompha sous Aurélien (270-275). L'attitude de Julien lève au moins ce genre d'équivoque. Amateur de dieux, maniaque des sacrifices, il utilisa certainement le Mithriacisme contre le Christianisme qu'il détestait. Julien était trop fin pour ne pas voir ce que certaines similitudes entre les deux religions pouvaient apporter à son combat.

La question des rapports entre le Christianisme et le Mithriacisme ne peut être évoquée ici. Elle a trop souvent provoqué des polémiques aujourd'hui relativement apaisées. Certaines ressemblances, surtout dans les rites, ne doivent pas masquer les différences fondamentales entre Mithra et Jésus. Si le Christianisme utilise parfois, surtout chez saint Paul, une terminologie mystérique[140], il n'est pas pour autant une religion à mystères.

Au-delà de son enseignement, le succès du Mithriacisme ne fut pas étranger au type même des émotions qu'il soulevait dans la sensibilité de ses fidèles. Son culte de la tauroctonie relève d'une psychologie des profondeurs et de l'inconscient collectif dont Jung s'est précisément attaché à pénétrer les arcanes. Psychanalyser le Mithriacisme donc ? C'est une approche à ne pas écarter *a priori*, en dépit d'un réel danger de sujectivisme. Une plongée dans l'inconscient montre au moins que le Mithriacisme a su garder, ou retrouver, des « mythes mobilisateurs » capables de provoquer et de soutenir la vie religieuse[141].

Ce dernier Mithriacisme semi-officiel dont les « cavernes » couvraient une partie de l'Empire et dont une abondante épigraphie nous fournit librement les structures, parfois les « organigrammes » les plus intimes, où les Césars et les Augustes venaient parfois sacrifier, restait-il une secte ? Là encore nous pouvons répondre que oui : en particulier par sa *doctrine* et son *éthique*, sa *manière d'être* fondamentalement non romaine, sans équivalent dans les cultes officiels du Paganisme contemporain, son secret quasi maçonnique.

---

140. Saint Paul, *Colos.*, 2, 2 et *Rom.*, 6, 3-5. Cf., avec beaucoup de réserves, les thèses de C. Guignebert, *Le Christ*, p. 323 et suiv.

141. Sur l'interprétation de la tauroctonie, cf. C.G. Jung, *Métamorphoses de l'âme et ses symboles*, pp. 701-703.

L'acharnement de certains chrétiens à faire disparaître toute trace du Mithriacisme est assez éloquent à ce sujet : il évoque parfois des règlements de compte entre deux sectes rivales. Ceux qui s'attaquèrent au *mithraeum* de Sainte-Prisque ne s'en prenaient pas à un simple rameau vermoulu du Paganisme officiel, mais bien à une « église », encore redoutable, qui gardait quelque chose du dynamisme, de la vitalité et de la fascination d'une véritable secte, dans laquelle ils soupçonnaient la patte velue du Démon !

Le crépuscule de Mithra...

Le déclin du Mithriacisme précéda les persécutions qui achevèrent de le rayer de l'Histoire. On peut en donner des explications. L'unification progressive du Paganisme antique dans une sorte de « Digeste » commun lui ôta une partie de son originalité. Avec Aurélien, la secte perdit, pour ainsi dire, le monopole du culte solaire devenu celui de l'Empire. En se confondant avec des rites très ésotériques, en maintenant un secret rigoureux qui pouvait ouvrir la porte au charlatanisme, le Mithriacisme refusa d'être une des religions de la Cité. Dans le désarroi du déclin, il n'apporta aucune solution, aucune consolation publiques. L'absence des femmes contribua à raréfier et à tarir son recrutement. La secte offrit alors l'aspect rassurant des religions qui meurent en devenant une routine de bon ton, un conformisme qui donne le change. En face du Christianisme, elle n'eut pas une organisation vraiment séculière prenant en charge toute la société. Le Mithriacisme manqua aussi de martyrs, sans lesquels les religions ne s'enracinent jamais très profondément.

Pourtant, il subit finalement une persécution. Constantin (306-337) n'avait accordé que la liberté religieuse en conservant le Souverain Pontificat. Gratien (359-383) y renonça et se rendit à Rome pour s'y faire baptiser en grande pompe. Théodose (379-395) ira bien plus loin en interdisant à la fois les sacrifices païens et les prières : — « *Nul ne doit se souiller avec des victimes, sacrifier un animal innocent, fréquenter les temples et adorer des statues façonnées par la main de l'homme*[142]. » En vain le païen Libanius adressera-t-il à l'empereur son célèbre *plaidoyer pour les temples* de Syrie, « *âmes des campagnes* »[143]. Les volontés impériales ne furent pourtant pas immédiatement exécutées. L'aristocratie sacerdotale s'y opposait de toutes ses forces pour ne pas perdre son pouvoir avec sa religion. De 361 à 363, le bref règne de Julien sembla ramener les beaux jours du Paganisme. Trop tard : la « fête païenne » était finie...[144].

En face des traditionalistes désespérément accrochés à leurs croyances, les chrétiens redoublèrent d'ardeur contre ce mouvement concurrent. Les critiques se multiplièrent. Firmicus Maternus, astrologue converti, les visera certainement dans son pamphlet qui supplie les magistrats de démolir les temples et d'envoyer les dieux à la monnaie en s'appropriant leurs biens[145]. Tertullien, nous l'avons vu, se déchaîne contre Mithra dans son *Traité du Baptême* ; il y montre que ce dieu n'est qu'un démon plagiaire :

> « *Nous reconnaissons l'application du diable à contrefaire l'œuvre divine lorsque lui aussi pratique le Baptême... C'est l'Impur qui purifie, le traître qui délivre, le Réprouvé qui absout !...*[146]. »

Firmicus Maternus confond la tauroctonie et les tauroboles et s'indigne de ces effusions vaines « *d'un sang qui pollue et ne lave pas...* »[147]. Des foyers mithriaques subsistèrent pourtant jusqu'à la fin du IVe siècle. Contrairement aux religions officielles, les mystères souterrains jouirent d'une dernière tolérance. Pour commémorer un taurobole accompli dans le *phrygianum* du Vatican, un prêtre mithriaque laisse encore une inscription vers 370 et en 393 un préfet du prétoire célèbre toujours ces mystères[148].

---

142. *Code Théodosien* (24 fév. 391), XVI, 10-10. Cf. L. Duchesne, *Histoire ancienne de l'Église*, t. II, chap. XVII.
143. Libanius, *Discours « Pour les temples »* ; cf. A. Chastagnol, *Le Bas Empire*, p. 194.
144. Cf. J. Bidez, *Vie de l'empereur Julien*, 1930.
145. Firmicus Maternus, cité par L. Duchesne, *ibid.*, t. II, p. 317.
146. Tertullien, *De Baptismo*, V, 1, 2, 3.
147. Firmicus Maternus, *De err. profan. rel.*, XXXVII, 8.
148. *CIL*, VI, 509 et *Carmen contra Paganos, Ant. Lat.*, I, p. 20, v. 46 et suiv.

Bientôt pourtant le secret des rites mithriaques ne suffira plus à les protéger. On descendra sous la terre pour détruire les « cavernes ». Saint Jérôme nous apprend que le Préfet Gracchus brisa les statues de son *mithraeum* avant de se faire baptiser sur place[149]. A Ostie, les thermes de Mithra furent saccagés, leurs statues jetées dans un égout où les archéologues les retrouveront un jour. Le *mithraeum* de Fructuosa fut livré aux flammes. Le sanctuaire de l'Aventin attira particulièrement cette fureur iconoclaste. Peut-être à cause de son importance ou de sa somptuosité, les chrétiens s'y acharnèrent à faire disparaître toute trace de Mithriacisme avant de bâtir leur église sur ses fondements ; les peintures montrant la « Cène de Mithra » furent effacées à la hache[150]. On songe au passage de Libanius décrivant les opérations de destructions des temples païens conduites par des « commandos » de moines fanatiques :

> « *Les hommes vêtus de noir, portant des morceaux de bois, des pierres et du feu ; quelques-uns se contentent de leurs mains et de leurs pieds... Alors les toits sont abattus, les statues renversées, les autels détruits de fond en comble. Quant aux prêtres, ils ont le choix entre le silence ou la mort...*[151]. »

En dépit d'îlots de résistance, les mystères de Mithra étaient quasi désertés vers la moitié du IVe siècle. La persécution ne fit que précipiter ce déclin. Les chrétiens attirèrent peut-être l'attention sur une vieille secte qui ne demandait qu'à mourir en paix. C'est le moment de relire le beau texte exultant de saint Jérôme à sa fille spirituelle Laeta :

> « *Il y a peu d'années, votre parent Gracchus dont le nom claironne la noblesse patricienne, qu'a-t-il fait de sa grotte de Mithra, de tous les simulacres prestigieux par lequel l'initié reçoit tous les grades (...) N'a-t-il pas renversé, brisé, jeté au feu tous ces objets, ne les a-t-il pas, en quelque sorte, envoyés devant lui comme otage pour obtenir le baptême du Christ ?...* »

---

149. Saint Jérôme, *Lettre à Laeta*, CVII, 2. Ceci se passait en 376.
150. M.J. Vermaseren et C.C. Van Essen, *The excavations in the Mithraeum of Santa Prisca in Roma*, pp. 241-242.
151. Libanius, *Discours pour les Temples, ibid.*

Suit un tableau triomphant de la nouvelle Rome chrétienne :

> « *Les ors du Capitole s'écaillent, la suie et les toiles d'araignées recouvrent tous les temples de Rome... Les foules populaires passent devant les sanctuaires et défilent vers les tombeaux des martyrs... Ceux qui étaient jadis les dieux des nations demeurent sur les faîtes esseulés avec les hiboux et les chouettes...*[152]. »

Ainsi finit le Mithriacisme. Pendant quelques dizaines d'années, des irréductibles s'obstinèrent probablement dans des bourgades, ou dans la mouvance de légions obscures dont les chefs, indifférents ou sympathisants, fermaient les yeux. On revenait ainsi aux origines. Puis le silence se fit à peu près total. A partir du Ve siècle, l'Ecclésiologie garde un mutisme méprisant, à peine interrompu par des affabulations plus tardives.

La disparition des sectes s'inscrit certainement dans un « temps long » de l'histoire[153] bien plus complexe que les circonstances évoquées ici. Leur carrière semble suivre une évolution quasi biologique ; un processus qui fit des dieux antiques des dieux morts auxquels l'imagination des historiens romantiques tisse parfois des « linceuls de pourpre ». Le Mithriacisme ne mourut peut-être pas tout à fait. Le Christianisme perpétua inconsciemment une partie de ce qu'il avait de meilleur. Devant cette disparition, il est permis d'exprimer quelques regrets : avec lui s'en allait une religion fraternelle et accueillante ; avec les belles fresques de Sainte-Prisque, un peu du monde antique s'en allait aussi pour toujours.

---

152. Saint Jérôme, *Lettre à Laeta*, CVII, 2.
153. F. Braudel, *Écrits sur l'histoire*, Paris, 1969, 1re partie.

CONCLUSION

Les « sectes » que nous avons rassemblées dans cet ouvrage, c'est-à-dire un certain nombre d'associations cultuelles marginales devenues parfois de véritables « églises » parallèles, apparaissent en définitive comme bien diverses. Elles diffèrent parfois considérablement les unes des autres, tant par leur doctrine et leur liturgie que par leur « marginalité ». En effet, l'attitude de l'État et de la population à leur égard alla de la persécution à l'intégration avec toutes les étapes intermédiaires. Nous avons vu comment les cultes de Cotys, d'Isodaitès, d'Attis, les Bacchanales et le Pythagorisme de Crotone ou de Rome furent en butte à une hostilité très nette tandis que l'Orphisme, le culte de Sabazios ou d'Adonis ne suscitaient que les moqueries. Nous avons souligné aussi que certaines croyances étrangères, s'adressant à Bendis, Isis ou Mithra, furent intégrées peu ou prou dans la société grecque ou romaine, soit par le biais d'une assimilation de la divinité « exotique » à une divinité du panthéon officiel, soit par celui d'une adoption pure et simple, imputable à leur grande popularité.

Il est néanmoins possible à l'issue de cet examen de dresser un bilan des points communs de ces communautés, d'établir ce qu'elles ont de comparable avec les sectes de notre époque et de préciser les aspirations que les unes et les autres expriment.

*

Malgré leur diversité, les groupes cultuels décrits dans notre enquête ont bien des éléments en commun.

Celui qui frappait au premier chef les Anciens était leur aspect exotique, bizarre et « non conforme ». L'Athénien et le Romain moyens enveloppaient d'une réprobation analogue les danses extatiques des bacchants, les réunions secrètes des pythagoriciens et les cortèges colorés des galles et des isiaques. Rappelons que nous avons fréquemment considéré ces manifestations avec leurs yeux. Nous y étions poussés par nos sources, souvent critiques et même polémiques. Nous avons certes essayé de les décrypter, de leur arracher tous les renseignements possibles (maintes fois distillés avec parcimonie) et de faire un large usage des données plus objectives que sont l'épigraphie et l'archéologie. Mais nous avons aussi tenu compte de l'hostilité dont ces groupes furent souvent l'objet : nous avons pensé que nous devions le faire, car la « marginalité » ne peut être étudiée indépendamment de sa perception par la société qu'elle conteste, et après tout les Anciens avaient des moyens d'appréciation que nous n'avons plus.

Les cultes dont nous avons parlé présentent ensuite tous un caractère oriental, secret et d'un vaste syncrétisme. Il n'est pas sans intérêt de noter que, dans son rapport sur les sectes d'aujourd'hui, A. Vivien réunit celles-ci dans deux grands groupes, dont l'un — dit-il — provient d'Orient, et l'autre est *« ésotérique et syncrétique »*. Bon nombre de sectes antiques sont originaires d'Asie Mineure : Isodaitès est phrygien comme Cybèle ; Sabazios thrace comme Cotys, les Cabires et Bendis ; le Dionysisme porte la marque de ses origines phrygiennes et thraces, Adonis est phénicien, l'Isisme a été importé d'Égypte, et Mithra de Perse. On considérait certainement dans la Grèce et la Rome de jadis la Phrygie ou l'Égypte comme des pays aussi exotiques que le sont pour nous l'Inde et l'Extrême-Orient, patries des sectes de Moon, de Krishna, de la Méditation Transcendentale et de bien d'autres. L'ésotérisme et le syncrétisme s'appliquent pleinement aux Orphiques et aux Pythagoriciens. Ces derniers n'ont à peu près rien laissé transparaître du contenu de leur « discours sacré » et ont exprimé beaucoup de leurs convictions avec le langage de la mythologie traditionnelle. D'une manière générale, Dionysos, Sabazios,

Osiris, Isodaitès, Bacchus ont été confondus aisément, comme Cybèle l'a été avec Déméter, Bendis avec Artémis, Hécate avec Perséphone. Quant à Isis, elle est devenue le confluent de courants aussi divers que nous semblent l'être aujourd'hui le Christianisme et le Bouddhisme, doctrines que nous voyons amalgamées dans maintes sectes contemporaines.

Ces cultes ont enfin en commun des traits juridiques et sociologiques, des éléments de rites et de doctrines. Sur le plan juridique, il faut noter que les sectes antiques sont d'abord et avant tout des associations privées, financées par des quêtes ou les cotisations des membres. Les lieux de culte sont en général plus modestes que les temples publics. S'ils présentent parfois la forme d'édifices somptueux comme la basilique de la Porte Majeure ou le sanctuaire d'Isis de Pompéi, ils ne sont le plus souvent que de modestes chapelles, parfois partagées (c'est le cas au Pirée) avec une secte voisine, ou encore des oratoires installés chez des particuliers tels ceux de Glaucothea, mère d'Eschine, ou de Nigidius Figulus. Il faut noter ensuite la grande ouverture sociologique de la plupart des sectes antiques. Les cultes étrangers ont d'abord rassemblé des étrangers, commerçants, esclaves, affranchis, et ont gagné progressivement les classes sociales plus élevées, souvent en commençant par les individus les plus influençables : femmes, enfants, jeunes gens. Même le Pythagorisme, au recrutement plus aristocratique, fait la part belle à ces catégories sociales, considérées dans les cités comme mineures ; le Mithriacisme séduisit beaucoup de jeunes recrues. Ainsi, les manifestations cultuelles de ces groupes — sacrifices, banquets, processions — rassemblaient l'ensemble des adeptes sans discrimination. Il n'était pas rare que les fonctions sacerdotales fussent exercées par des étrangers ou par des femmes, alors que des citoyens se trouvaient parmi les simples fidèles. C'est là un renversement remarquable de l'ordre social. Pour ce qui est des rites célébrés, il faut insister sur l'importance de l'initiation, exigée par la plupart des associations que nous avons examinées. Initiation plus ou moins longue et plus ou moins difficile, destinée à révéler les vérités et à assurer la cohésion du groupe. Alors que la religion officielle est accessible de droit aux citoyens, les cultes marginaux — tout en étant ouverts à tous — sélectionnent leurs membres. Pour la plupart de ces cultes, l'initiation suppose un serment, serment de secret (c'est pourquoi nous avons si peu de renseignements sur le fond même de chaque doctrine), et serment d'obéissance, ainsi sans doute que d'entraide. Quant à la doctrine des sectes antiques, il faut souligner que l'attrait essentiel de beaucoup d'entre elles résidait dans la promesse de salut qu'elles faisaient à leurs initiés. Dionysisme, Pythagorisme, Isisme, Mithriacisme et d'autres encore offrent l'assurance d'une survie et d'un bonheur individuels dans l'au-delà, assurance que la religion officielle n'apportait pas. On ne peut certes pousser trop loin la comparaison entre le Dionysisme un peu fruste des Bacchants et les hautes spéculations spirituelles des Pythagoriciens. Mais ces mouvements ont en commun le point fondamental de promettre une survie bienheureuse.

*

Précisons à présent quels sont les éléments communs aux sectes antiques et aux sectes actuelles. Nous avons déjà parlé des aspects orientaux, ésotériques et syncrétiques qu'on observe dans les unes et dans les autres.

Il faut assurément se garder de rapprochements hâtifs. Les sectes antiques étaient moins captatrices que ne le sont les actuelles. Comme elles ne s'opposaient pas à la religion officielle pour des questions de foi — le meilleur citoyen antique était libre de donner aux rites qu'il célébrait la signification qu'il voulait —, on pouvait participer à la fois au culte public et à celui d'un tel groupe, alors qu'un sectaire moderne refuse normalement de fréquenter une quelconque Église établie. Signalons encore que les ressources financières des groupes marginaux antiques, si elles étaient sans nul doute importantes chez les Pythagoriciens, les Bacchants de Rome ou les Isiaques de Pompéi, n'ont jamais atteint l'ampleur ni l'impact économique qu'on reconnaît à certains sectes qui nous sont contemporaines.

Mais les points demeurent nombreux où la comparaison est possible. Ce n'est pas sans quelque raison — même si ces groupes sont très marginaux — que l'*Encyclopédie des sectes dans le monde*[1] peut signaler un *Institut Néopythagoricien* au Brésil, fraternité qui puise son inspiration dans les Vers d'Or, possède un Temple des Muses et assure des cours de Pythagorisme ; il existe encore de nos jours une *Église de Mithra*, dont le culte demeuré ésotérique comporte les trois objets symboliques : marteau, couronne et taureau ; il y a à San Francisco une *Église psychédélique de Vénus* (!), qui regroupe des « païens de Californie » pour des « fêtes dionysiaques et des orgies libératrices » et à Grenoble une *Fraternité Internationale d'Isis*, dirigée par « un prêtre et une prêtresse pythie d'Isis, mandatés par nos guides extraterrestres » pour faire « découvrir les grands secrets transmis jusqu'à nos jours dans les temples initiatiques... ».

Au-delà de ces analogies caricaturales, on constate que les sectes antiques ont pratiqué, à un degré moindre que celles de nos jours mais d'une façon tout de même réelle, une certaine manipulation mentale, qu'on ne saurait confondre avec de simples « exercices spirituels » : la pratique du végétarisme ou de l'extase impliquait tout un mode de pensée, supposait toute une remise en cause de comportements établis et de catégories habituelles du jugement ; le serment d'initiation surtout — les Anciens, particulièrement les Romains, y attachaient beaucoup d'importance — liait des groupes entiers par une obéissance totale à des prêtres qui pouvaient en abuser. Les sectes antiques savaient aussi à l'occasion « embrigader » des jeunes gens, comme cela s'est souvent vu ces dernières années dans nos pays. L'orphique Hippolyte est en rupture ouverte avec sa famille ; les Bacchants de Rome n'initiaient plus personne en 186 av. J.-C. qui fût âgé de plus de vingt ans. Si les cités antiques — où, rappelons-le encore, la religion était d'État — avaient toutes sortes de raisons de se défier de ces groupes dont les pratiques risquaient de désagréger le culte officiel, nos États modernes, pourtant laïques, s'en défient également, car de telles communautés sont sources d'instabilité. Mais, comme dans les cités antiques, nos autorités manquent de moyens légaux pour les contrôler et ne peuvent s'en prendre qu'à

1. Ch. Plume et X. Pasquini, Paris, 1980.

leurs déportements caractérisés. Le degré de marginalité des diverses sectes, a été, nous l'avons noté, variable. Toutes n'ont pas eu maille à partir avec l'État : les Mithriaques n'ont jamais été persécutés, pas plus que les fidèles des Cabires, par exemple. Ajoutons enfin que plusieurs sectes antiques se sont trouvées impliquées dans le jeu politique, comme le sont certaines sectes modernes. Les Pythagoriciens ont pris le pouvoir à Crotone et à Tarente, un peu comme on craint que Moon ne le fasse au Paraguay ; les Bacchants de Rome ont paru constituer un danger pour l'État, à la façon en somme dont on dit que les sectes modernes pourraient déstabiliser l'Occident.

*

Ce serait une entreprise bien vaste et bien difficile que de se demander pourquoi des hommes ont, de l'Antiquité à nos jours, manifesté tant d'engouement pour ces communautés marginales. Le fait de se réunir en sectes correspond sans doute à un besoin profond pour certaines âmes et pour certains groupes sociaux. L'étude du phénomène que nous avons menée dans l'Antiquité n'est à cet égard qu'un témoignage très partiel. Pourtant elle permet peut-être de cerner de plus près quelques ressorts du mouvement « sectaire » en général.

La secte répond d'abord assurément à une aspiration proprement religieuse, non satisfaite pour une raison ou pour une autre par la religion officielle : inquiétude métaphysique, besoin d'un contact personnel avec la divinité, volonté de faire partie d'une communauté spirituelle ardente. Du point de vue de la « foi » proprement dite, le cas de l'Antiquité est un peu particulier, puisque cette époque constitue dans l'histoire de l'humanité un « moment historique », où le paganisme cède la place au monothéisme et spécialement au Christianisme. La quête religieuse d'un Plutarque, homme pieux par excellence, qui trouva dans plusieurs cultes que nous avons étudiés des réponses à ses interrogations, ne saurait être transposée sans de nombreux correctifs à notre époque. En revanche, les sectes antiques comme les actuelles satisfaisaient la sensibilité de leurs adeptes. Le mysticisme est souvent affectif. Les rites initiatiques, les mystères du culte, l'ésotérisme qu'il comporte, tout cela parle à l'imagination, confère ce frisson métaphysique bienfaisant que les religions établies ne sont pas toujours en mesure de donner.

Les sectes sont ensuite en rapport avec une crise morale et une crise de « société ». Dans l'Antiquité, comme de nos jours, lorsque beaucoup de vieilles valeurs s'effondrent, lorsque la famille devient moins solide, qu'elle ne représente plus une communauté cultuelle et qu'elle n'est plus un bastion de la morale traditionnelle, les jeunes vont chercher ailleurs une atmosphère « fraternelle » et compréhensive, un milieu où ils puissent s'épanouir. Quitte à enfreindre davantage cette morale, jusqu'à des débordements parfois sans limite ! Ainsi la secte est bien souvent un refuge, surtout pour ceux que la société exclut ou ignore. Dès le VIe siècle avant J.-C., la Cité-État n'est plus en mesure de satisfaire et de contrôler tous ceux qui habitent son territoire, car beaucoup n'en sont pas membres à part entière. Le problème s'accentue à l'époque hellénistique, lorsque ces cités se démembrent et que même les citoyens ne retrouvent plus leur équilibre. Ce fut là une source de déstabilisation pour l'Antiquité jusqu'à ce que Rome accordât le droit de cité à tous les habitants de l'Empire. En étaient cependant encore exclus les femmes et les esclaves, cibles privilégiées de la plupart des sectes religieuses.

On peut assurément affirmer que les sectes sont l'expression à la fois d'une aspiration religieuse insatisfaite et d'une crise latente de la société.

Et le Christianisme, ne peut-on manquer de se demander, fut-il à ses origines une secte ? D'un point de vue sociologique, sans aucun doute. Le Christianisme fut même une secte à un double titre : par rapport au Judaïsme et par rapport au paganisme officiel. Les auteurs chrétiens ont du reste désigné leur communauté par le mot *secta*. Mais il manifeste une différence fondamentale par rapport aux groupes que nous avons étudiés. R. Lenoir a montré que les sociétés tolèrent comme marginaux les groupes qui ne les menacent pas vraiment, mais jettent l'exclusive sur ceux qui constituent pour elles un danger patent[2]. Les chré-

---

2. *Les Exclus*, Paris, 1974.

tiens ont refusé la marginalité avec ses compromissions. L'État romain a vite compris qu'il s'agissait non pas d'un simple groupe en « rupture », mais d'un mouvement d'une puissance et d'une originalité qui dépassait de loin celui des simples sectes.